서남동과 오늘의 민중신학

| 죽재 서남동 목사 서거 25주기 추모 논문집 |

서남동과 오늘의 민중신학

죽재서남동기념사업회 엮음

이 책을 내며

　죽재 서남동 목사님이 한국 민중과 신학 하는 믿음의 동지들 곁을 떠나신 지 25년, 4반세기의 세월이 흘렀습니다. 1970년대의 한국 민중의 한 맺힌 신음 소리―노동운동가 전태일이 개발 독재에 항거하여 분신하며 울부짖은 고함 소리―에 응답한 선지자 신학자 서남동 교수의 민중신학이 태동한 지 36년이란 파란 많은 세월이 흘렀습니다. 1998년 아시아와 한국의 금융파동으로 한국 민중은 다시 궁핍해졌고, 이후 10년 동안 한숨 소리가 이어졌습니다. 그리고 미국에서 시작된 세계적 신자유주의 경제 공황으로 민중의 신음 소리는 온 하늘과 온 땅에 울려 퍼지고 있습니다.
　예수 그리스도의 사랑을 외치는 교회도, 경제를 살리고 민생을 돌본다고 철석같이 약속하고 대권을 장악한 정부도, 한국 민중의 고통과 분노와 안타까움을 외면하고 있습니다. 민중신학은 1970년대에나 힘이 있던 기독교 일부 신학자들의 몸부림이었습니다. 오늘의 세계화된, 신자유주의 경제체제의 시대에 그 소리는 모기 소리에 불과했고 소외되고 멸시되어 왔습니다.

2009년 5월, 한국의 민중은 민중의 대통령인 노무현 전 대통령의 투신을 가슴속 깊이 애도했습니다. 한국 민중의 눈물과 통곡 속에서 자신들의 정치적·경제적 죽음을 아파하고 슬퍼하고 분노하는 아우성이 있었습니다.

선생님, 죽재 서남동 목사님을 사랑하고 존경하며 선생님의 뒤를 이어 가려는 후학들이 모여서 1년 동안 공부한 글들을 여기에 내어 놓습니다. 민중의 현장에서, 신학을 가르치는 강의실에서, 교회에서, 복지시설에서 목사님의 삶과 말씀과 행동과 실천들을 기리며 쓴 글들입니다. 살아 있는 저희들은 1970년대의 전태일의 분신과 2000년대의 노무현의 투신 사이에서 한국 민중의 한 맺힌 절규를 신학화해 봅니다.

1984년 무더운 여름, 이 세상과 하직하신 목사님을 그리며, 부끄러운 제자들이 25년 만에 이 책을 내어 놓습니다.

목사님이 바라보시며 말씀하시던 민중의 역사, 민중이 인간 대접을 받으며 행복하게 사는 하나님 나라, 2000년 전 척박한 땅 유대 나라에서 로마제국의 학정 아래 신음하는 민중들에게 전한 하나님 나라의 복음.

그 복음을 행동과 실천으로 전파하려는 것이 이 작은 책을 세상에 내어놓는 제자들의 고백이며 다짐입니다.

2009년 7월 18일
죽재 서남동 목사 25주기,
광주 망월동 5·18 민주항쟁기념묘역에서
죽재서남동기념사업회
이사장 서광선

죽재 서남동 목사 연보 및 저서

연도	생애 면모
1918. 7. 5.	전남 무안에서 출생함(목포 앞바다 자은도에서 태어남) 소학교 오학년 때 목포에 있는 교회학교에 진학, 거기에서 처음으로 성경을 배우기 시작함
1936. 3.	전주 신흥고등학교 졸업
1938.	일본 동지사대학 예과 수료
1941. 3.	일본 동지사대학 문학부 신학과 졸업(문학사)
1941. 9-1942. 12	평양 요한 성경학교 교사 재직
1943. 1-1953. 8.	대구제일교회, 범어교회, 동문교회 목회함(10년간) 대구에서 목회를 하는 동안 야나이하라, 바르트, 부룬너, 라인홀드 니버 등의 신학에 감명받고 함석헌, 김재준의 영향을 받음
1951.	서남동의 신학형성에 가장 큰 힘이었던 틸리히의 신학을 처음으로 접함
1952. 9-1962. 12.	한국신학대학 교수 취임(철학적 신학 강의)
1956. 5.	캐나다 토론토대학 임마누엘 신학교 졸업(신학사) 유학시절에 C.H. 다드, 불트만, 베르자예프, 엘리아데의 영향을 받음
1957.	동대학원 졸업(신학석사)
1961. 9.	연세대학교 신과대학 교수로 초빙받아 현대신학, 기독교 역사철학 등 강의
1961.	교양학 부장
1966.	교목실장

1966. 8-1971. 3.	연세대학교 신과대학 학장
1969. 3-1970. 2.	연세대학교 연합신학대학원 원장 직무대리
1970. 5. 20-1971. 3. 2.	연세대학교 연합신학대학원 원장직 재임
1971.	통일교 원리강론에 관한 연구논문이 문제가 되어 원장직 사임(논문제목: "통일교 원리강론의 비판적 연구")
1969-1974.	과학신학사상 연구에 몰두함
1973. 5. 20.	서남동이 주동이 되어 국내 신학자들이 공동으로 서명한 "한국 그리스도인 선언"이 발표됨. 이것이 그의 사회참여의 시발점이 됨
1974. 11. 18.	"한국 그리스도인의 신학적 선언" 현영학, 안병무 등(66명)과 함께 참여
1974. 11.	민주회복국민선언에 서명한 이유로 안병무 등과 함께 정부로부터 경고조치 받음
1974. 11. 22-26.	"연세대 구속학생, 교수의 석방을 위한 교수기도회" 주도함
1974. 12. 18.	"교수 자율권 선언"(서울대 백낙청 교수에 대한 징계를 규탄)에 성내운 등(34명)과 함께 서명
1975. 3. 30.	기독교정의구현전국성직자단(전국 8개 교단 성직자 320명 가입)에 참가
1975. 5. 1.	동 성직자단에서 개최한 선교자유와 정의구현을 위한 기도회 강연자로 초대되었으나 당국의 방해로 참석치 못함
1975. 5. 13.	국가안보를 위하여 면학분위기를 조성해야 한다는 명분으로 해임을 권고, 사직케 함(이계준, 안병무, 문동환 등과 함께)
1975. 6.	이계준 교수와 함께 의원면직으로 교수직 사임함. 그 후 NCC 산하 한국기독자교수협의회와 해직교수협의회에서 활동함(한국기독자교수협의회 초대회장 역임)
1975. 7. 14.	기독자교수 해직 관련 건의문 제출
1975. 8. 17.	갈릴리교회 설립예배 드림. 기독자 해직교수, 구속자 가

	족, 해고된 기자 등 33명 참석. 형사 9명도 참석
1975. 10.	주도권 선교자금 사건 관련 성명서에 참여함(함석헌 등 17명)
1975. 11. 18.	기독자교수 해직 관련 진정서 제출
1975. 12. 12.	김찬국 교수와 함께 서울 기독교회관에서 NCC인권위원 주관 인권주간 강연함
1976. 3. 1.	"3·1 민주구국선언"에 서명(일명 명동사건). 함석헌, 윤보선, 정일형, 김대중, 윤방웅, 안병무, 이문영, 서남동, 문동환, 이우정, 문익환(초안자)
1976. 3. 10.	긴급조치9호 위반 혐의(민중선동에 의한 국가변란을 획책한 죄)로 입건 발표. 서남동 등 11명 구속, 함석헌 등 9명 불구속
1976. 5. 4-8. 28.	재판 시작(15차례)
1976. 8. 3.	변호인단이 총사퇴한 가운데 구형. 서남동 징역 5년, 자격정지 5년
1976. 8. 28.	1심 선고공판 서남동 징역 4년, 자격정지 4년
1976. 11. 13-12. 29.	항소심 공판(10차례)
1976. 12. 28.	항소심 선고공판, 서남동 징역 2년 6개월, 자격정지 2년 6개월
1977. 12. 31.	문익환 목사와 함께 석방(22개월)
1978. 1. 6.	석방 후 명동사건 관련자 성명서 발표
1978.	석방 후 해직교수협의회에 가입하여 적극적인 참여를 함
1978. 2.	한국기독교장로회 선교교육원장으로 취임하여 자신의 신학을 구축해 나감
1978. 11. 10-1979. 8. 17.	고난받는 형제를 위한 기도회인 금요기도회에 5차례 참석하여 강연함
1978. 12. 16.	NCC인권위원회 주관 인권주간 인천연합예배 강연(인천성공회 성당)

	같은 날 군산(해방동교회)에서는 함석헌이 강연함
	한국기독교학회 초대회장
	WCC 신앙과 직제 위원, 민중교육연구소 이사장
1980. 3.	연세대학교 신과대학 교수로 복직과 동시에 정년퇴임함
1980. 5. 17.	제주도 한 교외에서 강연 도중 신군부에 의해 연행됨
1984. 5.	캐나다 토론토대학 빅토리아 신학교에서 명예신학박사 학위 받음
1984. 7. 19.	서울에서 별세함. 일산 탄현기독공원 묘지에 안장
1999. 3. 26	광주민중묘역으로 이장됨

저서

1976. 『전환시대의 신학』, 한국신학연구소
1983. 『민중신학의 탐구』, 한길사
1983. 『일하는 사람들을 위한 성서연구』, 서남동 · 이현주 · 유동우 · 정명기 공저, 웨슬레출판사
1984. 『한 – 신학, 문학, 미술의 만남』, 글: 서남동, 그림: 이철수, 분도출판사

가족과 함께 있는 서남동 목사님

일본 도잔소에서(1970년 초 한일기독자협의회). 왼쪽에서 네 번째가 서남동 목사님

수유리 아카데미하우스에서(1979년 10월 22일 아시아에큐메니칼 신학모임)

수유리 아카데미하우스에서(1979년 10월 아시아에큐메니칼 신학모임). 오른쪽에서 두 번째가 서남동 목사님.

KNCC 신학협의회에서(1980년 초)

서대문 선교교육원 현관에서(1980년 초)

한국민중신학회 연대 모임(2009년 6월)

차례

이 책을 내며 _005
연보와 화보 _008

1부 서남동과 민중신학

서남동의 한恨 담론에 관하여 _김용복 _021
서남동과 통일신학 _이재정 _029
서남동의 생태학적 윤리에 대한 소고 _김경재 _039
민중신학의 신학사적 위치와 의의 _김균진 _048
서남동의 민중신학과 여성신학 _최만자 _054
제3세계의 민중신학 _김경남 _059
서남동과 5·18 그리고 6월의 촛불 _서광선 _070
내 환경 활동의 근원은 서남동 _신대균 _087

2부 다시, 민중신학을 말하다

고난과 희망 사이에서-민중의 신학 _권진관 _103
죽재 서남동의 교회론과 민중선교 _류장현 _123
두 이야기 합류로서 민중교회운동의 새 전망 _정상시 _144
민중교회에 대한 신학적 평가와 과제 _류장현 _157
제2종교개혁을 지향하는 민중신학 _임태수 _175
씨알, 민중, 그리고 시민운동체의 영성 _김경재 _202
한국사회의 여성인식과 성 구매 _조영숙 _219
한국경제의 진로 _유종일 _233

3부 해외 신학자가 본 민중신학

그의 이름은 정의입니다 _위르겐 몰트만/손성현 _273
서남동의 신학 : 두 전통의 합류 _폴커 퀴스터/김희헌 _292
아시아신학 작업의 미래 : 새로운 도전 맞서기 _웨슬리 아리아라자/김희헌 _300

부록 1 죽재서남동기념사업회 창립총회 선언문 _313
부록 2 달릿과 미얀마의 민중 이야기 _317

참고문헌 _329
주석 _333

제 1 부

서남동과 민중신학

서남동의 한恨 담론에 관하여

김용복
한국생명학연구원 원장

한恨의 언어

한은 서양의 개념Concept이 아니고 동양인 한국인의 마음心의 표현 Expression이다. 개념은 의미를 중요시하지만 표현은 경험과 감성의 언어이다. 서남동은 이 한의 실체를 방법론적으로 한국 문학에서 발견하였다. 소설, 시, 민담 등에서 발굴하였다는 것이다. 따라서 한의 담론은 수학적, 과학적, 철학적 담론이 아니다. 그렇다고 해서 그 담론은 정서적이거나 감성적이거나 느낌의 언어도 아니다. 한의 담론은 삶의 경험을 총체적으로 표현한 것이다. 서남동은 민중의 한을 발굴하고 이해하기 위하여 사회과학(사회경제학)을 연구하였다. 그래서 서남동의 한의 담론은 문학적 서술과 과학적 규명의 통합이었다. 그는 문학적 담론에서 한의 실체를 발견하였고 과학적 담론에서 한의 구조를 규명하였다.

서남동에게 한의 담론은 추체험적이거나 추상적인 것이 아니다. 그것은 곧 민중의 절규요 민중의 체험적 언어였다. 노동자(특히 여성 노동자), 도시빈민(특히 도시빈민가에서 먹고 살기 위하여 몸도 팔고 노동력도 파는 빈민)의 한을 이해하려는 지식인의 몸부림이었다. 이것이 한의 언어이다.

한의 합류가 지향하는 새 지평

민중의 한은 서남동 사상과 언어와 행동의 중심이다. 이 중심에 먼저 합류한 것이 예수의 한이었다. 그리고 민중의 역사적 한이었다. 이 한의 합류가 서남동 신학의 합류적 방법론의 핵이다. 그는 이 합류의 담론을 창출하기 위하여 반신학, 탈신학의 지평을 열려고 하였다. 이것은 기독교의 교리와 기독교의 이론과 기독교의 신학을 넘어서는 행위였다.

탈/반 신학적 담론은 한의 담론을 여는 절대적인 발걸음이었다. 한의 담론은 권력과 지식의 힘에 저항하는 언어이기에 종교적인 테두리, 지배 종교의 테두리, 지식과 권력의 테두리에 머물 수 없는 것이었다. 그가 민담에 심취한 것은 옛날이야기로 돌아가기 위한 것이 아니었다. 그는 민중의 담론, 한의 담론을 발굴하는 기초적인 작업이었다. 그의 관심은 민담이 아니라 한의 담론이었다.

서남동에게 한의 담론이 아닌 것은 "신학"일 수 없었다. 그러기에 그는 김지하의 장일담에 매료되었던 것이다. 그는 동시에 박현채의 경제학을 탐독하기도 하였다. 김지하와 박현채의 합류를 통한 한의 담론이 서남동의 한의 담론이다. 한은 사회적·역사적 모순의 구조 속에서 억압되고 착취당하는 민중의 체험에서 발생한다. 동시에 민중의 한은 사회적·역사적 모순을 극복하는 창조적 저항의 원동력이다. 이 창조적 원동력이 생명의 힘이다. 서남동의 반/탈 신학적 담론은 김지하의 단론斷論과 박현채의 역사변혁론歷史變革論이라는 지렛목을 디디고 반신학적, 탈신학적 예수담론을 전개한 것인데 이것이 한의 담론이다. 아마도 여기에는 고은의 격렬한 시적 영감과 백낙청의 해박한 논리도 작용하였을 것이다.

한의 담론은 모순과 적대관계의 합류Convergence에 대한 언어이다

한은 모든 억압적, 적대적, 갈등적 관계에서 당하는 존재에게 생기는 삶의 체험이다.

지배자에 대한 민중의 한, 가부장 문화 체제에 대한 여성의 한, 양반에 대한 쌍놈의 한, 적자에 대한 서자의 한, 제국에 대한 민족의 한, 자본가에 대한 노동자의 한, 지주에 대한 농민의 한, 부자에 대한 빈자의 한, 먹물들에 대한 배우지 못한 자의 한, 강자에 대한 약자의 한, 상위 카스트에 대한 달릿의 한, 사제에 대한 평범한 종교인의 한 들은 모두 죽임 세력에 대한 생명체의 한의 축적이요 합류이다.

서남동의 한에 대한 주장이다. "민중은 구체적인 현실관계들에서 정치적으로는 억눌리는 자들로, 경제적으로는 수탈당하는 자들로, 사회적으로는 권리를 박탈당하는 자들로, 문화적으로는 아이덴티티를 상실하고 있거나 왜곡당한 자들로 나타나는 것처럼 보인다. 그들은 주변화된 사람들이고 고난당하는 사람들이다. 그들은 이 현실관계들 속에서 한恨을 품고 살아간다. 한은 쌓인다. 그것은 잊히거나 사라지지 않는다. 한은 한을 품은 사람에게 쌓이는 것이지만, 그 사람이 그 한을 만들어 내는 것은 아니다. 한의 뿌리는 당함이다."

이 한의 실체는 사회적 모순과 갈등에서만 체험되지는 않는다. 제국의 지정학적 지배와 군사적 패권 아래에서 피지배자와 전쟁으로 죽고 상처받고 강간당하고 버려지는 여성과 어린이, 질병으로 병들고 죽어 가는 인간 생명체들의 한으로 나타난다. 지구시장의 횡포로 굶어 죽어 가는 자, 가난에 쪼들리는 자, 빚에 깊이 빠진 자, 가족적, 지역공동체적, 국가공동체적, 지구적 차원에서 이중 삼중, 다중적으로 겹친 모순과 갈등이 축적되고 합류된 관계에서 희생당하는 자의 한으로 표출된다. 21세기 지구적, 문화적 (미디어, 정보, 커뮤니케이션) 패권질서 속에서 야기되는 한의 축적과 합류는 문화적 차원에서 생명적 아름다움과 즐거움을 빼앗기고, 생명의 정체성이 파괴되고 문화적 가치가 와해되는 민중과 민족, 생명체의 심층으로 결합된다. 이 한의 언어는 문화적·정신적 심층을 이룬다. 지구시장과 지구제국의 횡포로 인한 한의 실체는 그 외연이 생태적 그리고 우주적 생명질서로 확대 심화되고 있다.

한의 실체는 다중적 갈등, 모순과 적대관계의 합류점에서 불의와 폭력과 죽임을 당함으로 체험되고 표현된다. 한은 당하는 자의 몸과 맘의 총체적 체험이다. 그러나 서남동의 한의 실체에 대한 다중/합류적 이해는 새 지평을 위한 전주곡이었다.

민중의 한 — 갈릴리 예수의 한은 당하고만 있지 않는다

갈릴리 민중예수의 한은 갈릴리의 빈자들의 한 속에서 체현화되었다. 동시에 민중의 한은 새로운 생명해방(구원)의 새 동력의 합류를 발진시킨다. 한은 모든 모순과 적대관계의 합류적 실체Han as the Convergence of All Contradiction and Enmity를 체험함과 동시에 "한"의 원인을 제공하는 세력에 저항하고 극복하는 대변혁의 원동력을 발진시킨다. 한의 극복은 모순의 극복을 향한 화해운동으로, 한의 극복은 상극의 극복을 통한 상생, 한은 악마라는 신의 반대급부로 해방신앙운동을 발진하는 운동이다.

서남동은 민중의 저항적·혁명적 운동에서뿐 아니라 민중종교인 미륵불에서, 민중유토피아운동인 선도仙道에서, 민중유교인 태평천하운동에서, 민중종교 종교들의 합류인 동학에서, 민중의 해원을 도모하는 증산교에서, 특히 한을 풀어주는 무교巫敎에서 한을 극복하고 새 생명의 동력의 발진을 터득하였다. 이 한의 풀이와 극복을 민중과 생명체의 일상생활과 그 존재 자체에서 발견하였다. 그랬기에 서남동에게서 민중은 새 하늘, 새 땅에 새 생명공동체를 건설하는 메시아적 존재였다. 여기에 민중과 예수의 합류가 있었던 것이다. 이것은 곧 예수생명운동과 우주 생명체들 상생운동의 합류이다.

서남동에게 모든 모순과 갈등과 적대관계의 이해는 상생을 위한 상극이었다. 이 한의 실체는 근대 서구적으로 이해하는 모순과 갈등의 평면적 이해와 구조적 이해만으로는 불충분하였다. 공간과 시간의 구조를 초월하여 내재하는 불도의 자비, 태평천하에 편만하여 있는 유도의 우주적 측은지심, 무위유위無爲有爲를 통합하는 선도仙道의 도심道心, 동학의 후천개벽의 마당, 무巫의 한풀이/신풀이 마당에 예수의 신천신지의 사랑의 생명잔치마당이 합류하는 것이다. 이 잔치에는 모든 정의와 평화와 생명을 일구는 동서 철학이 다 합류하였던 것이다. 여기에 우주적 상생공동체가 엿보인다. 서남동의 한 담론의 태극Omega Point은 우주적 상생공동체 Cosmic Conviviality of All Living Beings이다.

서남동의 21세기적 담론

서남동의 한 담론은 사회경제적인 시각에서 본 민중의 한에 대한 이야기였다. 그러나 그의 사상적 지평은 우주적이었다. 아마도 서남동은 테야르 드 샤르댕Teihard de Chardin의 우주적 구세주론Cosmic Christology 즉 예수는 세상(Cosmos 즉 제국)의 생명이라는 명제를 도입하여 신음하고 있는 우주적 생명공동체의 신음과 한을 이야기한 것이 틀림없다. 이것이 서남동의 합류적 사고의 귀결이기 때문이다.

인간생명체는 개체생명체의 생명공학/생명산업을 주도하는 초국적 기업에 의한 생물학적 조작과 파괴의 중심에 있다. 서남동은 일찍이 우생학적 명분으로 생명공학산업Biotech Industry의 횡포를 파악하였다. 그리고 그는 생태계의 파괴가 지구산업시장의 무한한 성장과 확대에 기인한 것을 알고 있었다. 서남동의 합류적 사고는 그 모순/갈등구조와 적대관계에 있어서 사회경제적, 생물학적, 우주생태학적 차원을 통하고 있다. 이것은 개인적, 공동체적, 민족공동체적, 그리고 지구/우주적 상생운동으로 "우주적 한宇宙的 恨"을 극복하는 새 지평으로 이어졌을 것이다.

오늘의 지구제국Global Empire은 세계지정학적 지배를 위하여 군사적 패권을 장악하고 우주사에서 가장 파괴적이고 가장 잔인한 "전멸전全滅戰"

Omnicidal War를 도모하고 있다. 지구제국의 테러에 대한 전쟁이 그 전초전이다. 여성, 어린이, 민간인 그리고 다양한 생명체가 거의 무차별적으로 사살당하고 있다. 이것은 우주적 한을 자아내고 있다. 로마서의 "만물의 신음"을 회상시킨다. 이것은 제국의 정치경제적 야망과 군사적 패권과 첨단기술의 합류Convergence에 의하여 이루어지는 "묵시록적" 현실이다. 아마도 여기에 세상을 창조하신 "하나님의 한"이 형상화될 것이다. 그리고 이를 극복하는 예수의 우주적 한풀이가 절실히 요청된다. 이 "한풀이"는 로마제국에 저항하는 예수의 "평화의 제사"가 그 알파를 형성하고 있다.

오늘 21세기 지구시장체제는 지구와 우주의 생명체들의 생명을 총체적으로 위협하는 "적자생존의 경제, 약자 패망의 사회경제"를 추동하고 있다. 지구의 경제는 무한히 성장하고 있고 이것은 자본의 탐욕구조 즉 이윤극대화구조에 의하여 급격히 추동되고 있다. 이 과정에서 금융자본체제는 세계교역의 97%를 장악하고 세계경제체제를 지배하고 있다고 한다. 이런 세계경제의 소용돌이 속에서 인간과 인간의 관계는 지구인구학적인 적자/강자생존론의 이론과 실제에 의하여 통제되고 있다. 인간과 자연의 관계도 이 사회경제적 적자생존론(사회진화론)에 의하여 좌우되고 있다. 이것이 우주적/지구적 생명계와 생명역사를 지배한다는 것이다. 이것은 거시적 우주, 미시적 우주, 인간사회적 우주가 서로 연동적으로 작동되면서 생명체를 위협하고 있다. 아마도 "한의 담론"은 모든 생명체들의 한의 합류동력을 파악하고 감지하여야 할 것이다. 동남아시아가 경험했던 "쯔나미"는 이런 생명의 한의 표출이 아니었던가? 그것은 단순히 자연의 "진노"는 아니었다. 이 한의 극복은 단순히 경세제민經世濟民이 아니라 "우주적 상생경제"를 지향하여야 할 것이다. 이는 예수가 우주적 메시아Cosmic Messiah로 와서 신천신지의 상생경제Convivial Economy를 일구는 것일 것이다.

　오늘의 지구세계는 시각과 청각을 비롯하여 감성과 의식이 탐욕과 권력과 쾌락의 "축제"로 가득 찬 세상이 되었다. 인간은 물론 동물과 식물, 하늘과 땅이 스스로의 창조적인 감성적·정신적·문화적 체험과 표현을 가질 수 있는 우주를 상실해 가고 있다. 인간이 오감과 육감으로 경험하는 모든 것이 전자파를 타고 우주적으로 진동하고 있다. 지구는 생명의 잔치Feat of Life를 잃어 가고 있다. 모든 생명체들의 교향악은 영원히 실종될 것인가?

　모든 생명체가 오감과 육감으로 즐길 수 있는 "생명의 문화 잔치Cultural Festival of Life 한풀이"에서 출범할 것이다. 이는 이미 열려 있었고 열리고 있으며 생명체가 더 창조적으로 가꾸어 가야 할 과제만 있다. 이것은 죽음과 죽임의 생명파괴 제단에서 그 악령과 추혼醜魂을 해방시키고 모든 생명체들의 한을 푸는 대예술향연을 열고 생명의 영혼들이 교감하는 생명축제를 꾸리어 가는 것일 것이다. 이것이 생명적 한의 담론의 절정Omega Point이 될 것이다.

서남동과 통일신학

이재정
성공회대학교 교수, 전 통일부장관

서남동의 바람을 이어가다

　서남동 교수님에게 가장 적절한 이름은 "소통의 달인" 아닐까. 서 교수님에게는 막힘이 없었다. 모든 것을 받아들이고 또 모든 것을 통합하여 새로운 관점과 삶의 길을 열어주었다. 서 교수님은 어떤 강제적인 규제도 한계도 뛰어넘어 진리와 실천에 집중하였다. 따라서 서남동의 신학에는 막힘도 경계도 없었다. 사실 이러한 신학적 입장은 새로운 시대를 열어가는 데 결정적인 기여를 하였다.
　필자가 대학을 졸업하고 1960년대 말에 신학을 공부하면서 서남동 교수님의 이름을 처음 접하기 시작하였다. 그때 서 교수님은 새로운 시대를 열어가는 과정에서 새롭게 떠오르는 서구신학자들의 신학 담론을 정확하게 전달해 주었다. 우리는 서 교수님을 통하여 세계 교회의 흐름과 신학적 변화를 알 수 있었고, 우리의 위치가 무엇인가를 깨달을 수 있었다.

필자가 1972년에 성공회에서 성직안수를 받고 한국기독교교회협의회에 약관의 나이로 참여할 수 있었던 것은 특별한 은총이었다. 필자는 일찍부터 교회 일치와 대화 그리고 다양한 신앙의 고백과 함께 역사의 변화에 어떻게 응답하여야 할 것인가라는 하나님의 선교의 이해를 접할 수 있었다. 1970년대 초에 유신시대를 맞이하면서 우리는 본격적으로 "선교"에 대한 개념과 가치를 경험하기 시작하였다.

필자는 치열한 반유신과 민주화운동의 역사적 현장의 한가운데에서 서남동 교수님을 직접 만나고 가르침을 받을 수 있었다. 당시에 필자는 그의 탁월한 학문적 열정은 물론 민중에 대한 남다른 집중에 감동을 받은 바 있다. 특히 서남동 교수님의 신학적 이해의 폭과 깊이에 놀라지 않을 수 없었으며, 그의 신학이 가지고 있는 강력한 힘은 다양한 신학의 흐름을 궁극적으로는 한국의 역사적 상황에서 재해석하고 이를 새롭게 재구성하는 것이었다.

필자가 뒤늦게 캐나다에 유학길을 떠난 것은 사실 어려운 과정이 있었으며 이 과정에 대하여는 언젠가 밝힐 기회가 올 것으로 생각한다. 필자가 캐나다성공회의 지원으로 매니토바대학교 대학원에서 종교학 석사과정을 공부하고 있을 때 후에 돌이켜 본 일이지만 서남동 교수님은 자신의 신학연구의 과정이었던 캐나다를 인생의 마지막 여행지로 여행을 하고 계셨다.

서남동 교수님은 당시에 필자를 꼭 찾아보신다고 하셨기에 기대를 가지고 세미나 등을 준비하고 있었으나 건강관계로 토론토에서 전화만 하시고 그냥 떠나신 후 귀국하시면서 하나님의 부름을 받고 세상을 떠나셨다. 그때 전화로 나눈 이야기가 필자에게는 서남동 교수님과의 마지막 대화였다.

  서 교수님은 필자에게 민중신학을 연구함으로써 신학으로서의 체계를 이룰 필요가 있으니 그 일을 감당해 달라는 말씀을 하셨고 필자는 그때의 말씀에 따라 석사학위 논문을 민중신학에 있어서 역사와 신학적 관계를 다루었다. 그런 서 교수님의 부음을 듣고 너무나 안타깝고 슬픈 마음을 누를 길이 없었다. 토론토로 달려가서 인사라도 드렸어야 하지 않았나 하는 후회를 지금도 간직하고 있다. 그 후 필자는 토론토대학교에서 〈민중신학은 신학이다〉라는 논문을 써서 박사학위를 받았고, 이 논문을 서남동 교수님께 헌정하는 것으로 한 바 있다.

  오늘 이 글은 우리들이 오늘날 경험하고 있는 한반도의 평화와 통일문제를 서남동 교수님의 민중신학에 기초하여 창조질서의 관점과 민중의 시각에서 살펴보고자 한다.

서남동의 민중관

  신학에서 가장 중요한 과제는 역사의 "변화"becoming를 어떻게 해석하느냐라는 것이라고 생각한다. 화이트헤드 교수가 발전시킨 변화에 대한 철학적 이해를 바탕으로 당시 시카고대학교의 기타가와 교수나 피텐져 박사 같은 과정신학자들은 "변화"를 자연과 신학의 관계에서 가장 중요한 주제이며 과제라고 밝히고 있다. 그런데 문제는 역사 "변화"의 동력이 무엇이며 어디서 오는 것인가라는 과제일 것이다. 역사 자체가 지역의 환경과 상황의 진행과정이라고 할 때 그 동력이 무엇인가라는 것은 결코 일반화할 수 없고 그 지역적 특성과 역사의 상황에서 찾아야 할 것이다.

이런 관점에서 볼 때 민중신학은 하나의 지역신학으로 구별할 수 있지만 실제로는 역사 "변화"의 중심과 그 동력을 "민중"에서 찾은 최초의 신학적 시도였다. 민중은 역사 안에서 태동하는 것이며 그 민중은 역사를 변화시키는 힘이며 중심인 것이다. 서남동 교수님은 민중에게서 메시아적 성격을 발견하였고 이러한 현상을 민중의 합류로 설명하고 있다. 그리고 민중은 바로 역사의 소리이며 표현이고 그리고 결과를 생산한다.

그러므로 민중에 대하여는 "민중이 누구인가"라는 것보다 "민중이 역사 안에서 무엇인가"라는 질문이 적절할 것이다. 필자는 민중을 하나님의 창조 과정에서 나타나고 있는 "새로운 질서와 가치"를 역사현장에서 찾으려고 노력하였다. 창조는 모든 세계의 새로운 평등의 관계, 화합의 관계 그리고 그 관계 자체가 창조의 동력이며 새로운 가치질서를 만들어 가는 것이다.

서남동 교수님의 신학에서 보면 민중은 곧 창조질서의 가장 중요한 내용을 "행동"으로 실천해 가고 있는 역사의 실체이며 동력인 것이다. 민중을 역사의 개체로 보는 것이 아니라 개체와 전체가 유기적인 관계를 만들면서 하나의 전체로 표출되고 있는 것이다.

창세기에 나타나고 있는 창조의 과정에서 우리가 유념할 것은 "창조"의 개념과 가치에 있다. 창조는 근본적으로 다양한 피조물들이 가장 평화롭게 공존할 수 있는 질서에 있다. 이것은 힘에 의한 통합이나 지배의 논리가 아니라 피조물들의 상호관계를 공존의 관계, 화합의 존재로 그 관계를 규정하고 있는 것이다. 자연의 순리적 순환은 지배나 강압 혹은 약육강식의 세계가 아닌 것이다. 이것은 역사의 하나의 모형 타입으로서 새로운 평화적 관계에 기초한 첫 창조질서를 만든 것이다.

그러나 하나님의 가치를 담은 새로운 창조질서는 사실상 인간이 늘 행사하려고 하는 지배와 독점의 사회적인 기득권 관계에서 파괴되고 말았다. 결국 노아의 방주 사건이나 출애굽 사건도 같은 창조의 맥락에서 바라본다면 이러한 재창조는 결국 원창조의 가치를 다시 세워 내려는 다양한 역사적 시도로 볼 수 있고, 이러한 창조질서는 다윗왕의 통치 세계를 거쳐 예수운동에 이르기까지 지속적으로 또는 반복적으로 계속된다. 그리고 모든 역사적인 과정을 창조질서의 관점에서 살펴본다면 인간과 사회를 파괴하는 것은 불의한 지배와 불공정한 사회를 만들어 가는 기득권의 충돌로 해석할 수 있을 것이다.

다양성의 존중과 공존의 논리는 창조신학의 중심이며 그 한가운데 역사에 대하여 살아가는 수많은 민중(암하레쯔)들이 존재하며, 이것이 역사를 움직인 동력이라고 말할 수 있을 것이다. 따라서 민중은 역사에 순리적으로 따라가는 세력이 아니라 불의한 역사에 항거하면서 하나님의 창조 가치를 되살리려는 세력이기에 그들의 종교적 표현이 어떤 것이든지 큰 문제가 되는 것이 아니다. 표현된 종교는 이미 인간의 관점에 의하여 도형화된 것이기 때문이다.

이런 관점에서 볼 때 서남동 교수님은 창조의 다양성의 가치와 공존의 논리 위에 지배와 통합을 배제하는 민중의 "일원론적 신학"을 추구하였다고 할 수 있다. 그의 신학은 창조의 질서와 질서의 창조 과정에서 민중을 통하여 역사 전체를 해석하였고, 그 해석에서 일관된 민중의 일원론적 체계를 주장하고 있다. 민중합류의 서남동 신학은 그 중심을 역사의 변혁에 두고 있으며 이것은 창조신학을 해석학적으로 도입하여 논증하고 있다.

따라서 민중의 존재는 어느 특정지역이나 특정시대에 국한되는 것이 아니며 종교적으로도 구별할 수 없는 역사창조의 가치를 행동으로 삶으로 실증하고 있는 것이다. 서남동 교수님은 이런 관점에서 새로운 시대를 열어간다는 것이 창조의 가치를 되살려 내는 일이고 이것은 곧 민중의 합류를 통하여 가능하다는 주장을 하고 있다.

전태일과 메시아 왕국

서남동의 신학에서 민중은 한을 통하여 역사를 인식하고 한을 통하여 새로운 역사에 도전하고 한을 통하여 그 역사를 비록 미완이라 할지라도 향유하면서 민중이 되는 것이다. 따라서 민중은 한으로써 하나님의 창조질서의 가치를 이루어 가는 역사창조의 힘을 역사 안에서 만들어 가는 것이다.

이러한 서남동 교수님의 이해는 우리의 역사적인 과제인 통일을 "화해"와 "공존"의 과정으로 보고 "한풀이"에서 화해의 역사와 공존의 미래를 우리 민족사의 중요한 본류의 문제로 해석하고 있다. 여기에서 서남동 교수님에 의하면 통일은 모든 역사적 한을 풀어내어 새로운 민족의 질서와 역사를 만들어 가는 과정인 것이다.

그래서 서남동 교수님은 통일을 과거 분단 이전의 상황으로 돌아가는 것이 아니라 새로운 역사의 창조라고 할 때 "화해"라는 말은 단순히 현상의 변화가 아니라 근본적으로 새로운 역사를 만들어 가는 역사적 과제로 말하고 있는 것이다. 이것은 구약의 일련의 창조의 과정이 "회귀"가 아니라 "새로운 도전"과 "새로운 창조"를 요구하고 있는 것처럼 우리에게 통일은 역사의 서로 다른 단절과 계승을 통하여 변증법적으로 새로운 세계를 만들어 가는 것이다.

　일반적으로 통일을 말할 때 지배논리에 의한 통합이거나 힘에 의한 상대의 굴복을 요구하는 것이 일상적이었으며 지금까지 모든 정치논리에서나 통일논의에서 일상화된 것이 "승리주의"였다. 특히 오늘날 지난 10년간의 남북관계의 주제를 이루어 왔던 평화, 화해, 협력, 공존과 교류 등은 완전히 지워지고, 과거 냉전시대로 돌아가 안보, 대결, 대립, 우월성과 단절로 대치되었다. 지난 김대중 대통령 정부나 노무현 대통령 정부가 취하여 온 대북정책은 한반도 평화체제를 만들어 새로운 화해와 화합의 질서를 만들어 가는 것이었다.

　실제로 이러한 시도는 1989년 문익환 목사님의 방북으로 갈래가 잡혔던 통일의 단계적이고 점진적 접근과 남북에 대한 국제사회의 교차승인과 유엔 동시가입 등을 통하여 남북관계를 새롭게 설정한다는 것이었다. 그리고 이러한 합의 이전인 1988년에 한국기독교교회협의회가 한반도 평화통일을 위한 기본선언을 발표하여 역사에 대한 죄책 고백과 함께 남북이 주체적으로 평화와 통일의 새 역사와 새 체계를 만들어 가야 한다는 과제를 설정한 바 있다.

　당시에 이러한 통일신학의 작업은 서남동 교수님을 비롯한 민중신학 1세대 학자들이 자기희생을 내걸고 치열하게 도전하였던 노력의 결과였다. 이런 의미에서 서남동 교수님을 비롯한 민중신학자들은 신학이 연구실이나 강의실에서 이루어지는 것이 아니라 교회와 역사의 현장 한가운데에서 행동으로 입증해 가야 한다고 인식하였다. 따라서 당시에 냉전구조를 깨뜨리기 위하여 교회가 과감하게 남북 간의 대화의 길을 열었고 이것은 마침내 남북기본합의서와 함께 남북관계의 새로운 소통의 길을 열어갔다.

　새 정부가 들어서면서 한반도에는 민중도, 민족도, 그리고 역사도 사라졌다. 대화도 교류도 단절되었다. 그리고 지금 우리가 살고 있는 상황은 힘과 힘의 대결 속에서 과거와 같은 군사력의 충돌로 이어질 수 있는 긴장을 만들어 왔다. 북미 간의 적대적 관계가 상승되면서 북은 마침내 핵실험이라는 강경책을 이끌어 왔다. 힘의 논리에 의한 상대방에 대한 제재와 보복은 결국 한반도의 냉전구조의 해체가 아니라 강화시키는 쪽으로 왔다. 부시 정부의 정책적 실패가 어떤 결과를 가져왔는가를 우리는 분명하게 경험하였다.

　그런데 지금 이명박 정부는 실패한 부시의 정책을 그대로 답습하고 있는 것 같다. 지난 10년간의 남북 간의 "화해" 과정은 평화와 통일을 위한 원칙을 세우고 두 차례의 정상회담을 통하여 평화와 통일의 이정표와 함께 화해의 구체적인 프로그램을 실천하여 왔다. 지금의 상황은 이러한 원칙이 완전히 무너진 채 "어렵더라도 새로 시작해야 한다"는 말로 정치적인 장벽, 군사적인 대결, 이념적 억제 그리고 NLL(북방한계선)과 같은 한 걸음도 움직일 수 없는 경직된 상황을 기반으로 반통일과 반평화의 길을 걸어가고 있다.

　서남동 교수님은 한때 자생적 공산주의자로 몰려 고난을 겪기도 하였다. 서 교수님의 진보적 신학사상이 비판의 대상이기도 하였지만 당시 무차별적으로 정치적 수난을 당한 것이었다. 서남동 교수님의 통일신학은 민중신학적 관점에서 새 하늘과 새 땅에 대한 역사의식을 민중이 주체적으로 짊어지고 가야 할 역사의 십자가에 기초하고 있다. 서남동 교수님은 실제로 메시아 왕국의 도래를 민중의 현실 속에서 즉 민중이 메시아 왕국의 주체가 되는 새로운 세계를 바라보고 있다.

서남동 교수님은 역사의 "아래로부터의 이야기"에서 민중의 꿈과 이상을 형상화화고 이것이 곧 민중의 메시아 왕국으로 발전하는 것이다. 여기에 서 교수님은 전태일의 경험을 가장 중요한 민중 부활과 민중 메시아 왕국의 길을 여는 과정으로 해석하고 있다. 이런 의미에서 서남동 교수님의 통일신학의 중심은 민중 곧 전태일의 분신이 가져온 새로운 메시아 왕국의 꿈을 현실화하여 역사의 부활을 가져오는 것이었다.

서남동은 민중이었다

서남동 교수님은 통일신학이라는 구체적인 제목으로 그의 신학을 명제화하지는 않았다. 그러나 그의 역사해석 또는 역사서술 방법론은 민중의 이야기로부터 새로운 세계를 바라보는 새로운 세계에 기초하고 있다. 서남동 교수님은 김재준-함석헌으로 이어지는 선각자들의 역사이해와 신학적 개념을 수용하고 세계 교회가 새롭게 제기한 여러 신학방법론을 원용하면서 실제로는 문익환-문동환-안병무-현영학 등의 신학적 담론들을 자신의 신앙과 신념으로 "합류"시켜 나갔다. 뿐만 아니라 1970년대에 국내외에 불어닥쳤던 민주화운동의 한가운데에서 직접 정치현상과 이념 투쟁의 갈등을 경험하면서 현장의 신학을 만들어 갔다. 그래서 서남동 교수님은 역사와 현장 그리고 통일의 담론과 행동을 새롭게 연결하여 통일의 길을 여는 신학적 기초를 만들었다.

지금 우리는 민중-메시아의 관계를 통일의 역사에서 바라보아야 한다. 민중의 역사 창조는 곧 메시아의 창조, 메시아의 역사 구원의 창조에서 그 형태와 가치를 보아야 한다. 오늘 다시 남북 단절의 시대에 와서 서남동 교수님의 가르침을 아니 그의 메시아 구원의 역사에 참여하였던 그의 삶을 돌이켜 보면서 서남동 교수님을 그리워한다.

그는 분명 민중이었다.

서남동의 생태학적 윤리에 대한 소고

김경재
한신대학교 명예교수

1. 죽재신학 구조 안에서 생태학적 신학과 과학신학의 자리

    죽재 선생의 신학세계에서 그 스펙트럼은 넓고도 깊다는 것을 주목함이 중요하다. 우리는 그의 신학적 이미지를 '한국 신학의 안테나' 혹은 '한국 민중신학자'로서 한정시키는 오류를 범해서는 아니 된다.
    적어도 민중신학 탐구에 집중하기 전까지 집중했던 죽재의 신학담론 두 가지 중 하나는 "역사적 실재란 무엇인가?"라는 문제요, 다른 하나는 "생태학적 신학과 과학신학의 과제와 전망"이었다. 이 시간엔 그의 '생태학적 신학'에 대한 기본적 입장을 파악하려고 한다.
    죽재 선생은 '생태학적 신학'에 관련된 3개의 중요한 논문을 남겼는데,

(I) 「생태학적 윤리를 지향하여」
(II) 「자연에 관한 신학」
(III) 「성장과 균형의 윤리」가 그것이다.

2. 「생태학적 윤리를 지향하여」와 「자연에 관한 신학」 논문 내용 요약

1) 생태권과 생태계의 이해

모든 생명체들은 지구의 공전과 자전, 지축의 경사, 위성의 회전과 해조의 간만, 대양과 수문학적 순환 등에 의해서 그물이 짜여진 생태권 안에 자리 잡고 존재한다. 인간도 그러한 '생태학적 국소'ecological niche에 담겨져 존재하고, 시공을 구성하는 그물의 창발적 '매듭'(nexus, 화이트헤드)에 연관된 생태권의 한 매듭이다. 바로 이 자연의 기제(메커니즘)와 그 역학관계가 생태계를 이룬다. 인간은 자연의 한 통전적 부분이며, 오랜 세월의 진화과정에 연결되어 있다.

2) 생태학적 위기의 발생요인들

생태학적 균형을 깨뜨려 위기를 초래하는 악순환적 요소들은 (i) 지구 인구팽창 (ii) 식량 및 소비재의 양적 증가와 공업생산 활동 증대 (iii) 자연자원의 탕진 (iv) 자연환경의 오염과 생태계 파괴 (v) 생활양태와 삶의 가치 기준이다. 이상의 다섯 가지 요소들은 서로 맞물려 있는 것이다. 서로가 서로에게 영향을 끼친다. 위의 요소 중 한 가지 변화는 나머지 네 가지 요소에 곧바로 영향을 미친다.

3) 생태학적 위기를 초래한 기독교적 실재관의 문제점과 위기 극복을 위한 대안 제시

(1) 린 화이트의 지적엔 일리가 있다. 서구 기독교문명은 인간에 의한 자연의 정복과 진보사상이 신의 세계섭리의 일환으로 이해하였다. 자연의 비마법화와 세속화는 실재를 '역사일변도'로 파악하며, 자연과 역사를 대립시켰다. 남성적 가부장적 기독교의 통속적 신관은 자연초월론적 신관을 발전시켰고, 자연에 대한 정복·공격·무제약적 재원창고로서의 자연자원의 약탈, 그리고 자연의 무한한 자정 능력을 맹신하게 만드는 원인 제공의 뿌리가 되었다.

(2) 죽재는 생태학적 위기 극복을 위하여 5가지 시급한 대안모색을 제시한다. 그 5가지는 동양종교에서 배우는 일, 기독교 동방종교의 영성신학을 통전하는 일, 현대과학(생명과학)의 발견을 통전하는 일, 성서를 다시 새롭게 읽는 일, 그리고 새로운 생태학적 윤리를 정립하는 일이라고 본다.

(3) 동양종교에서 배울 점 : 명상과 좌선 등 수행방법, 인간과 자연과의 유기체적 관계를 강조하는 '만물동체' 萬物同體 사상, 인간학에서 심신일체사상, 그리고 신관에서 범신론적인 내재적 신관의 통찰이다.

(4) 서방기독교가 동방정교 신앙전통을 종합해야 할 점 : 신인관계에서 초월적 타자로서보다 내재적—내주적 포섭관계로 보는 신관과 성령론. 원죄론 강조보다는 신의 형상의 점진적 실현을 통한 성화론과 신화 deification, 범성례전적 실재관 pansacramentalism 등이다.

4) 신과학 사상의 발견들을 통전하는 과제

자연에 대한 유기적인 통전적 실재관, 진화론적 실재관에 의하면 자연은 생명전단계-생명단계-정신단계-영성단계로 진화해 가는 지향성을 지닌다는 통찰을 배워야 한다. 뿐만 아니라, 자연을 구성하는 최소단위 안에도 심소心素가 내재해 있다는 통찰, 기술공학적이고도 분자생물학적 발전이 '환원주의적 유물론'을 극복한다면, 지구창조 역사의 새로운 발전단계로서 진입시킨다는 거시적 문명의 패러다임 전환으로서 이해가 가능하다. 기술공학적 발전과 분자생물학적 발전은 양날 검 같은 것이다. 낙관 또는 비관적 일방태도는 바람직하지 않다.

5) 성서를 새롭게 읽는 시도

(1) 창세기 1장을 꿰뚫고 흐르는 '창조의 영성, 창조세계 긍정과 축복의 헤브라이즘'을 회복해야 한다. 창조세계는 마야가 아니고 실재이며, 악이 아니고 선이다. 피조물가치는 인간을 기준으로 한 효용성이나 실용성에 기준을 둔 것이 아니고 그 자체의 본구적 가치를 지닌다. '생명의 외경'(슈바이처)을 넘어 '존재의 외경'(조나단 에드워드)에로 나아가야 한다. 창조과정 자체가 소박하지만 단계적이고, 통전적이며, 생태학적으로 이해되고 있다.

(2) 성서 속의 생태학적 성구들(시 104, 창 9:4, 호 4:1-5, 렘 25:23, 롬 8:18-26)을 새롭게 이해하고, 역사와 자연을 이분법적으로 분리시키는 '역사일변도 신학적 사고체계'를 극복해야 한다.

(3) 기독교 정통교리들의 새로운 이해 및 신학적 인식 지평 확대가 요청된다.

그리스도론의 성육신론을 인간 원죄를 해결하기 위한 응급방편으로 이해하는 정통신학적 이해를 넘어서 '우주적 그리스도론'의 시각에서 창조의 시작부터 '계속창조'의 완성이요, 그 면류관으로 이해해야 한다.

신론은 헬라철학 영향을 받아 조성된 정통적인 초자연주의적 초월신론을 극복하고 범재신론panentheism의 형태로 새롭게 이해해야 한다. 성경이 증거하는 신은 '계속창조의 신'이며(시 104:14-30), 성서가 보는 신은 '만유 충만'이며(엡 4:10)이며, 성서가 기다리는 신은 '만유에 내재하는 만유'이다(God is All in All. 고전 15:28). 현재로선 '과정신학' Process theology의 신학적 담론에 경청할 필요가 있다.

신학은 하나님, 자연, 인간의 삼자관계를 새롭게 정립하는 획기적 발상법 전환을 이루어 '생태학적 신학 패러다임'을 새롭게 재구상해야 한다. 은유적으로 말해서, 신과 자연의 관계를 '몸—마음' 관계로 이해하며, 인간은 자연의 일부, 곧 몸의 일부를 구성하면서도 몸 전체의 메커니즘을 이해하고 조정하는 '중추신경계 기능'(장회익)을 담당한다는 자각이 요청된다.

3. 「성장과 균형의 윤리」에 나타난 죽재의 생태학적 윤리의 기본구상

1) 생태학적 윤리 제1원칙 : 사실이 제시하는 윤리적 가치가 정언명령적이다

인간행동의 규범이나 가치지향성을 규제하고 지시하는 권위가 전통관습, 전통종교나 신학교리, 전통사회의 도덕체계를 더 이상 지배하는 것을 방관할 수 없다. "가치는 사실 속에 본구本具되어 있기 때문에, 사실에서 가치가 유도된다. 무엇이 선이냐, 어떤 행위가 바른 것이냐, 행동의 목표는 무엇이냐 하는 물음에 대한 대답이 사실에 대한 지식에서 얻어져야 한다." 에너지와 물질, 마음과 몸은 이분법적 분리 실재가 아니라 우주소재의 양면이며, 인간과 자연은 통전된 하나이며, 사실과 가치도 일치된 것임을 20세기 인간지식, 특히 자연과학이 말해 주고 있다.

2) 생태학적 윤리 제2원칙: 인간을 포함한 자연계가 지향(목표)하는 최고 규범은 '균형'이다

현대물리학, 자연생물학, 특히 자연생태학에서 강조하는 것은 '생태학적 균형'의 중요성을 강조한다. 일시적 현상으로서 혼돈, 무질서, 국소적 독점지배와 팽창이 이루어지는 듯하지만, 곧바로 자연은 '균형'을 되찾는다. 그래야 자연은 지속되며, 생태계는 유지된다. 아니 자연의 혼돈, 교란, 무질서, 광기성 자체가 '균형'을 되찾기 위한 대자연의 비상적 몸부림이라고 봐야 한다. 그러므로 인간의 윤리적 행동은 '생태학적 균형'에 맞추는 행위와 목적으로서 옳고 그름을 판단하는 척도를 삼는다. '자연의 균형'을 위배하거나 무시하는 것은 악이고 지탄받아 마땅한 일이다. 개체 인간의 존엄성과 가치가 아무리 높아도, 자연의 생태학적 균형을 위배하는 것은 규제되어야 한다. 경제성장과 새로운 과학기술의 발전이 아무리 매력적이라 하더라도, '생태학적 균형'을 깨뜨리거나, 교란시키는 모험은 악한 정책이고 범죄행위이다.

'성장의 한계'는 권장사항이 아니라 도덕적 정언명령이 된다. 소위 '지속가능한 개발'이란 모토도 재검토되어야 할 위기상황이다. 균형은 자연이 수십억 년 동안 자기조절과정을 거쳐 형성한 질서며, 생명과 물적 환경이 얽혀져 이룩한 생존에 최적인 항상상태恒常狀態로서의 균형均衡, homoestasis이다. 수십억 년에 걸쳐 이루어져 온 대자연의 이 균형을 불과 300년 동안 인간이라는 생물의 종種이 깨뜨리고 있는 것이다.

3) 생태학적 윤리 제3원칙 : 생태학적 윤리의 발상은 인간의 공리적 이기주의를 넘어선다

현대 생태학적 담론이 자칫하면, 자연환경 보호운동이나 인간복리 증진을 위한 대책의 일환으로 이해되는 것을 경계해야 한다. 생태학적 윤리는 인간의 이익과 인간이 누리던 특권의 지속적 향상을 목적으로 해서는 안 된다. 전 자연, 전체 창조세계 그 자체의 선성善性과 창조주로부터 받은 본구적 권리를 회복시키고, 인간으로 하여금 본래의 합당한 창조질서의 자리에로 환원하게 하는 운동이라야 한다. 그러나 전통적인 낭만적 자연주의나 동양종교의 보편주의적 '만물동체' 사상의 강조만을 가지고서는 아니 된다. 유기체적 자연의 몸 안에서 인간이 가지고 있는 '중추신경계 위상'(장회익)에 대한 자각과 책임을 강조해야 한다.

해부학적으로 말해서 '중추신경계'라는 인간의 신체기관은 진화과정에서 '두뇌구조 발달과 신경계 진화단계'를 거치는 동안 신체의 다른 부위의 협동과 영양조달을 통해 가장 마지막 단계에서 발생한 신체기관이다. 그러나 일단 '중추신경계'가 형성된 이후, 그것은 생존을 위해서는 필수적으로 신체의 다른 부위에 의존하지만, 유일하게 신체의 다른 부위와 다른 '정신의 자기초월능력'과 말단신경계에서 전해 오는 '감각적 정보자료의 종합판단'과 내분비계통의 '신체균형'을 지속토록 하는 책임을 맡는다. 인간이 지구몸이라는 유기체적 상태환경 가운데서 갖는 위치가 비유적으로 말해서 그와 동일한 것이라고 장회익은 강조한다.

이러한 자각이 갖는 신학적 중요성은 인간이 자연 속에서 갖는 위치설정에 있어서 정통적인 '청지기 모델'을 넘어서 보다 직접적이고도 불가분리적인 자연의 무기물 및 유기체들과 더불어 갖게 되는 관계성을 상징적으로 가르치기 때문이다.

오늘날 자연신학과 자연과학이 일치하는 통찰에 의하면, 자연이란 완성된 기계적 제품이 아니고 전진하는 방향성을 가진, 새로움을 창조해가는 살아 있는 유기체라는 점이다. 죽재 서남동은 고백하기를 성경이 말하는 자연을 창조하신 하나님은, 기독교 신학자와 신도들이 이전에 생각했던 것보다 훨씬 더 자연의 창조적 생성과정 속에 개입하고 있으며, '창조'라는 어휘 자체를 보다 새롭게 질적으로 전환시켜야 할 것으로 보고 있다.

신학적 인간학 측면에서 죽재는 일반적으로 생각하듯 단순한 합리주의적 신학자가 아니다. 예를 들면 '물질의 내재적 충동' nisus, Boeme, 생물 속에 있는 배아적인 심소心素, psi factor, i.e., Within._Teilhard de Chardin, 그리고 인간 생명단계에서 나타나는 초감각적 지각 Extrasens-ory perception, ESP은, 모두 대자연의 연속적인 진화과정에서 자연의 창발적 과정에서 이뤄진 내면적 매듭들이라고 본다(화이트헤드). 그리고 그 삼자는 서로 통한다고 본다. 영성적으로 말하면 자연, 식물, 동물, 인간 사이에 신비적 참여 혹은 내면적 교감이 가능하다는 말이다.

4) 생태학적 윤리 제4 원칙 : 인간 활동을 물질재화 지향적인 생산활동보다는 정신적 – 영적활동으로 전환시키고, 재화사용의 자연순환적 질서와 소비절제적 생활양식을 강화한다

죽재는 1973년에 집필한「성장과 균형의 윤리」논문 속에서, '성장의 한계' 보고서(MIT 연구단보고서, D. H. Meadows, et., *The Limits to Growth*, 1972)를 작성한 1970년대의 시대상황을 반영하여 1970년대 중반기 기준으로 한 '안정화된 세계모델' 전략을 소개하였다. 인구는 1975

년에 출생률과 사망률을 같게 하고, 공업생산자원 소비량을 1970년 대비 1/4로 감소하고, 공업과 농업 생산과정의 오염 발생량을 1970년 대비 1/4로 감소시키고, 자본을 공업생산에서 농업생산부문으로 전환시키고, 도시생활의 유기폐기물을 비료로 전환시키고, 공업생산품의 내구성과 수리가능성을 증대시킨다는 등이다. 2008년 현재, 35년 전에 비하여 자연생태계의 파괴로 말미암은 지구 이상기후 변화, 토지·물·공기 오염, 생태환경 파괴와 종의 멸종, 절제를 모르는 인간의 경제적 무한욕구의 질주는 생태학적 윤리의 도덕적 권면이 실효성이 없다는 사실을 노정시킨다.

특별히 민중신학적 관점에서 볼 때, 신자유주의적 경제체제의 전 지구적 확산이 가져온 생태학적 재앙의 제1차적 희생자들이 지구촌의 '민중들'이라는 점이다. 최근 민주주의의 실질적 진전을 이룰 주체가 누구인가를 테마로 한 한국학술진흥재단 주최의 인문강좌 시리즈에서 주제발표자가 '보편성의 원리'를 내세우면서 '민중에서 시민으로 전환' 해야 한다는 주장은 빛과 그림자를 동시에 갖는다. 비판 토론자의 지적대로 "모두가 시민이라는 입장 혹은 민중이 곧 시민이다"라는 입장은 보편적 시민이 존재하지 않는 자본주의적 냉혹한 세계현실 속에서는 그야말로 "유사 보편성이며 관념적 보편성일 뿐이다." 생태윤리학적 실천이 정치사회적 변동과 비폭력적 투쟁을 동반하지 않으면 지극히 어려운 일이라는 과제를 우리에게 시사한다.

민중신학의 신학사적 위치와 의의

김균진
전 연세대학교 교수, 조직신학

한국적 정치신학인 민중신학

서남동, 안병무, 서광선, 현영학, 김용복 교수를 중심으로 일어난 한국의 민중신학은 1970년대와 80년대 한국의 민주화 과정 속에서 생성 발전되었다. 이들 민중신학자들은 단지 하나의 새로운 신학 이론만을 전개하지 않았다. 그들의 이론은 민중신학적 기본 통찰의 실천 속에서 전개되었다.

따라서 민중신학은 단지 하나의 새로운 신학적 이론이 아니라, 이론과 실천이 결합되어 있는 하나의 신학적·사회적·정치적 "운동"으로, "한국적 정치신학"이라 말할 수 있다. 또한 민중신학은 몰트만의 희망의 신학과 정치신학, 남미의 해방신학과의 연계 속에서 형성되었다. 민중신학의 정치적 성격과 실천으로 말미암아 민중신학자들은 교수직에서의 파면, 투옥, 고문, 가택연금 등의 고난을 당하였다. 이들의 고난 속에서 민중신학이 1970년대와 80년대의 해방신학과 함께 한국의 민주화에 크게 기여하였음은 그 누구도 부인할 수 없는 역사적 사실이다.

메시아적 전통의 회복운동

신학의 역사에서 민중신학은 중요한 위치를 차지한다고 말할 수 있다. 먼저 성서 주석에 있어 민중신학은 중요한 위치와 의의를 가진다. 본래 민중신학은 공관복음서, 특히 마가복음에 대한 양식사적 주석formgeschichtliche Exegese에 근거한다. 그러나 20세기 초반의 양식사적 주석은 성서 본문들의 사회적 측면을 거의 고려하지 않고, 단지 이 본문들의 양식에만 관심하였다. 역사적 인물들에 초점을 맞춘 자유주의 신학의 해석학은 성서 본문의 기자들이 처한, 또 이 본문들이 생성된 사회적 상황들을 고려하지 않은 채, 예수의 인격과 사역을 파악하고, 이를 개별의 인간에게 적용코자 하였다. 이에 반해 민중신학은 성서 주석에 있어 사회적 측면, 곧 성서 안에서 활동하는 인물들의 사회적 배경을 중요시한다. 그것은 사회학적 성서 주석에 기초한다.

사회적 배경은 종교적 전통은 물론 역사적 배경, 정치적·경제적 상황, 당시의 윤리, 습관 등을 포함하는 포괄적 개념이다. 민중신학은 이러한 포괄적 의미의 사회적 배경 속에서 예수의 말씀과 활동을 파악하며, 그가 선포한 "복음"과 하나님의 "구원"이 무엇인가를 해명한다. 이를 통해 민중신학은 지난 2,000년간 기독교를 거의 지배한 "영혼주의"spiritualism의 해석학적 방법을 극복한다.

기독교의 영혼주의는 기독교의 진리를 인간의 영혼과의 관계에서 해석하는 방법을 말하며, 신학의 역사에서 오랜 전통을 가진다. 전체적으로 볼 때, 한국의 개신교회는 지금 이 영혼주의를 벗어나지 못하고 있다. 많은 목회자들과 신학자들이 소위 "영성"spirituality에 대해 큰 관심을 나타내는 것도 한국 개신교회의 영혼주의적 경향성을 나타낸다. 영성에 대해 이야기하는 신학자는 소위 "보수적"이며 위험스럽지 않은 "복음주의적" 신학자처럼 보인다.

영혼주의의 전통은 초대교회의 대표적 신학자 아우구스틴Augustin에게로 소급된다. 아우구스틴의 『고백록』Confessiones에 의하면 하나님과 인간의 영혼이 신학적 사고의 중심 문제이다. 허무한 세상에서 불안을 느끼며 동요하는 인간의 영혼이 그리스도의 죄 용서를 받고 하나님 안에서 평화와 안식을 누리며 하나님을 관조하는 데에 참 열락悅樂과 구원이 있다. 참 평화는 이 세상에서 오는 것이 아니라, 하나님과의 연합을 통해 얻을 수 있다. 그것은 하늘에서 내려온다 : "평화, 평화로다, 하늘 위에서 내려오네……."

기독교의 영혼주의는 그 속에 이원론적 구조를 가진다. 곧 영혼과 육체, 정신과 물질, 저 세상과 이 세상, 인간과 자연을 둘로 나누고, 전자는 참 가치를 가진 반면, 후자는 무가치하고 허무한 것으로 간주한다. 따라서 기독교는 인간의 육체, 물질, 이 세상, 자연의 세계에 대해서는 관심을 가질 필요가 없는 것으로 생각된다. 그리스도의 복음(=기쁜 소식)과 하나님의 구원은 육체와 물질과 이 세상의 감옥을 벗어난 인간의 영혼이 하나님과 연합하는 데 있는 것으로, 죽은 후에는 저 세상의 영원한 생명을 누리는 데 있는 것으로 생각된다(영혼불멸설). 이리하여 인간은 이 세상에 대하여, 인간의 물질적·사회적 상황에 대해 무관심·무감각해지고, 영원한 생명의 저 세상을 동경케 된다. 이를 가리켜 마르크스는 "민중의 아편"das Opium des Volkes이라 말한다(마르크스의 『헤겔 법철학 비판 서론』). 니체는 이것을 가르치는 기독교 성직자를 가리켜 우리의 삶에 "독을 섞는 사람"Giftmischer이라고 말한다.

민중신학은 영혼주의의 전통을 과감히 깨뜨리고, 그리스도의 복음과 하나님의 구원을 육체적·물질적·정치적·경제적 측면에서 해석한다. 바로 여기에 민중신학의 해석학적 의의가 있다. 민중신학의 해석학적 입장에서 볼 때, 그리스도의 복음과 하나님의 구원은 해방에 있다. 무엇보다 먼저 그것은 정치적·경제적 억압과 착취, 이로 인한 인간의 비인간화, 인간에 의한 인간의 소외와 차별discrimination로부터의 해방에 있다. 이 해방을 통해 상실된 인간의 가치와 존엄성을 회복하고 인간성 있는 사회를 이루는 데 있다. 구약성서가 증언하는 출애굽의 사건, 복음서가 증언하는 예수의 사건은 이것을 증명한다.

근본적으로 민중신학은 성서의 메시아적 전통에 근거하며, 이 전통을 회복하고 이를 실천에 옮기고자 한다. 나의 생각에 의하면 성서의 뿌리는 하나님의 정의와 자비가 다스리는 메시아적 세계에 대한 하나님의 약속과 기다림에 있다(이사야 11장, 67장, 요한계시록 21장의 "새 하늘과 새 땅"에 대한 약속을 참조). 성서가 증언하는 하나님은 메시아적 세계, 곧 하나님의 나라를 이 땅 위에 세우고자 하는 메시아적 하나님이다. 그래서 이 "하나님의 아들" 예수는 "메시아", 곧 "그리스도"라 불린다(그리스도는 본래 예수의 이름이 아니라, 히브리어 "메시아"를 70인 역Septuaginta에서 그리스어 Christos로 번역한 것임).

왜 하나님은 메시아성을 그의 본질로 가지는가? 그것은, 하나님은 사랑이기 때문이다. 하나님은 사랑이기 때문에, 모든 생명이 더불어 행복하게 살기를 원한다. 그러므로 하나님은 주어진 현실의 구조에 안주하지 않고, 출애굽 사건을 일으키며, 메시아 왕국을 약속하며, 예수 안에서 하나님 나라의 운동을 일으킨다.

민중신학은 기득권자들에 의해 억압과 착취를 당하는 민중의 해방을 넘어, 근본적으로 성서에 담겨진 메시아적 전통을 회복시키는 신학운동이라 말할 수 있다. 그 속에는 하나님의 새로운 생명의 세계에 대한 꿈과 기다림, 곧 성서의 메시아적 정신이 숨어 있다. 따라서 민중신학은 기독교의 "메시아적 영성의 회복 운동"이라 정의할 수 있다.

민중신학 속에 숨어 있는 메시아적 정신은 (여기서 필자는 "영성"이란 단어를 의도적으로 피함) 기독교 교회와 신학이 잊어서는 안 될, 기독교의 생명이라 생각된다. 만일 교회와 신학이 메시아적 정신을 망각한다면, 그것은 이 세계에 대해 아무 힘이 없는 종이호랑이(?)와 같은 것이 될 것이며, 거대한 교회를 건축하고 거대한 종교제도를 만들어 현실과 타협하면서 민중의 돈을 뜯어먹는 "민중의 아편"이란 비판을 면할 수 없을 것이다. 오늘날 많은 기독교 지도자들 자신이 말하는 "한국 개신교회의 위기"의 한 가지 원인은 성서의 메시아적 정신을 망각한 데 있다고 생각된다. 바로 이 메시아적 정신을 회복하고자 한 여기에 민중신학의 중요한 의미가 있다.

오늘날 한국 사회와 민중신학

인간의 모든 이론은 불완전하다. 그 속에는 타당성도 있지만 제한성도 발견된다. 민중신학도 마찬가지다. 함께 성찰하고 싶은 민중신학의 한 가지 문제는 인간의 욕망과 죄의 문제가 민중신학에서 총체적으로 다루어지지 않으며, 그래서 민중이 이상화되는 경향이 나타난다는 점이다. 욕망과 죄는 기득권자에게만 있는 것으로 생각된다. 그러나 민중도 인간이다. 그러므로 민중도 욕망과 죄의 문제에서 면제될 수 없다. 기득권자들의 억압과 착취와 가난에서 해방되어도 그들은 인간의 이기적 본성과 욕망을 벗어날 수 없으며, 인간 사회는 욕망과 죄의 악순환을 벗어날 수 없게 된다. 억압과 착취에서 자유를 얻었지만, 이 자유는 법망法網에 걸리지 않는 범위에서 "내 마음대로 행동하고 내 마음대로 살 수 있는 것"으로 생각된다. 이리하여 사회는 새로운 형태의 비인간적 사회로 변모한다. 이것이 오늘날 한국 사회의 현실이 아닌가? 여기서 우리는 민중신학이 새롭게 발전할 수 있는 하나의 영역을 발견할 수 있다.

서남동의 민중신학과 여성신학

최만자
전 한국여성신학회 회장

존경하는 서남동 목사님을 기념하는 자리에 감히 참여하게 됨을 감사히 생각한다. 이 자리에서 죽재 신학의 절정이자 종결을 이룬 민중신학을 한국 여성신학의 관점에서 생각해 보려 한다.

민중신학과 한국 여성신학의 태동

한국 민중신학은 1970년대 군부독재정권의 인권탄압과 경제개발 논리에 고난당하고 희생된 노동자들의 억압 경험에 눈뜬 신학자들의 인식전환으로 출현하였고, 한국 여성신학은 미국에서 시작된 여성신학을 1970

년대 후반에 한국 교회 여성들이 소개받으면서 시작되었는데, 이것은 지금까지 교회와 사회에서 당하던 성차별과 억압의 경험들을 드러낼 신학적 도구를 얻게 된 것이고, 그렇게 1980년대에 본격적으로 전개 확산되었다. 두 신학이 각각 민중과 여성의 구체적 현실과 억압으로부터의 해방을 추구하는 신학이라는 점에서 공통성을 갖지만 그럼에도 상호 비판적 논점들도 갖고 있다. 여기서는 민중신학 전체를 다루기보다 한국 여성신학 관점에서 죽재의 민중신학을 중심으로 두 신학에 대해 생각하고자 한다.

민중신학에 없는 여성문제

많은 민중신학자들이 대표적인 민중 경험을 여성의 경험으로 내세우고 있지만(안병무 : 예수 사건 전승자 여성들, 김용복 : 사회전기적 해석의 예로 정신대 여성 이야기, 현영학 : 여성의 한의 경험 다수, 서광선 : 무속에서의 여성 등) 여성의 이야기를 한다고 해서 여성문제에 대한 인식을 갖고 있는 것은 아니라고 여성신학은 비판한다. 죽재는 옛 이야기인 '석문 전설'의 여성의 한, 또 YH 노조의 '김경숙의 한'을 대표적으로 하는 등 여성의 한의 이야기로부터 신학적 사고의 출발을 한다. 그리고 성서해석 방법론에서 사회경제사적 분석방법을 두고두고 강조하는데, 이는 여성의 이야기를 사회경제적 구조에서 분석하고는 있지만 사회적 가부장적 이데올로기에 의한 여성억압에 대한 인식은 결여되어 있다. 죽재는 특히 김지하의 시적 감수성에 상당한 영향과 감동을 받았고 그래서 성서와 한국 전통의 합류에 의한 메시아상을 '장일담'으로 제시한다. 이는 가장 밑바닥 민중―살인자, 인륜상실의 죄수―을 신과 일치시키는 도구이지만 여기에는 역사 이래로 수많은 여성에게 가해진 치명적 성폭행의 문제를 전혀 도외시하고 있다. 즉 민중신학에는 여성들의 이야기는 있지만 여성문제 의식은 결여되어 있다는 것을 여성신학은 비판한다.

여성신학이 권위를 가질 때

그러나 죽재의 신학에는 여성신학과 일치하는 신학적 사고에 대한 대전환의 논점이 확실하게 자리하고 있다. 곧 성서를 역사적 전거reference로 본다는 점이다. 그는 "성서가 이렇게 말하기 때문에 내가 ······한 결단을 한다는 것이 아니라 오늘 이 자리에 내가 해방이 필요한데 그 해방에 성서가 지지하는 힘이 되기 때문에 성서의 권위가 있는 것이다"라고 규정한다. 이 방법은 전통적인 그리스도론적-통시적 해석Christological-diachronical interpretation과 대조되는 성령의 역사를 중심하는 성령론적-공시적 해석pneumatological-synchronic interpretation이라고 한다. 그리스도론적 해석에는 이미 주어진 종교범주에 맞기 때문에 적합성이 주어지지만, 성령론적 해석에는 지금 현실의 경험과 맥락에 맞기 때문에 적합성이 주어진다는 것이다. 성서가 어떤 규범적인 것으로 정언되어서 그것을 읽는 사람의 행위를 결정하는 것이 아니라 변화 혹은 해방, 살림을 필요로 하는 지금의 상황에서 성서를 만남으로써 발생하는 사건이라는 것이다. 전거란 역사적 사고로서 역사적인 전거들 중에 가장 지배적인 잠재력을 가진 원조형이라는 것이다. 여성신학은 성서가 여성에게 생명을 주는 힘이 될 때 권위를 가진다고 말한다. 여성해방적 성서해석은 성서를 초자연적 절대 계시라는 교리적 전통적 해석에 도전한다. 그래서 여성신학자 피오렌자는 성서는 신화적 원형mythical archetype이 아니라 역사적 원형historical prototype 으로 이해되어야 함을 주장한다. 여성신학은 성서가 역사적이며 그래서 가부장적 역사의 산물임을 인정하고 따라서 여성해방적 관점에서 구원과 해방이라는 개념을 성서의 기원적 원형에서가 아니라 지금도 진행 중인 '우리의 구원을 위하여' 가지는 것이므로 성서의 규범적 권위를 출발점이나 목표로 할 수 없다고 말한다.

여성민중이 여성신학의 주체

죽재는 한국적이고 민중적인 신학을 형성하고자 모든 노력을 경주하였다. 그래서 성서의 민중전통과 한국의 민중전통의 합류를 시도하고 두 전통 안에 있는 민중의 대자적 측면과 즉자적 측면을 구체적으로 찾아내며 사회경제사적 방법으로 그 전통들을 해석하고 있다. 한국 여성신학 또한 그 시작에서부터 민족적이고 한국적인 상황인식에서 시작함을 명백히 하였고, 민중여성이 한국 여성신학의 주체임을 밝혀 나갔다. 한국 여성신학은 한국 기층민중의 주체적 역량의 대발견기인 80년대 한국 민중운동의 양적·질적 성장과 더불어 각 운동에 참여하는 여성들이 여성으로서의 문제의식과 계급론적 시각을 또한 갖게 되었다. 그래서 여성들의 억압당함이 단순히 성적인 억압만이라고 따로 떼어 생각할 수 없고 신식민지적 세계구조 속에서 민족분단의 문제 등과 겹쳐서 중층적으로 나타난다는 인식에 도달하여 여성민중을 여성신학의 주체로 삼아야 한다는 결론에 이른 것이다. 박순경의 민족 과제 우선의 여성신학 주장이 이우

정의 속담 속에 있는 여성억압 경험 드러내기 등을 통해 여성민중의 대자적·즉자적 측면을 찾아내는 신학의 시도, 그리고 성·계급·민족 모순의 경험이 중층적으로 쌓여 있는 정신대 여성 경험의 사회전기적 풀이 등은 한국 여성신학과 민중신학의 상호 교류적 신학함의 길을 열었다고 생각된다.

필자의 어느 글에서도 밝히 바 있지만 죽재께서 더 오래 생존하셨더라면 여성신학에 대한 더 많은 전개를 하셨을 것임에 틀림없다. 그분은 잠시 접한 여성신학에 대해 "기독교의 근본을 흔드는 대단한 신학"이라고 평하셨다. 그분의 개방적·미래지향적 사고로 두 이야기가 합류되어 같은 성서해석의 방법론을 지속한다면 장차에는 민중신학이나 여성신학이 없어도 되는 세상이 올 것이 아니겠는가!

제3세계와 민중신학

김경남
한국기독교사회문제연구원 원장

1. 들어가는 말

이제와 문득 생각해 보니, 죽재 선생과 민중신학은 나에게 교회와 세상을 올바르게 보게 한 프리즘이요, 오늘날까지 나를 인도해 온 크리스마스 별이었다는 생각이 듦을 고백한다.

1) 안테나 신학자 죽재와 만남 - 한신대 재학시절(1974년)

신학에 관하여는 완전 무지한 상태에서 신학을 하여 목사가 되겠다고 의욕만 가지고 용감하게 한신대에 학사 편입한 것은 1974년 3월이었다.

서남동 목사님을 처음 뵌 것은 기억이 옳다면 목사님의 "현대신학 특강"이란 과목 강의를 듣게 되면서이다. 그 과목은 선택과목으로 생각되는데, 안테나 신학자라는 별호를 가지신 서남동 교수님의 강의를 들으면 신학에 무지했던 내가 한꺼번에 현대신학을 섭렵은 못하더라도 대강 그림은 그릴 수 있지 않을까 하는 욕심에서였다.

그러나 첫 강의 시간에 나는 그런 욕심이 전혀 오산이었다는 것을 깨달았다. 신학의 '신' 자도 모르는 나 자신의 문제였을 것이라고 생각하지만, 그분의 첫 강의는 그야말로 무슨 말씀인지 한 마디도 알아들을 수 없는 것이었다. 두꺼운 안경을 쓰신 키 작고 아담한 분이 우리들에게 시선 한 번도 주시지 않고, (내 생각에는 자신이 없어서 시선을 주시지 못하신 듯하다) 아무리 귀를 기울여도 들릴 듯 말 듯한 기어 들어가는 목소리로 중얼거리셨다. 3월의 양지 바른 수유리 한신대 교실에서 감겨오는 눈을 비비며 듣고 이해하려 아무리 노력해도 이해하기 힘들었던 것이 나 혼자 만이었을까 하는 생각이 들 정도였다.

강의 내용은 당시에는 생소한 '생태와 우주' 그런 것이었고, 그 내용이 그 당시에는 획기적인 '테야르 드 샤르댕의 생태신학'이었다는 것을 안 것은 그 후 10년도 넘은 뒤의 일이었다. 박정희 독재정부가 그해 4월 초 '긴급조치 4호' 위반으로 우리를 연행하여 1개월도 채 못 된 나의 한신대 생활에 종지부를 찍지 않았다면, 아마도 내 스스로 더 이상 신학을 계속할 의욕을 상실하였을지도 모를 일이었다.

2) 민중신학자 죽재와 만남 – 선교교육원에서 수학시절(1977~78년)

그리고 죽재 선생님을 다시 뵌 것은 구속된 지 10개월 만에 출감하여 독재정권의 압력으로 제적당한 한신대의 '문제 학생들'에게 신학교육을 계속하기 위해 〈한국기독교장로회총회〉의 결의로 〈선교교육원〉 내에 설치한 '위탁생 과정'에 들어간 1977년이라고 기억된다.

그러나 이때 만난 죽재 선생님은 완전히 바뀌어 계셨다. 우렁찬 목소리에 두꺼운 안경을 통해 상대를 꿰뚫어보시는 예리하고 힘 있는 시선을 하고 있는 그분의 일거수일투족은 자신으로 넘치는 노 혁명가의 그것이라고 생각되었다.

다 기억하기는 희미하지만, 아직도 생생하게 기억되는 것은 죽재 선생님과 학생 서너 명으로 구성된 고트발트Gottwalt의 『야웨의 종족』The Tribes of Yahweh[1] 영어 통독 시간이었다.

나는 이 시간을 통하여 이스라엘 12부족이 야곱의 12형제들이 아니고, 애굽에서 종살이 한 12부족의 서로 다른 노예 집단들이었으며 이들이 야웨를 하느님으로 모신 '원 이스라엘 공동체'였다는 것을 배워 알게 되었다. 이것으로 성서에 대한 관념을 완전히 뒤집어 놓은 나에게는 정말로 혁명적인 것이었다.

3) 죽재 민중신학을 실천하는 삶 – 1979년~현재

선교교육원을 졸업한 1978년 이후 나는 서울수도권특수지역선교위원회(1975~1981) 간사, 한국교회사회선교협의회(사선) 간사 및 총무(1982~1986), 한국교회민주동지회 산하 동경자료센터 소장(1987~1991), 한국기독교협의회KNCC 인권위원회 사무국장(1992~1998), 한국기독교사회문제연구원(기사연) 원장(2005년 현재)으로 봉직하고 살아왔다.

나는 의식한 것은 아니었는데, 나의 이런 일들이 민중신학의 '현장교회'인 '민중교회'라고 규정하여 주신 것을 이번에야 처음 알았다.[2]

교회의 일은 아니지만, 1988년 NCC 인권위 사무국장의 일을 그만두고, 대안학교인 무주 푸른꿈고등학교를 설립하고 교장직을 봉직한 것(1998~2001)과 민주화운동기념사업회에서 일한 것(2002~2004)까지도 죽재 선생은 '현장교회'로 규정하여 주셨으면 하는 바람도 있다.

2008년 성탄 절기에 되돌아보니, 죽재 선생의 민중신학은 아기 예수를 경배하기 위해 여행을 떠난 동방박사들을 인도한 성탄절 새벽별처럼 나의 이제까지 삶을 인도하여 왔다는 생각이 문득 들었다. 그 성탄절 새벽별의 인도로 새롭게 알게 된 아기 예수의 정체와 말구유 속의 지푸라기와 분별하지 못하였겠는가.

2. 민중신학의 운명

박제순[3]은 민중신학에 대한 비판과 도전을 받아들여 민중신학을 반성하면서 민중신학이 "한국 교회가 수용할 수 있는 보다 현실적이고 대중적인 교회신학"이 되도록 해야 하며 그리고 "서구신학 전통에서 물려받아야 할 신학적 유산을 겸손히"[4] 물려야 한다고 주장하였다. 그는 계속하여 민중신학은 '미완의 신학'이고 그런 만큼 비판과 수정을 받을 태세를 가지고, 민중신학의 '발전'과 '새로운 전망'을 위해 활발한 '신학적 사고'를 하여야 한다[5]고 자신의 입장을 전개하였다.

민중신학은 무엇을 반성해야 하며, 무엇을 보완하여 완결된 신학이 될 것인가?[6] 민중신학의 '발전'과 새로운 전망은 어떠해야 하는가?

죽재 선생이 지금 여기 계신다면, 무슨 말씀을 하셨을까?

죽재 선생께서는 민중신학은 '방외신학'[7] 또는 '반反신학'[8]이라고 규정하였다.

죽재 선생은 성서적 민중은 부정한 사회질서 때문에 억압당하고 착취당하고 소외당한 삶들이라고 보았다.[9]

그렇기 때문에 민중신학은 지배의 이데올로기에 편입, 흡수되어 지배질서를 정당화해 주고 그것을 축복하는 기능을 수행하는 전통적인 신학, 지배적인 신학과 양립할 수 없다고 주장하였다.[10] 그 이유로 사회·경제사적 성서 해석[11]을 통해 성서를 새롭게 해석하고, '두 이야기의 합류' '한의 사제' '이야기 신학' '사회 구조적인 죄' 등의 근본적인 개념[12]을 정립하였다. 그리고 거기에 맞는 교회의 형태로 역사적으로 가톨릭, 프로테스탄트에 이어 제3의 교회형태 곧 '성령의 교회' '민중의 교회', 즉 이 속 기독교시대에 '하나님의 선교'를 수행하는 '현장교회'를 주창하였다.[13]

민중신학을 비판하는 사람들은 이 근본개념들을 전혀 인정하지 않겠다[14]거나, 현실에 맞지 않기 때문에 수정[15]하라고 요구하는 것이라고 생각된다.

전자의 경우는 제쳐 두고라도 후자의 요구는, 한국에서는 민중신학으로 교회가 성장하지 않는다, 신도가 모이지 않으니까 민중교회도 안 된다, 교회가 부흥하려면 신도들의 입맛에 맞는 신학이 필요하다는 그런 말일 것이다.

신도들이 원하는 신학, 설교, 목회는 말할 것 없이 복 받아 잘 살고 죽어서 천국 간다는 그런 신학, 그런 설교, 그런 목회인 것이다.

그러나 민중신학의 원칙에 따른다면, 민중전통의 성서의 핵심은 고대 근동 사회에서 소외된 노예집단이었던 히브리인의 야웨신앙, 출애굽 사건, 가난한 자의 권리 장전인 계약법전(출 20:22-23:33), 예언자들의 증거와 예언이며, 예수는 갈릴리 소외된 민중과 자신을 동일시하고, 그들에게 새 나라를 약속했으며 그들을 위해 선교하다가 그 때문에 십자가형으로 처형된 다음 갈릴리 민중에게 나타난 것이 그의 부활이며, 그 민중이 부활한 것이 교회이다.

이런 민중전통의 성서해석이 근본 핵심인 민중신학의 어디를, 어느 만큼을 수정해야 '현실적'이며, 한국 신도들의 입맛에 맞는 '대중적 신학'이 될까?

이런 민중전통의 성서이해가 올바른 성서해석이라고 말하는 민중신학의 어느 곳 얼마만큼을 수정해야 한국 교회 신도들의 입맛에 맞을까?

"부자는 천당 갈 수 없다"는 성서의 말씀을 양보하지 않는 민중신학이 얼마나 바뀌어야만 이미 부자가 된 한국 백성, 이미 부르주아화 됐거나 그렇게 되고자 발버둥치는 한국 교회에 맞는 신학이 될 것인가?[16]

"신화화 된 그리스도를 신주단지처럼 모시고 교리로 박제된 교회, 쇼윈도에 아름답게 진열되어 있지만, 역사적 예수, 갈릴리 예수, 나사렛 예수가 없는 한국 교회"[17]와 타협하려면 민중신학은 무엇을 포기하고 서구 신학의 무엇을 받아들여야 할 것인가?

1970년대 가난하고 억눌리고 소외된 민중의 현실에서 민중신학[18]은 태어났다. 죽재의 민중신학의 배경은 1970년대 후반에 고난받는 민중이 있었다.[19] 이들은 견디다 못해서 아우성을 치고 있으며 그 소리가 외면되기 때문에 그 '울부짖는 울음소리'는 한이 되어 하느님의 귀에 들리게 된다.

그러나 죽재 선생도 그럴 리는 없겠지만, 정치적·경제적으로 민중이 완전히 주체가 되는 날이 온다면 '민중'을 말할 필요도 없고 따라서 민중신학의 필요성이 사라질 것이라고 주장하였다.[20]

오늘날 한국 사회에서는 죽재의 꿈이 실현된 것처럼 보인다.

2000년대의 한국은 국민 소득 미화 2만 달러 시대에 들어갔다.[21] 최빈곤층마저도 죽재가 민중신학의 주체로 보았던 민중의 범주를 벗어나 있다. 한국이 세계에 유례가 드물게 민주화와 경제발전을 달성했다는 것은 자타가 공인하는 바이다.[22]

잘사는 사람들의 교회가 되었거나 그런 교회가 되고자 하는 한국 교회가 민중신학을 이해할 수 있으며, 이해하려고 할 수 있겠는가? 이 부자된 현실,[23] 가난하고 억눌리고 소외된 민중이 부재한 현실에 무리하게 적용하려는 것은 민중신학의 계승 발전이 아니라 왜곡이 아닌가?

한국 교회의 입맛에 맡게 수정된 민중신학, 한국 사회에 맞게 변화된 민중교회는 더 이상 죽재 선생이 이룩하신 민중신학도, 주창하신 민중교회도 아닐 것이다. 민중신학이 더 이상 민중이 존재하지 않는 한국 교회로부터 해방시켜 주어야 하는 것이 아닌가?

3. 민중신학을 계승하는 길

류장현은 민중교회는 고난당하는 민중과 함께 몰역사적 신앙에 빠져서 민중의 현실을 외면하고 물질적 성장주의, 물량적 성공주의, 개인의 영혼구원과 기복신앙을 강조하는 기존 교회를 개혁하는 '교회운동'과 민중을 억압하는 불의한 사회를 개혁하여 하나님의 정의와 평화가 넘치는 새로운 사회를 건설하려는 '사회운동'으로서 교회개혁과 사회변혁에 큰 공헌을 하였다고 전제하고 있다. 하지만 오늘날 민중교회는 신학의 빈곤, 연대조직의 약화, 교회성장의 정체와 변화된 현실에 대한 선교전략의 부재로 심각한 자기정체성과 생존의 위기에 직면해 있으며, 신학적 반성과 목회적 성찰은 민중교회 자체에서 끊임없이 있어 아직도 올바른 선교 정책과 방향을 제시하지 못하고 있다고 비판하고 있다. 그러면서도 사회과학적, 역사비판적 성서읽기를 넘어서 민중의 생명과 삶을 풍성하게 하는 종말신앙을 심화시키는 성서연구와 신앙교육을 끊임없이 개발해야 하며, 기도와 명상과 예배를 통한 성령의 능력에 힘입어 하나님의 나라를 실현하도록 해야 한다고 주장하였다.[24] 나는 류장현의 신학과 민중교회에 대한 애정을 높이 평가하면서도 박제순에 대한 비판이 마찬가지로 적용되지 않을까 여겨진다.

한국 교회에 맞도록 민중신학과 민중교회를 수정하는 것은 민중신학을 계승하고 발전시키는 작업이라기보다는 본래의 모습을 변질시키는 것에 다름이 아닐 것이다. 진정한 민중신학과 민중교회를 진정으로 계승·발전하는 것은 그것들을 있는 그대로 제 역할을 할 수 있도록 놓아 주고, 격려하고, 지원하여야 하다는 것이 나의 개인적인 생각이다.

4. 제3세계와 민중신학

1) 민중신학이 환영받을 곳

"선지자가 자기 고향과 자기 집 외에서는 존경을 받지 않음이 없느니라."(마 13:57)

한국 민중신학은 자기 고향인 한국 교회와 한국 신학에게 한 번도 존경받아 본 적이 없다.

독일의 한 신학자는 신학은 보편성이 있어야 하는데 독일에는 민중신학이 말하는 민중이 없다면서 민중신학의 보편성의 문제를 따졌다고 한다.

맞는 말이다.

그 당시 독일에도 민중신학에서 말하는 민중은 없었고, 지금 한국에도 1970년대 후반의 그 민중은 사라졌다.

민중신학이 가야 할 곳이 어디인가?

죽재 선생은 "한국의 민중신학이 아시아, 라틴 아메리카, 아프리카의 각각 다른 역사적·문화적 전통 모두를 수렴하여 제3세계의 신학으로 등장할 것"[25]이라고 예측하였다.

세계 인구의 거의 절반에 이르는 28억이 하루에 2달러 이하로 살고 있다. 이는 2004년 세계은행이 발표한 연례 통계 수치에 의한 것이다. 이 중의 12억은 (지구 인구 5분의 1에 해당하는) 하루에 1달러(약 1100원)로 살아야 하는 사람들이라고 밝혔다.[26] 아시아 대부분의 중요 나라들의 1인당 국민소득은 2000달러 이하이다.[27]

이런 상황에서 장차 보여 줄 땅, 인간적인 것, 민중적인 것, 평등·자유·참여의 코이노니아의 공동체를 이루는 것이 제3세계의 꿈이다. 이런 꿈으로 이끌어 오는 힘은 신구약성서의 민중전통과 각 나라의 민중전통이다. 이 두 전통의 합류가 이루어지는 제3세계가 민중신학이 존재할 자리이다.

제3세계의 각 나라의 민중이 자국의 민중전통을 찾아내 한국의 민중신학에서 밝혀진 신구약성서의 민중전통과 합류시키도록 하는 것이 민중신학의 발전이요, 민중신학의 미래라는 것이 나의 생각이다.

2) 제3세계 민중신학으로 발전시키는 일

알렉산더Alexander 목사는 2005년 ACISCAAssociation of the Christian Institute for Social Concern in Asia 심포지엄에서 민중신학으로 박사학위를 하고 싶으니 한국에서 민중신학을 연구할 수 있도록 초대해 달라고 요청하였다.

미얀마 ABSDFAll Burma Students Democratic Frontier(1988년 무장 투쟁 조직)의 사무총장이 한국의 CO(대중조직 훈련)를 가르쳐 달라고 찾아왔었다.

2005년 10월 아시아 청년민주학교(아시아 7개국 SCM 출신자 7명 참석) 참석 기독청년들의 요구―한국의 민중신학을 알고 싶다―에 내가 할 수 있는 일은 안병무 선생의 *Jesus of Galilee*를 선물하는 것뿐이었다. 이 책 한 권으로 한국의 민중신학을 배우고 싶어 한 그들의 열망이 충족 되었을 리 만무하다고 생각하지만 그것 말고 뭘 할 수 있었을까?(민중신학 소개서로는 이 책 외에 서남동·서광선 등의 논문 번역서 *Minjung Theology*(1981)가 있다.

그래서 나는 지금 민중신학이 그 빛을 발할 곳은 아시아를 포함한 제3세계라는 사실을 절실하게 느꼈다. 그러기 위해서는 서남동, 안병무 등 1세대 민중신학자들의 신학을 원형 그대로 가감 없이 소개하는 것이 무엇보다 필요하다. 민중신학 논문들의 중복된 논문들을 해석하거나 가필하지 말고 원형 그대로를 전달하되, 내용별로 간추리고, 주제별로 정리하고, 영역을 하는 것이다. 이렇게 소개된 민중신학을 각국 사정에 맞게 발전시키는 것―한국의 민중 이야기 대신 각국의 민중 이야기의 흐름을 가지고 각국에 합류시켜 각국의 독특한 민중신학을 완성하는 것―은 각국의 교회와 신학자들의 몫으로 남겨두자.

이런 일은 한국의 제2, 제3세대 민중신학자들의 과제로 했으면 좋겠다. 죽재서남동기념사업회 혹은 민중신학회의 작업이 되었으면 좋겠다.

그럴 여건이 못 된다면, 제3의 교회인 기사연이 민중신학의 실천으로서 이 일을 하고 싶다.

3) 제3세계의 교회를 위한 봉사

민중신학의 할 일은 한국 교회로 하여금 제3세계의 민중들을 섬길 수 있도록 안내하는 것이다.

한국의 민중신학을 태동케 한 한국의 민중들은 해외의 기독교 형제들의 지원과 기도 덕분에 부자가 되고 억눌림과 소외가 사라진 인간다운 삶을 살게 되었다. 이제는 그때 우리가 받았던 사랑을 아시아의 민중들에게 돌려주어야 한다. 민중신학의 민중이 없는 한국에서 한국 교회들에게 민중신학이 해야 할 일이다. 현장교회인 기사연이 할 일이 그것이라고 나는 생각하고 있다.

서남동과 5·18, 그리고 6월의 촛불

서광선
이화여자대학교 명예교수

서남동을 추모하며

　죽재서남동기념사업회 이사장 일을 맡아 보고 있는 사람으로, 저희 기념사업회를 대표하여 감사와 인사의 말씀을 드립니다. 작년 10월 15일, 목사님의 후학들과 후배 신학자, 목회자들이 목사님께서 교수하시다 해직당하신 연세대학교 신과대학에 모여서 조촐한 창립총회를 열고 목사님의 신학과 민중신학 운동을 기리고 그 뜻을 이어 가자는 결의를 하였습니다. 작년 7월, 23주기에는 저희 기념사업회 회원 몇 분들이 5·18 광주민

＊ 이 글은 2008년 7월 18일 광주에서 열린 '죽재 서남동 목사 서거 24주기 추모 모임'의 강연 원고 입니다.

주화운동 기념묘역에 묻힌 서 목사님을 찾아뵙고 추모예배를 드린 바 있습니다.

올해(2008년)는 목사님의 24주기를 맞이하여 광주 지역사회의 뜻있는 분들과 함께 5·18 묘역에 묻히신 목사님을 추모하고, 5·18 민주화운동과 맥을 같이 하고 70년대 한국 민주주의를 위해서 치열하게 투쟁하신 목사님이 5·18 민주화 운동의 순교자들과 영웅들과 함께 광주의 하늘 아래 살아 계시다는 것을 확인하고 선포하자는 뜻으로 이 자리에 모이기로 하였습니다. 이 뜻을 광주민주화운동의 본산지이며 중심지인 금남로 한가운데 자리 잡은 광주 YMCA에서 하자는 제안을 했습니다.

서남동 목사님은 살아생전 한국 YMCA 운동에 참여하시면서 김천배 선생님과 두터운 친분을 가졌을 뿐 아니라, 1970년대에 한국 YMCA 목적문을 기초하실 때에는 기초위원으로 수고하신 일도 있습니다. 저는 최연소 기초위원으로 일하던 인연으로 그 후 계속 한국과 아시아 그리고 세계 YMCA 운동에 참여하면서 1994년부터 4년 동안 세계연맹의 회장으로 봉사하는, 저의 평생의 영광을 가질 수 있었습니다. 이러한 YMCA와의 깊은 인연을 살리고 싶어서 남부원 사무총장에게 전화로 연락하고 우리 생각을 말씀드리고 부탁을 드렸습니다. 광주 에큐메니칼 단체인 NCC와 YWCA 회장님들이 적극적으로 호응해 주시고 이 모임을 공동으로 주최해 주시는 것에 대해서 깊은 감사의 말씀을 드립니다. 특히 오늘 목사님의 24주기 추모 예배를 정성으로 준비하시고 설교와 기도 그리고 찬양을 맡아 수고해 주신 광주의 믿음의 공동체 여러분들에게 감사의 말씀을 드리고 싶습니다.

한국 민중과 함께한 삶

서남동 목사님은 1918년 7월 5일 전라남도 무안 태생입니다. 살아 계시다면 올해 90회 생신을 맞이하게 된 셈입니다. 일제하 일본 교도(경도)에 있는 기독교 명문대학 도시샤(동지사) 대학에서 신학수업(1938~1941)을 하셨습니다. 동지사대학을 졸업하신 후, 평양에 있는 요한 성경학교 교사로 재직하다가, 태평양전쟁 중인 1943년 대구로 내려와서 대구제일교회, 동문교회 등에서 목회를 하시는 가운데, 바르트, 부룬너, 라인홀드 니버, 그리고 폴 틸리히 등 서구 신학자들과 함석헌, 김재준 등 한국의 항일 애국적 신신학자들의 영향을 많이 받았습니다. 1952년 한국전쟁의 와중에 장로회 총회에서 이단으로 축출된 김재준 목사님과 함께 부산에서 시작한 기독교장로회의 한국신학대학 교수로 취임하셨습니다.

1956년 서구 자유주의 현대신학의 본산지인 캐나다 토론토의 토론토 대학교의 임마누엘 신학대학원에서 수학하면서 당대의 서구 신학의 선구자들의 신학에 접할 수 있었습니다. 1년 만에 신학사와 신학석사의 두 가지 학위를 취득하시고 귀국 1961년 연세대학교 신과대학 교수로 초빙을 받아 '현대신학과 기독교역사철학' 등 첨단 신학을 강의하시면서, 교양학부장, 교목실장, 신과대학장, 연합신학대학원 원장 등 연세대학교의 행정적 정신적 지도력을 발휘하셨습니다.

1970년대에 들어서면서 대학의 강의실과 연구실에서 나와, 박정희 군사독재정권이 반공과 고속경제발전의 기치를 들고 종신 정치 권좌에 앉기 위한 유신정권을 발표하는 혼란과 갈등의 소용돌이로 뛰어들었습니다. 1972년 초겨울 서울 청계천 봉제공장에서 노동운동에 투신하다 분신자결한 전태일 열사의 울부짖음을 듣고, 충격을 받은 서남동 목사님의 신학은 완전히 거리의 신학으로 전환했습니다. 1973년 서남동 목사님이 주동이 되어 〈한국 그리스도인 선언〉을 발표하면서 한국의 군사독재정권이 계엄령과 긴급조치로 노동자와 농민들을 노예처럼 부리고, 언론과 종교계와 지성인과 학생들의 입을 틀어막는 반평화적, 반민주적, 반민중적 억압 정치에 항거했습니다. 이어서 1974년에는 이화여대의 현영학 교수, 한신대의 안병무 교수 등 신학자 66명과 함께 〈한국 그리스도인의 신학적 선언〉을 발표함으로서 한국의 그리스도인 신학자들은 고난받는 민중과 함께할 것을 나라 안과 밖에 선언하고 행동에 나섰습니다.

서남동 목사님이 대학 안팎에서 반정부 민주화와 인권운동을 계속 펼치자 경고와 협박을 가하던 유신군사정권은 드디어 강제 해직을 명령했습니다. 기독자 교수 30여 명에 철퇴를 가한 것이었습니다. 1975년 5월 13일 긴급조치 제9호를 발동하고 "민청학련사건"이라는 사건을 날조해서 연세대학교의 김동길, 김찬국 교수 등과 함께 100여 명의 기독학생들을 투옥한 후 한주일 만인 5월 20일, 서 목사님은 대학 강의실로부터 축출당하신 것입니다. 그것으로 그치지 않고 그 이듬해 3·1절 날 아침, 서울 명동성당에서 함석헌, 김대중, 문익환, 문동환, 이우정 선생 등이 3·1민주구국선언을 발표하기에 이르렀습니다. 3월 10일 유신 당국은 당장 "민중선동에 의한 국가변란을 획책한 죄"로 입건, 투옥하였습니다. 그해 5월부터 재판을 15차례를 거듭한 결과 서 목사님은 징역 5년에 자격정지 5년 구형을 받았으나, 같은 해 말, 10차례에 걸친 항소심 선고공판 끝에 징역 2년 6개월, 자격정지 2년 6개월의 중형을 선고받았습니다. 그러나 감옥생활 22개월이 지난, 1977년 망년회 하는 날 석방되었습니다.

감옥에서 풀려난 지 한 달도 못 되어, 환갑을 맞이하는 해인, 1978년 2월 기독교장로회가 신설한 선교교육원장으로 취임하셨습니다. 선교교육원의 주된 목적은 당시 대학에서 유신정권을 반대하고 민주화와 인권을 외치며 데모하다가 감옥에 가고 대학에서 제적당한 쟁쟁한 학생들에게 신학교육과 사회과학교육과 함께 인문학을 가르치기 위한 것이었습니다. 독일 나치스 치하에서 무허가 지하 신학교를 경영하던 신학자 본회퍼의 반 나치스 신학운동을 한국에서 이어받았던 것입니다. 오늘 이 자리에는 서남동 목사님의 지하 선교교육원 졸업생 목사님들과 박사님들, 교수님들이 함께했습니다. 내일 5·18 묘역에서 추모예배를 함께 드릴 예정입니다.

1979년 10월 26일 밤, 박정희 대통령은 측근들과 함께한 난장판 술자리에서 정보부장의 총에 맞아 죽었습니다. 우리는 모두 민주주의의 꽃이 피는, 서울의 봄이 오는 줄 알았습니다. 1980년 3월 서 목사님은 연세대학교에 복직되었습니다. 그러나 봄 학기를 마치기도 전에 목사님은 다시 어디론가 끌려갔습니다. 5월 17일 제주도의 한 교회에서 강연하시던 도중 전두환 장군이 이끄는 신군부 군인들에 체포되어 서울로 이송되었습니다. 군사재판을 받고, 그해 겨울 석방되었으나 대학에는 돌아갈 수 없는 신세가 되었습니다. 해직교수로 민중신학 연구와 강연과 집필에 몰두하시다가 1984년 봄 미국과 캐나다, 일본 각지로 순회하면서 민중신학 강연과 강의를 하셨고, 그러다가 서 목사님의 모교인 토론토대학교의 빅토리아 신학대학원에서 명예신학박사 학위를 수여받으시고 귀국하시는 길로 세브란스 병원에 입원하셨습니다.

저는 병원으로 목사님을 찾아가, 그해 9월에는 우리 해직교수들이 모두 복직된다는 소식을 전했습니다. 그리고 목사님이 박사학위 받으신 것을 축하드렸습니다. 그런데 저는 여름 동안 미국의 대학에 가서 강의할 일이 있어 다녀오겠다는 인사를 드렸습니다. 목사님은 그 다정한 미소를 지으시면서 "이젠 서 박사가 민중신학을 발전시켜 줘야지요" 하시면서 저의 손을 잡으시는 것이었습니다. 그것이 마지막이었습니다. 미국에서 목사님이 가셨다는 소식을 듣고 망연자실했습니다. 한국 신학의 별이 떨어지는 소리가 들리는 것 같았습니다. 그 쟁쟁한 한국이 낳은 선지자의 외침 소리를 이제 다시 들을 수 없구나 생각하니, 외로움이 엄습하는 것을 느꼈습니다. 이제 다시 한국의 민중은 서 목사님의 자비로운 위로와 격려의 음성을 들을 수 없게 되었구나 생각하니, 앞이 깜깜해지는 것을 느꼈습니다.

서 목사님은 경기도 일산에 있는 탄현기독공원 묘지에 안장되었다가 1999년 3월 26일 광주민주항쟁 기념 5·18 묘역으로 이장되었습니다. 자기 자리를 찾으신 것입니다. 예수 그리스도의 신학과 한국 민중을 위해 바치신 몸이 광주민주항쟁의 순교자들과 민주화 투쟁의 영웅들과 함께, 그리고 오늘 우리 가운데 계신 것입니다.

방외인의 신학

서남동 목사님은 1983년 『민중신학의 탐구』라고 하는 민중신학의 결정적인 책을 출판하시면서 "방외인"으로서 신학을 한 것이 민중신학이라고 쓰고 계십니다. "방외인"이란 안에 있는 사람이 아니라 밖에 있는 사람, 중심부가 아니라 주변에 있고, 체제나 조직의 변두리에서 떠도는 사람, 누구의 보호도 받지 못하는 불안한 사람이라는 뜻입니다. 목사님은 이 책머리에 이렇게 쓰고 계십니다.

"'외방인의 신학', '방외신학', 이런 신학이 있을까? 나는 1975년 대학 캠퍼스를 떠나서, 말하자면 거리에서 방황하고 있는 셈이다. 연구실, 연구비, 연구시간, 그리고 연구발표지가 있는, 네모가 반듯한 규격 있는 신학 - 이런 신학을 할 수 없는 신세다…. 그래서 내 식으로 하는 신학은 방외신학이라고 하겠다."(『민중신학의 탐구』 3~4쪽)

물론 바르트나 틸리히 같은 20세기의 거장 신학자들 중에는 네모 반듯한 넓은 연구실, 책장에 책들이 꽉 차 있고 아리따운 젊은 여성 조교들이 드나드는 연구실에서 신학을 하고 수십 권의 책을 내는 신학자들도 있습니다. 하지만 나치스 독일 치하에서 체제 저항적인 신학 행동을 한 본회퍼는 감옥에 갇힌 몸으로 애인과 부모님에게 그리고 신학 하는 동료와 친구들에게 편지를 쓰면서 신학을 했습니다. 우리 기독교의 신학 전통에는 "방외신학"이 있어 왔습니다. 목사님의 신학 하는 자리는 대학의 강의실이나 조용한 연구실이 아니라, 대학 밖의, 교회 밖의, 이 세상 한가운데서, 때로는 감옥에서, 때로는 최루탄이 난무하는 길거리에서였습니다. 정치적으로 억압당하고 경제적으로 가난하고 억압당하고 사회적으로 소외된 민중의 자리, 현대도시와 예루살렘 도성에서 밀려난 촌사람들, 갈릴리 사람들이 사는 천대받는 땅의 자리였습니다.

서남동 목사님은 같은 머리말에서 자신의 신학을 "메아리" 소리로 설명하고 있습니다.

'BC 13세기에 애굽 땅에서 도탄에 빠져 신음하던 히브리인들의 울부짖음에 대한 야훼(하나님)의 메아리가 출애굽 사건이요, BC 8세기에 북 이스라엘의 사회적 상황에서 야훼(하나님)의 부르짖음에 대한 아모스의 메아리가 그의 예언 활동이다. 우리의 경우, 70년대에 들어서면서 민중의 부르짖음에 대한 어떤 신학자들의 메아리가 민중신학으로 형성되어 간다."(『탐구』 3쪽)

목사님은 한국 신학자로서 1970년대 한국 민중의 울부짖음, 높은 아우성뿐만이 아니라 신음 소리까지도 귀담아 들으신 것입니다. 이스라엘 민중의 신음 소리와 속삭이는 소리까지도 들으신 하나님 편에 서 있었습니다. 이것은 독일에서 미국으로 망명한 신학자 폴 틸리히의 신학적 방법론이었습니다. 신학이라고 하는 것은 우리 인간의 실존적 삶에서 제기되는 물음에 대답하고 응답하는 것입니다. 물론 서 목사님은 틸리히의 신학적 방법론을 뛰어넘었습니다. "인간 개개인의 실존적 삶에서 제기되는 문제"를 뛰어넘어 "인간 사회에서 정치적으로, 경제적으로, 사회적으로 제기되는 문제들, 민중들이 제기하는 문제들, 민중들의 아우성에 대해 응답하고 소통하고, 민중 편에서 행동하는 것"이라고 설파했습니다. 목사님은 메아리 소리만 낸 것이 아니라 행동으로 신학을 하신 것입니다.

"메아리" 소리의 신학을 목사님은 "두 이야기의 합류"라는 말로 자신의 신학 하는 방법론을 밝히셨습니다. 두 이야기는 성서의 이야기, 이스라엘 백성들의 해방의 이야기, 예수님의 생애와 가르침과 십자가와 부활의 이야기, 즉 기독교 신앙의 이야기와 한국의 이야기, 한국의 왕들과 왕비들의 궁중 이야기가 아니라 민중들의 이야기, 민중이 도탄에 빠져서 신음하던 이야기, 그러나 노예의 족쇄를 스스로 풀고 일어나 인간성을 찾기 위해서 투쟁한 이야기, 판소리의 이야기, 탈춤의 이야기들―성서의 이야기와 우리 이야기가 서로 메아리치는 데서 우리의 선교적 행동이 발동한다는 것입니다. 좀 더 학문적으로 말하자면, 우리의 이야기로 성서를 해석하고, 또 성서의 이야기는 우리 이야기를 해석한다는 "해석학적 순환"이라는 것입니다.

목사님은 "두 이야기의 합류"라는 논문에서 이렇게 밝히고 있습니다.

"한국의 민중신학의 과제는 기독교의 민중전통과 한국의 민중전통이 현재 한국 교회의 '신의 선교' mission dei 활동에서 합류되고 있는 것을 증언하는 것이다. 현재 눈앞에 전개되는 사실과 사건을 '하느님의 역사개입' 성령의 역사, 출애굽 사건으로 알고 거기에 동참하고 그것을 신학적으로 해석하는 일이다. 이것을 필자는 성령론적·공시적 해석pneumatological-synchronic interpretation이라 하고, 전통적인 기독론적·통시적 해석Christological-diachronic interpretation과 대조시킨다." (『탐구』 78쪽)

한의 이야기

서 목사님의 신학을 논하면서 "한의 신학"을 빠뜨릴 수 없습니다. 서 목사님의 신학에서는 민중과 한을 연결시켰습니다. 민중의 삶이 바로 한의 삶이고, 한이 민중의 삶을 가장 구체적으로 표현하는 우리나라 말이라는 것입니다. "우리는 한의 모태에 있다가 태어나서 한의 품에 안겨 자라난 것을 부인할 도리가 없다"고 한 시인 고은 씨의 말을 인용하면서, 서 목사님은 이렇게 말씀하셨습니다.

"한은 한국 민족의 억압된 민주적·민중적 저변감정으로서 한편으로는 약자의 패배의식, 허무감과 체념이 지배하는 감정 상태이며, 다른 한편으로는 약자로서의 삶의 집념을 담고 있는 감정이기도 하다. 첫째 면은 경우에 따라

승화되어서 훌륭한 예술적인 표현을 하게 되고, 두 번째 면은 종종 혁명이나 반란의 에네르기로 작용하기도 한 것이다."(『탐구』 87쪽)

우리가 말하는 "한"은 심리학적, 혹은 정신의학적으로만 설명할 수 없는 것이고, 역사적이며 정치적이고 사회적인 "동력" "에네르기" 혹은 "힘"— 이런 말이 가능할지 모르겠지만, "사회 심리적 감정"이라고도 할 수 있겠고, "정치 심리적 감정"이라고 이름할 수 있겠습니다.
서남동 목사님과 함께 민중신학을 말하고 발전시킨 김용복 박사는 "한의 언어"를 분석하면서 이렇게 말하고 있습니다.

"한은 서양의 개념concept이 아니고 동양인 한국인의 마음(心)의 표현expression이다. 개념은 의미를 중요시하지만 표현은 경험과 감성의 언어이다. 서남동은 이 한의 실체를 방법론적으로 한국 문학에서 발견하였다. 소설, 시, 민담 등에서 발굴하였다는 것이다. 따라서 한의 담론은 수학적, 과학적, 철학적 담론이 아니다. …… 한의 담론은 삶의 경험을 총체적으로 표현한 것이다. 서남동은 민중의 한을 발굴하고 이해하기 위하여 사회과학(사회경제학)을 연구하였다. 그렇다면 서남동의 한의 담론은 문학적 서술과 과학적 규명의 통합이었다. 그는 문학적 담론에서 한의 실체를 발견하였고 과학적 담론에서 한의 구조를 규명하였다."(「죽재 서남동 목사 기념사업회 창립총회 및 기념 학술제 자료집」 2007년, 쪽 번호 없음)

너무도 잘 정리한 서남동 목사의 한의 담론입니다. 서 목사님은 대학 교수의 자리에서 강제로 추방당한 사람의 한 맺힌 경험이 무엇인지 몸소 알고 있었습니다. 그래서 공장에서 하나밖에 없는 노동력으로 일하다가 착취당하자 노동법을 들고 직장 상사와 협상을 벌이고 노동조합을 조직하다가 성 폭행을 당하고, 그것도 모자라 공장에서 추방당하고 블랙리스트에 올라서 다른 공장에도 취직 못하는 십대 소녀 여공들과 만나서 한 맺힌 이야기를 눈물로 나누었습니다. 서 목사님은 김지하의 『오적』 그리고 『장일담』을 탐독하고 『금관의 예수』에 빠져 버렸습니다. 그리고 전태일이 노동삼권을 외치면서 청계천 한가운데서 불길로 휩싸여 죽어 가는 현장으로 뛰쳐나갔습니다. 그리고는 다시 공부방에 돌아와 이기백 교수의 명저 『한국사 신론』을 탐독하셨습니다.

한국 민중의 역사의 한가운데서, 70년대 한국 사회의 한복판에서 서남동 목사님은 한국 민중의 한을 스스로 체험하셨습니다. 그래서 김용복 박사가 발견한 것처럼, "민중의 한은 서남동 사상과 언어와 행동의 중심"이었는데, "이 중심에서 먼저 합류한 것이 예수의 한"이었습니다(같은 자료집에서). 서남동 목사님의 신학은 한국 민중의 한과 예수의 한을 연결시키고 합류시키면서 전통적 신학으로부터 떨어져 나갔습니다. 서 목사님은 자신의 신학을 반신학, 혹은 탈신학이라고 선언하셨습니다. 서 목사님이 그의 저술에서 그것이 어떻게 전통적인 교리신학에 반대하는 것인지 설명을 늘어놓거나 논쟁을 하지도 않고, 다만 민담을 내어 놓고 우리나라 이야기들, 『쇠똥에 미끄러진 범』, 『은진미륵과 쥐』, 『에밀레종』, 『봉산탈춤』, 『홍길동전』, 『춘향전』, 그리고 김지하의 『금관의 예수』와 동화작가 권정생의 『몽실 언니』이야기만 신명 나게 말씀하시고 계십니다 (『탐구』 "민담의 탈신학적 고찰", 275~300쪽).

자신의 신학이 전통신학에 대해서 반대 방향으로 출발한다는 선언과 함께 민담의 신학을 내어 놓으시면서 다음과 같은 충격적인 패러다임 전환을 밝혔습니다.

"전통적인 신학의 매체는 논리적 사변, 추상적 관념이며 그 방법은 연역적이고 그 담고 있는 내용은 초월하신 신의 존재다. 전통적인 신학은 초월적인 신 존재에서 출발한다고 씌어진 『성서』나 주어진 교리에서 출발하여 이어받은 전통을 굳혀 간다. 자유주의 신학이라 해도 '머리의 언어'의 강화요 현대신학이라 해도 교리의 재해석에서 끝난다(『탐구』 305쪽)"는 것입니다.

그러니까 기독교 교리나 교조를 가르치고 암송하고 해석하는 옛날식 신학도 아니고, 서구의 19세기 독일의 자유주의 신학도 넘어서고, 20세기 현대신학의 신학 하는 패러다임을 해체한다는 것입니다. 그리고 새로운 패러다임, 그것은 한국의 역사와 민담과 오늘의 민중의 한 맺힌 부르짖음에 메아리치는 한국의 신학, 한국 사람의 신학, 한국 민중의 신학이라는 것입니다. 이것을 통틀어 "반신학"이라고 이름하였습니다.

"뿐만 아니라 전통적 신학은 '지배의 신학'이다"라고 갈파하시고, 이것은 "곧 지배(통치)의 이데올로기에 편입, 흡수되어서 지배질서를 정당화해 주고 그것을 축복하는 기능을 수행한다"는 것입니다. "문자와 서적과 체계적인 신학이 그렇다. 하느님의 초월성, 전지전능, 무소부재, 그리스도의 왕권, 주권을 강조하는 내용이 다 정치적 지배구조 안에서 얻어진 상징(지배자의 언어)이며 그 고정화, 항구화를 기능한다"는 것입니다(『탐구』 306쪽).

그런데 "본래 성서적 계시와 삶의 자리는 노예제도사회에서 탈출한 가나안과 갈릴리의 민중들—그들의 이야기다. 그것은 신학이 아니라 이야기이며 그런 의미에서 반신학이다. 통치 이데올로기와 지배체제와 그 문화를 비판하고 시정하려는 민중의 이야기는 '신학이 아니라' 반신학이다(같은 쪽)."

한국의 민중신학은 민중의 이야기를 있는 그대로 말하는 신학—굳이 신학이라는 말을 붙이자면 말입니다. 사실 신학이 아니라 "반신학"이라는 말이 맞습니다. 그래서 아직도 우리나라 신학대학에서는 민중신학을 교과과정에 올리지도 않고 가르치지도 않습니다. "신학"이라기보다는 김용복 박사 말대로 "민중의 사회전기"라는 말이 맞는 말이라고 생각합니다.

광주와 5·18, 그리고 서남동

위에서 말씀드린 대로, 서남동 목사님은 1980년 5월 18일 광주에 안 계셨습니다. 5월 17일 제주도의 어느 교회에서 강연하시다 헌병 차에 실려 서울로 공수되어 곧바로 계엄사령부 유치장으로 끌려가셨습니다. 그래서 사실 1980년 5월의 뜨거웠던 광주 이야기는 오래오래 꺼내지도 못하고, 쓰지도 못하고, 군사 재판장에서, 그리고 직장 잃은 "백수 교수" 집에서, 그러다가 외국 신학대학들의 초청으로 강연 다니시다가 우리와 작별하신 것입니다.

그래서 아쉽게도 목사님이 남기신 유고나 책에도 5·18 이야기가 없습니다. 들은 이야기만으로도 너무 분하고 울화통이 터지고 눈물이 나서 글줄을 쓸 수가 없으셨을 거라고 생각합니다. 도대체 전두환의 강압적인 정치적 분위기에서 온 세상이 숨을 죽이고 입을 막고 겨우 연명만 하고 있는 세상에서 무슨 소리를 할 수 있었겠습니까?

목사님은 1987년 6월의 민주항쟁을 하늘나라에서 내려다보셨겠지요. 그리고 목사님은 1989년 소련이 무너지는 것, 독일이 통일되고 베를린 장벽이 허물어지는 것, 독일 민중의 함성 소리도 이 세상에서 듣지도 보지도 못하셨습니다. 1989년 문익환 목사님이 북한으로 가서 김일성 주석과 포옹하는 텔레비전 사진도 못 보셨습니다. 2000년 6월 우리 김대중 대통령이 평양에 가서 김정일 국방위원장과 만나는 모습도 못 보셨습니다. 그리고 지난 5월과 6월 한 달 동안, 서울 청계천 광장에서, 서울 광장에서, 광화문 네거리에서 빤짝거리는 100만이 넘는 촛불, 촛불의 물결을 목사님은 하늘나라에서 눈물로 지켜보고 계시리라 믿습니다.

목사님은 무슨 생각을 하고 계시며 어떻게 우리의 오늘의 현실을 말씀하실까 생각해 봅니다. 살아생전 예수님의 십자가와 부활을 우리 민중의 한과 단, 민중의 고난과 저항, 그리고 민중의 죽음과 부활을 말씀하신 것을 상기하게 됩니다.

서 목사님은 갈파하시기를 예수의 십자가가 종교적 상징이 되어서 사람들이 가슴에 금으로 다이아몬드로 만든 값비싼 장식물로 달고 다니고, 교회당 꼭대기의 붉은 네온사인으로 장식하기 이전에, 로마제국의 형법상의 십자가 형틀이었다는 것입니다. 도망친 노예들이 붙들리면 잡아다 십자가에 매달아 죽인 사형틀이고, 로마제국에 항거하고 싸운 유대나라 독립투사들이 붙들리면 잡아다 매달아 죽인 정치범 사형틀이었습니다. 이런 십자가에 매달려 죽임을 당한 예수님의 죽음은 병으로 앓다가 누워 죽은 자연사가 아니라 "의로운 자가 살해당한 경우"이고, 이것은 역사적인 사실이고 정치적인 사실이라는 것입니다(『탐구』 318쪽). 예수님은 로마제국의 정치범으로 십자가 사형틀에 사형당했다는 사실을 목사님은 강조하고 계십니다.

서 목사님의 십자가 이해는 곧 우리 역사 속에서 민중운동을 이해하는 데 연결됩니다. 동학혁명에서 한국의 민중들이 중국과 일본의 군대에게 학살당하는 것을 말하면서, 그리고 1919년 3월 한국 민중들이 일어나 독립 만세를 외치다가 일본 경찰과 헌병에게 학살당하는 역사적·정치적 사실에서 예수님의 십자가를 보게 된 것입니다. 그리고 1927년 광주 학생 사건에서, 그리고 1960년 4·19의 현장에서 목사님은 십자가 위에서 피 흘리고 소리치는 예수님의 아픈 모습을 보신 것입니다.

그러나 예수님과 민중은 당하고만 있지 않았습니다. 예수님은 부활하셨고, 민중은 들고 일어났습니다. 서남동 목사님은 예수님의 부활을 설명하시면서 특이하게 민중신학 동지인 안병무 박사님의 글을 인용합니다.

"오늘날 부활사건의 현장은 어디인가? 그것은 바로 물리적 힘을 최상으로 알고 죽음으로 위협하면서 부당하게 억누르는 현장에서 찾아야 할 것이다. 우리는 3·1 운동과 4·19 의거를 우리 민족의 저항에서 중요한 사건의 하나로서 알고 있다." (『탐구』 323쪽)

이렇게 안 박사님의 말을 인용하면서, 예수의 부활은 그냥 죽어 있다가 부활절 아침 기지개를 펴시고 무덤 밖으로 걸어 나오신 것이 아니라, 죽음의 세력과의 치열한 싸움, 죽음의 세력에 대항해서 일어난 정치적 사건으로 이해하라는 것입니다. 부활은 십자가와 연결되어 있다는 것입니다. 죽임을 당한 민중들이 당하고만 있을 수 없다고 일어서서 억압과 학살의 세력과 싸우기 위해서 일어난 민중봉기라는 것입니다. 목사님은 분명하고 강렬하게 이 점을 강조하십니다.

"부활하신 예수는 눌려 있던 갈릴리 민중이 일어나는 데서 만나지는 것이기 때문에 우리 역사의 3·1 운동, 4·19 의거, 그리고 오늘의 한국 교회가 가난한 자, 눌린 자, 소외된 자와 함께 서는 사회 선교활동에서 계속 만나게 된다는 것이다."(『탐구』323쪽).

그렇다면 5·18은 광주 민중의 부활이라는 말씀입니다. 서남동 목사님의 한국 민중의 한의 이야기, 민중의 아픔과 억울함과, 분노와 고통과 죽음과 십자가를 진 광주의 민중은 예수의 십자가 위에서 고난을 당하고 우리 민중의 역사 안에서 일어났던 것입니다. 부활했던 것입니다. 그리고 우리 한국 민중의 역사, 정치사, 민주주의의 승리의 역사의 흐름 안에 살아 있고 현존해 있다는 것입니다. 우리 기독교의 신앙으로 말할 것 같으면 광주의 5·18은 우리의 민주주의 정치사의 한 페이지일 뿐 아니라, 우리 민족의 종교적 구원의 역사라는 것입니다. 광주의 민중, 서남동 목사님과 5·18 묘지에 묻혀 있는 민중들은, 우리 한국 민주주의의 새 역사를, 메시아 사건을 일으킨 이들입니다. 민중은 그래서 우리를 죽음의 암흑으로부터 구원하고 하나님의 나라를 열어주는 메시아들입니다.

2008년 5월, 한국 땅의 민중들은 다시 부활의 촛불을 들고 다시 일어났습니다. 두 달이 넘도록 촛불은 꺼지지 않습니다. 이 촛불은 미국산 광우병 쇠고기로 죽음을 당하지 않겠다는 것입니다. 이 촛불은 경제 제일주의, 돈이 제일이다, 백성들은 배불리 먹고 값싼 쇠고기만 먹으면 된다는 말에 "아니요, 그것이 전부가 아니요, 사람다운 대접을 받고, 나라의 주인답게 살고 싶소!" 하며 불을 붙인 것입니다. 이 촛불은 우리 세상에는 재벌과 기업인들, "고소영"과 "강부자"들만이 떵떵거리며 사는 것이 아니라, 입시지옥에 시달리고 낮이나 밤이나 학교에서 학원으로 돌아다니다 지쳐버린 우리 아이들, 한 달에 겨우 88만 원으로 연명하는 비정규직 노동자들, 잘 자리가 없어서 노숙하는 노숙자들, 의지할 곳이 없는 독거노인들, 중국에서 돈 벌러 들어온 아주머니와 아저씨들, 한국의 장가 못 가는 남자들에게 멀리 동남아에서 시집온 젊은 여성들, 병들어도 죽을 날만 기다리는 환자들, 우리 겨우 살아 숨 쉬고 있는 민중을 보라는 것이고 우리 민중의 소리를 들어 달라는 것입니다.

이제 우리 온 나라에 피어 오른 촛불은 우리나라 민주주의를 새로운 단계, 보다 성숙한 단계에 올려놓을 것입니다. 이것을 천민 민주주의라고 해도 좋습니다. 우리는 민중 민주주의라고 말하고, 나라의 주인되는 국민이 주인으로, 인간답게 살아가게 하는, 민중의, 민중에 의한 민중을 위한 참된, 그리고 성숙한 민주주의를 향해 불타오를 것입니다.

서남동 목사님은 우리 시대를 "성령의 제3시대"라고 하셨습니다. 우리가 사는 세상의 역사를 성령의 역사로 이해하셨고, 이렇게 이해하는 것을 성령론적·공시적 해석이라고 이름 붙였습니다. 그렇다면, 이 촛불은 부활의 촛불이며 성령의 촛불입니다. 우리가 믿는 성령은 창조하시는 성령입니다. 그러므로 생명을 살리시는 성령입니다. 그리고 죽음을 이기고 부활하시는 성령입니다. 전쟁의 싸움과 죽음을 거부하는 평화의 성령입니다. 우리의 촛불은 생명을 향한 촛불, 생명을 살리는 촛불, 전쟁과 죽음의 어두움을 이기는 평화의 촛불입니다. 이제 서남동 목사님의 민중신학의 촛불은 이 나라의 생명을 살리기 위한 민중 생명신학, 민중과 함께 하나님께서 주신 금수강산을 신앙 운동으로 살려내는 생명 살리기 운동으로 불타오를 것입니다. 그리고 우리 민중의 촛불은 38선과 휴전선을 넘어 평화의 촛불로 타오를 것입니다. 통일의 그날까지, 그리고 남과 북의 민중의 가슴 깊은 곳에 믿음과 사랑과 희망이 힘차게 요동치는 그날까지……. 아멘.

내 환경 활동의 근원은 서남동

신대균
(주)바이오컨 대표이사

나는 2000년부터 생활쓰레기 소각장을 대체하는 시설을 국내에 도입하기 위해 환경기업을 설립하여 활동하여 왔다.

내가 이 일을 하게 된 것은 국내의 환경단체들과 지역주민들이 추진하던 소각장 반대운동에 대한 대안을 제시하기 위한 것이었다.

소각장 반대운동과 소각대안시설의 필요성

우리나라에 쓰레기 소각장이 도입된 것은 1990년대부터이다. 환경단체늘은 쓰레기 소각장 건설 도입 조기부터 소각장 건설에 대해 반대하였는데, 그 주된 취지는 다이옥신 등 유해물질의 배출에 대한 우려 때문이었다. 알려진 대로 다이옥신은 청산가리보다 1천 배의 독성이 있는 발암물질이다.

나는 유해물질에 대한 환경단체와 주민들의 우려가 있는 한 소각장 건설은 가급적 추진하지 말아야 한다고 생각하였다. 그러나 나는 소각장 반대운동에 참여하지도 않았고 지지하지도 않았다. 그 이유는 대안이 없기 때문이었다.

나는 국민고충처리위원회 위원으로 재임하는 동안 소각장 반대운동을 제기한 사건을 심의한 일도 있다. 군포시 소각장 건설에 대해서 한신대 교수였던 김수행 씨가 대표로 제기한 사건이었다. 김수행 교수의 주장은 군포시의 경우 분지인 지형으로 인해 대기 이동이 미약하므로 유해가스가 배출되지 않고 머물 것이라는 것이었다. 이는 내가 생각해도 당연한 것이었다. 그러나 나는 이 같은 걱정을 전적으로 공감하면서도 군포시에 대해 민원인들의 요구를 들어주라고 결정할 수가 없었다. 만약 민원인들의 요구를 들어준다고 하면 군포시는 쓰레기를 어떻게 할 것인가?

나는 소각장에 대한 환경단체들과 주민들의 반대가 이해는 되지만 대안이 없기에 그들의 주장은 수용될 수 없는 안타까운 일이라고 생각하고 있었다.

90년대 초 독일을 방문하였을 때 나는 생활폐기물 소각시설을 보면서 생활폐기물의 처리와 열에너지의 회수를 동시에 실현하는 시설이라는 의미에서 그 시설이 좋은 시설이라는 인상을 받기도 했다.

나는 소각장에 대한 반대운동이 이렇게 거세게 일어나고 있는데도, 소각장 건설이 진행되고 있는 것은 대안이 없기 때문이라고 생각하였다. 소각대안시설이 이토록 절실한 만큼, 환경단체가 소각장 반대운동의 입장에서 대안의 필요성에 대한 관심을 가지고 있을 것이고, 가능한 노력을 할 것이며, 정부도 대안의 발굴을 위한 노력을 게을리 할 리가 없다고 생각하였다.

나는 풍문으로 소각장 대안의 일종인 생활폐기물 고형연료화 시설이 있다는 이야기와 그런 시설들이 국내에서 몇 차례 시도된 적은 있었지만 실패하였다는 이야기를 들었다. 이런 풍문들을 종합해 볼 때 소각장의 대안시설은 없는 것이며, 그래서 이것이 정부가 소각장을 건설하는 이유인 것이다. 이것이 또한 민관 간의 분쟁이 발생하는 원인인 것이다.

소각대안시설에 대한 정보와 환경부의 소극성

나는 이런 상황에서 1996년도에 미국에 있는 형제들로부터 생활폐기물을 매립하지도 소각하지도 않고 처리하는 시설이 있다는 이야기를 듣게 되었다. 이 이야기를 듣고 나는 그것이 거짓말 같다는 생각을 했다. 그런 것이 있다면 한국에 도입하여 소각의 대안으로 삼을 만하지 않겠는가라고 생각하였다. 그래서 나는 관련 자료들을 받아 보았다.

1997년경부터 나는 이런 시설들에 대한 정보 자료들을 가지고 환경부 고위직 공무원들과 지방자치 단체장들에게 이런 시설을 도입할 필요성을 제시하였다.

환경부 고위직 공무원들 및 지방자치 단체장들과의 접촉을 통해 몇 가지 유형의 반응과 사실들을 알게 되었다.

첫째, 환경부 공무원들이 새로운 기술 정보에 대해 잘 모른다는 것이었다. 이것은 나에게는 의외의 사실이었다. 내가 우리나라 정부가 가지고 있을 것으로 생각한 정부의 경쟁력 수준에 비해 떨어지는 것이었다.

둘째, 환경부 공무원들로부터 소각 정책은 불가피하며, 대안은 불가능하다고 생각하는 강력한 고정관념을 가지고 있다는 사실을 알게 되었다. 이 사실은 나에게 환경부의 공무원들이 소각 정책을 변경할 동기가 극히 희박할 것이라는 판단을 가지게 하였다.

당시 내가 접촉한 고위직 공무원으로부터 소각시설 중에서도 기술적으로 조금 어렵지만 더 환경적으로 우수한 시설이라고 알려진 유동상식 소각로조차도 운영 기술의 어려움 때문에 수용하기 곤란하여, 환경적으로 더 유해하지만 운영이 용이한 스토크식 소각로 일변도로 가기로 하였다는 이야기를 듣게 되었다. 또한 외국에서 성공한 기술이라도 한국에서는 실패할 우려가 있기 때문에, 새로운 기술 도입은 쉽지 않다는 견해도 듣게 되었다.

나는 이러한 자세라면 환경부에게 소각대안시설을 권유하는 것이 쉽지 않은 과제일 것이라는 생각을 하게 되었다. 지방자치 단체장들을 접촉해 본 결과, 그들은 이러한 시설의 존재를 믿을 수 없다고 하였고, 그런 것이 있다면 대기업이 나섰을 것이 아닌가라는 반문도 듣게 되었다.

내 의견을 들은 사람들로부터, 내가 하는 말의 신빙성이 인정되려면 나 개인이 의견을 제시하는 형태로는 곤란하고, 무슨 연구소나 기업과 같은 공식성 있는 형태를 갖출 필요성이 있으며, 지방자치단체들에게 바로 공식적인 시설 도입을 권유하지 말고, 10톤 정도 되는 실험적인 시설을 지어서 타당성을 보여 줄 필요성도 있지 않은가라는 의견도 듣게 되었다.

고민 끝에 소각대안시설 도입을 결심

이러한 여러 가지 반응들에 접하여 나는 고민을 하게 되었다. 나는 본래 환경운동가도 아니고, 환경공학자도 아니며, 더구나 기업인도 아닌 사람으로서 내가 이런 일을 추진하는 것이 적합할 것인가라는 생각이 나를 소극적으로 만들었다.

그러나 이 일이 국가적으로 적지 않은 유익을 가져올 일인데 그런 가능성을 포기하는 것이 옳지 않다는 생각을 하게 되었다.

이러한 고민을 하는 동안 2000년에 유엔에서 밀레니엄 정상회의가 열렸고, 그에 부속하는 밀레니엄 NGO 회의에 한국 참가단의 일원으로 미국을 방문하는 기회가 생겨 이 시설을 방문해 보기로 하였다.

나는 미국의 플로리다 주 한 도시의 시설을 방문하여 문제의 소각시설을 보게 되었는데, 그걸 보는 순간 경이로운 느낌을 금할 수 없었다. 그 순간 나는 내가 쓰레기를 땅에 버려 묻는다는 것은 하나님이 창조하신 지구를 오염시키는 파괴 행위이고, 내가 그로 인해서 죄책감을 느끼고 있음을 알게 되었다.

이런 고민 끝에 나는 이 일을 포기한다면 나의 인생에 제시된 하나의 가능성을 포기하는 것이며, 내 인생의 아쉬움이 될 것이라는 생각을 하고, 이 일을 본격적으로 추진해 보기로 결심하였다.

그리고 그동안의 반응들을 고려하여, 기업을 설립하기로 하였다.

2000년 5월에 기업을 설립하고, 이름을 바이오컨사로 하였다. 바이오컨이란 생물 전환을 뜻하는 바이오 컨버전의 약어다.

남해군의 선정과 협약

2001년 중반부터 나는 앞에서 들은 반응을 종합하여, 10톤 정도의 소규모 시설을 하나 지어서 가동해 보기로 계획하였다. 그래서 이런 규모의 시설을 필요로 할 만한 지방자치단체를 찾아보기로 하였다.

지방자치단체를 찾을 때 나는 다음과 같은 기준을 세웠다.

첫째, 소각장이 없는 지자체로서 소각장을 필요로 하는 곳. 둘째, 너무 크지 않아 의사결정에 오랜 시간이 걸리지 않는 지자체. 셋째, 단체장이 합리적인 혁신을 받아들일 만한 개방성이 있는 곳. 그리고 2002년에 지방자치 단체장 선거가 있는 것을 감안해서 재선이 가능한 곳이라는 4가지 기준을 세웠다.

이런 기준에 부합한 곳이 경상남도 남해군이었다. 나는 당시의 김두관 군수와 면식이 없었으므로, 나와 김두관 군수 양쪽에 면식이 있는 사람을 찾아 소개를 부탁하기로 하였다. 그해 추석 전 주선을 한 분과 함께 당시 김두관 군수와 점심을 함께하게 되었다. 김두관 군수께 취지를 설명드리고, 검증되지 않은 시설에 공공비용을 지불할 수 없을 것이므로, 시설비 투자는 내가 하고, 남해군은 땅을 대고, 쓰레기를 가져와서 시험을 해보고 기술이 성공하면 이 시설을 남해군이 사든지 쓰레기 위탁처리를 하든지 하고, 실패하면 내가 철거해 가기로 하자는 제안을 했다.

김두관 군수는 기본적으로 동감을 표하시면서, 검토해 보기로 하고 당일로 부지도 함께 보았다. 김 군수는 현재 부지에 공장을 한 차례 지었다가 인접 부지에 다시 이설하여야 한다고 하는데 가능하겠느냐고 물었다. 지금 생각하면 대단히 부담스러운 일이었지만 나는 가능하다고 하였다. 그 후 김 군수와는 2차례 정도 면담을 할 기회가 있었는데, 김 군수는 첫 만남 뒤 15일 정도 후에 기본적으로 추진 의사를 밝히고, 지자체 공무원들과의 회합을 주선하였다.

처음 지자체 공무원들의 반응은 설명을 들으려고 하지 않는 것이었다. 당시 남해군은 소각장을 짓기로 하여, 정부의 국비지원금을 이미 받아둔 상태였고, 입찰을 앞두고 있는 상태였다. 이런 상황에서 나의 제안을 받아들인다는 것은 지방 공무원들로서는 크게 무모한 일이었을 것이다. 그러나 공무원들과의 협의를 통해 공무원들이 취지를 공감하여 추진하기로 방침을 정하였다. 이런 일이 추진된 기간이 한 달 정도였다. 협약서를 작성하는 한 달간의 기간을 거쳐, 2001년 10월 말에 협약서를 체결하게 되었다. 그동안 나는 내가 본 시설을 개발한 미국인 기술자를 만나게 되었고, 그로부터 기술 전수를 받게 되었다.

나는 2001년 11월과 12월, 2개월에 걸쳐 남해군의 종료 매립지 위에 임시건물을 짓고, 시설을 설치하였다. 설비는 2001년 7월부터 제작을 개시하였기 때문에, 협약 후 2개월 만에 건설을 할 수 있었다. 이 시설은 2002년 1월부터 가동을 개시하였는데 기대한 목표를 달성하는 성과를 나타내어 훌륭히 성공하였다. 나는 김두관 군수께 가급적 조속히 관계를 확정하는 작업을 하자는 요청을 하였다. 김 군수는 관계의 확정을 위해서는 군내의 여론수렴을 선행해야 하므로 시연회를 하자고 요구하였다. 나는 찬성하였고, 2002년 2월 말에 시연회가 개최되었다.

시연회에는 군 간부급 공무원, 군의회 의원, 지역 환경단체, 지역주민들이 참석하였고, 성공적으로 진행되었다. 시연회 후 군내의 여론이 좋아져서, 군은 2004년 4월에 소각장 건설을 포기하고, 바이오컨 시설을 수용하겠다는 통보서를 보내왔다. 시연회 이후 김두관 군수는 경남 도지사로 출마하기 위해 스스로 사임을 하였다. 군수직이 공석이 되자, 군은 더 이상 공식적인 절차를 추진하지 않고 후임 군수의 취임 후로 모든 작업을 미루게 되었다.

    2002년 6월의 선거를 거쳐 새로운 군수가 취임하였다. 그 후 나는 신임 군수와의 면담을 통해 1년간 한 차례 더 유상 시범 가동을 한 후에, 2002년 10월 장기 위탁처리계약을 체결하기로 하는 단계적 협약을 체결하였다. 이와 같이 한 이유는 장기 위탁처리계약을 체결하기 위해서는 민자계약체결 등의 공식적 절차를 밟아야 하는데, 그렇게 하기에는 오랜 기간이 소요되는 것으로 알았기 때문이었다. 동시에 기존의 시설을 인접한 신규매립장 내로 이설하여, 운영하기로 협약을 체결하였다. 이 협약에 따라 2003년 4월부터 신규부지로 이설하는 공사를 시작하여 2003년 6월에 공사를 완료하였고, 2003년 7월부터 유상 가동을 개시하였다.

안성시 주민들의 소각장 반대운동과 바이오컨 시설 도입 요구

    2003년 7월경 경기도 안성시의 주민들로부터 이 시설을 방문하겠다는 연락이 왔고, 경기도 안성시장을 포함한 주민들이 방문을 했다. 안성시 주민들은 당시 소각장 반대운동을 전개하고 있었는데, 대안시설의 소식을 듣고, 대안으로서 바이오컨 시설의 수용을 안성시에 요구하는 운동을 격심하게 전개하고 있었다. 안성시장도 긍정적인 견해를 가지고 있었으나, 이미 안성시는 시설 공사 발주를 한 후라 사법적 계약을 파기하기 위해서는 위약금을 물어야 하는 문제를 가지고 있었다. 안성시의 도입은 무산되었다. 안성시의 소각장 반대운동을 취재하는 과정에서 남해군의 바이오컨 시설이 한겨레신문에 전면 보도되는 일이 있었다.

2003년 12월에는 당시 쓰레기 문제 해결을 위한 시민운동협의회가 소각대안시설로서 바이오컨 시설을 주목하고 정부에 도입을 촉구하는 성명서를 발표하였다. 이는 당시 환경부가 생활폐기물 처리시설로서 소각장에 대해서만 국비를 보조하고, 타 시설에 대해서는 국비보조를 하지 않는 정책 틀을 고쳐 바이오컨 시설과 같은 시설에 대해서도 소각장과 마찬가지로 국비를 지원할 것을 요구하는 것이었다. 쓰레기문제 해결을 위한 시민운동협의회(쓰시협)는 2004년 3월과 2004년 10월에 남해군에 있는 대안시설을 근거로 소각 정책의 폐지를 촉구하는 성명서와 정책보고서를 발표하였다.

남해군과의 협약체결의 실패

한편 2003년 말이 다가오는데도 남해군은 장기 위탁협약체결을 추진하지 않았다. 남해군과의 제2차 협약에 의하면, 계약기간인 2003년 말 3개월 전에 남해군은 장기 위탁계약을 하든지 아니면 철거를 요구하든지 의사표현을 하기로 되어 있었다. 남해군은 2004년 3월까지 아무런 의사표시를 하지 않았고, 그런 상태로 쓰레기가 반입되어 처리되었는데, 2004년 3월까지 처리한 비용을 지불하지 않았다. 바이오컨사는 무상처리를 할 수가 없다는 의사를 표시하였고, 폐기물 처리는 중단되었다. 이로써 제2차 협약은 파기된 셈이 되었다. 바이오컨사는 남해군에 대해 장기 위탁처리계약을 요구하였으나, 남해군은 계약체결을 거절하였다. 남해군은 계약체결 거절의 사유로 바이오컨사에서 생산된 부숙토의 사용이 환경부에 의해 합법화되지 않았다는 이유와 함께 여러 가지 사유를 제시하였다. 바이오컨사에서 생산된 부숙토의 사용이 합법화되지 않았다는 사유는 바이오컨사의 귀책 사유였다. 내가 이 시설을 건설할 때, 외국의 법규상으로 합법화된 것만 보고, 국내에서도 합법화가 된 것이라고 남해군에 제시하였다.

당시로부터 지금까지도 관련 법규는 불합리하게 되어 있다. 관련 법규는 음식물류 쓰레기로 만든 퇴비는 합법적인 퇴비로 인정한다고 하는데, 음식물 쓰레기가 분리수거되지 않고 종량제 봉투에 의해 여타 생활쓰레기와 혼합된 채로 반입된 쓰레기부터 생산된 부숙토는 이에 해당하는 것으로 간주한다는 것이다. 어떻든 환경부로부터 명확한 해석을 받아 내지 못하는 한 이는 바이오컨사의 책임일 수밖에 없다.

나는 부숙토의 합법화를 요구하는 정책 변경의 필요성에 부딪혀, 관련 전문가들의 의견서를 환경부에 전달하였다. 당시 이 분야 전문가들인 대학교수들은 외국의 사례나 국내 조사 사례를 들어 부숙토의 합법화를 요구하는 의견서를 제출한 것이었다.

한겨레신문의 보도와 환경부의 대응

나는 부숙토의 합법화를 요구하는 한편 남해군이 요구한 간접적인 요건을 충족하기 위해 노력하였다. 그중의 대표적인 사례가 환경부 기술검증이었다. 2004년에 환경부의 신기술지정과 기술검증을 신청하였다. 환경부는 신기술이 아니라고 하고, 외국 기술이라는 이름 아래 기술검증만을 허락하였다.

환경부의 기술검증서가 2004년 12월에 발급되었다. 이 기술검증서가 발급되자, 한겨레신문은 소각대안시설에 대한 기술검증이 이루어졌다는 기사와 함께, 남해군의 시설이 장기 위탁계약을 체결하지 못하고, 철거 위기에 놓였다는 사실을 전면으로 보도하였다. 이 기사는 이와 같은 문제점이 환경부의 소각위주 정책에 원인이 있다고 보도하였다. 2004년 12월 29일에 이 기사가 보도되자, 3일 후 신년 연휴 기간이자 일요일인 2005년 1월 2일 환경부 폐기물 국장과 생활폐기물 과장이 남해군 시설을 긴급히 방문하였다. 방문 후 한겨레신문 기자의 질문에 대해 국장은 1년간의 용역 기간을 거쳐 타당성이 인정되면, 소각과 마찬가지로 국비지원을 할 것이라는 입장을 표명하였다. 한겨레신문은 보도에 대한 반응과 관련 정책의 문제점을 정밀 분석하는 내용의 기사를 포함하여, 한 달간 3차례의 전면 보도를 하였다. 한겨레신문 보도 이후 환경부는 용역을 시행하였다. 2005년에는 이재용 환경부 장관이 취임하여 남해군의 바이오컨 시설을 방문하였다.

용역 결과와 환경부의 입장

2006년 초 환경부의 용역 결과가 나왔는데, 환경부의 용역 결과, 소각시설은 폐기물의 고 발열화로 기계적 불안이 높아져 타당성이 저하된 반면 MBT 시설은 자원순환정책에 가장 부합하고, 비용도 저렴하여 도입의 타당성이 있다는 평가가 내려졌다. 내가 본 미국의 시설을 미국에서는 퇴비화 시설, 즉 콤포스팅 시설이라고 하였다.

1990년대에 독일에서 MBT 시설이라는 명칭이 개발되었다. MBT 시설이란 기계적 생물학적 처리시설Mechanical Biological Treatment의 이니셜을 딴

용어이다. 환경부는 이 시설을 MBT라는 용어로 표현하였다. 환경부의 용역 결과는 2006년 국회에서 토론회로 개최되었다. 환경부는 이 용역 결과에 기초하여, 4개 지역에 시범사업을 추진하겠다고 발표하고, 시범사업 신청을 요구하는 공문을 내려 보냈다. 시범사업은 수도권 매립지와 부천시, 강릉시, 부안군 등 4개 지역이 선정되었다. 환경부는 용역 결과를 발표하고서도, 이 시설을 소각장과 같은 국비지원 대상으로 인정하는 것을 지연시켰다. 시범사업이란 긍정적인 면이 있는 일이지만 이 경우에는 지연시키는 수단으로 작용하였다. 그 이유는 소각장 건설이 계속되면, 다른 시설의 타당성이 인정된다 하더라도 이미 소각장이 포화 상태가 되어 다른 시설을 지을 필요성이 사라지기 때문이었다. 나는 환경부의 이러한 정책과 다시 싸우지 않으면 안 되었다.

한편 이렇게 환경부와 싸우는 한편 나는 남해군과 위탁처리계약을 체결하는 일을 추진하는 동시에 이런 시설을 건설할 지방자치단체들을 찾아다녀 보기로 하였다. 남해군은 2007년 4월에 장기 위탁처리계약을 체결하였다. 한편으로 환경부는 2008년 5월에 강력한 정책적 전환을 하였다. 환경부는 2010년 이후에는 소각장 건설을 중단하겠다는 정책을 발표하였다. 환경부의 정책은 2010년 이후 신규 소각장과 매립장 건설을 금지하는 정책으로서 자원순환과 쓰레기 제로에 가장 부합하는 조치이고 세계적으로 선두에 서는 정책이다.

환경부의 정책 전환은 1990년대부터 20년간 우리나라 환경단체들이 주장해 온 소각장 추방이 실현된 것이며, 소각대안시설을 제시하기 위해 내가 8년간의 노력을 기울인 것에 대한 보답이 되는 것이었다. 나는 소각대안시설을 제시하기 위하여 기울인 나의 노력이 결실을 맺은 일에 대하여 큰 보람을 느꼈다. 그러나 동시에 나의 노력 과정에서 정부와 지방자치단체들이 보여 준 불합리한 태도로 인해 마음이 상한 일이 많았던 일을 생각하며 안타까움을 동시에 느끼게 된다. 또 환경단체들과 관련 분야 전문가들이 정부의 정책과 싸우는 힘이 미약한 것에 대해서도 안타까움이 적지 않았다. 나는 나의 경험을 통해 환경을 위한 행동이 구체적으로 우리나라의 정책을 바꾸는 힘을 발휘한다는 것을 다시 깨닫게 되었다.

나는 1975년 민청학련 사건으로 석방되어 나온 해에 연세대학교에 계신 서남동 교수님의 사택을 방문하여 기독학생들의 신학연구 모임을 지도해 달라는 부탁을 드렸다. 그래서 서남동 목사님과 테야르 드 샤르댕의 신학사상에 대한 강의를 들을 수 있었다. 그 후 선교교육원을 통해 서남동 목사님을 모시고 공부하는 기회를 가지게 되었다. 나는 서남동 목사님이 환경에 대한 구체적인 과제의식을 가지고 계셨고, 환경을 위한 행동을 촉구하셨다는 것을 최근에 알게 되었다. 나는 서남동 목사님의 신학을 통해서, 내가 한 활동이 신학적 의미를 가진다는 사실을 발견하고 보람을 느끼게 되었다. 나의 활동이 서남동 목사님과 함께한 우리들의 신학적 친교의 열매 중의 하나라고 생각하고, 이러한 친교를 함께할 수 있었던 것에 대해 감사하게 생각한다.

제2부

다시,
민중신학을 말하다

고난과 희망 사이에서 – 민중의 신학

권진관
성공회대학교 교수, 조직신학

1. 들어가는 말

신학에서는 제기되는 질문의 적절성이 중요하다. 좋은 질문은 우리의 주제를 이해하게 해 주는 일에 열쇠를 제공해 준다. 첫 번째 가장 중요한 질문은 과연 민중신학이 가능하며, 민중신학이 오늘날의 현실에도 계속 적합한가? 즉, 오늘날의 상황에 대해서 깊은 통찰을 가져다주며, 교회의 목회활동에 일정한 교정적인 도움을 줄 수 있는가?

파생되는 질문들은 다음과 같다. 민중의 경험 속에서 신의 활동을 발견할 수 있는가? 민중운동의 경험 속에서 신학적인 자료인 "신의 계시" "영적인 힘" 등을 찾을 수 있는가? 민중운동 속에서나 민중 안에서 놀라움,

경이가 발견되는가? 특히 민중의 고난이 어떤 영성적인 힘을 가지고 있는가? 고난이 민중을 신학적인 특별한 존재로 만들어 주는가? 자연신학에서는 예를 들어, 샤스타 산Mt. Shasta, 에베레스트Mt. Everest, 알프스Alps의 경험과 같은 신적인 놀라움wonder를 발견할 수 있는데, 민중 속에서는 그러한 것이 발견될 수 있는가?

민중은 주목할 만한 상태로 의미 있게 존재하는가? 민중과 비민중을 구분하는 결정적인 기준은 무엇인가? 누가 비민중인가? 누가 민중이 아닌가로 민중이 누구인가를 대답할 수 있을 것이다. 항상 되물어야 할 것은 이러한 질문이 과연 적절한가이다.

2. 민중은 누구인가?

1) 민중은 주체로서 활동할 때 민중이 된다. 이것이 1세대 민중신학자들이 보여 준 지혜이다. 일정한 활동으로 민중을 분간하고자 할 때 어떤 것이 민중의 활동이냐가 물어져야 한다. 그러려면 민중이 존재론적으로 누구인가에 대해 대답해야 한다. 민중은 일정한 집단을 지칭한다. 민중은 역사적 시대와 지역, 그리고 속해 있는 사회의 성격에 따라 다른 존재의 모습으로 등장하였다. 예전에는 민중 속에 속했던 집단들이 더 이상 고난당하는 부류가 아니게 된 경우도 있다(대기업의 노동자들 일부는 더 이상 민중이라고 불릴 수가 없을 정도로 좋은 대우를 받고 있다). 민중이라고 불리는 집단이나 개인은 특정의 시대와 사회 속에서 고난당하는 사람들 일반을 가리킨다. 그런데 이 고난을 당하고 있는 민중은 피동적으로 고난을 당하기만 하는 존재가 아니라, 자신들을 억압하는 제도와 집단들에

대항하는 투쟁과 운동을 통하여 자신의 권리를 주장하고 확보한다. 그렇다면 여기에서 중요한 범주적 개념들이 나타난다. 그것은 주체, 고난, 운동이다. 민중의 존재론적인 요소에는 주체와 고난이 포함된다.

2) 민중은 고난받는 모든 존재들을 말하며, 여기에서 고난받는 존재는 한국의 민중만을 지칭하지 않으며, 아시아와 아시아를 넘어서 모든 세계와 종족 안에서의 고난받는 존재를 이른다. 또한 인류를 넘어서 물, 공기, 동물, 식물 등 오늘날 생태학적으로 "고난받는" 모든 존재들을 포함한다. 그러나 인간으로서의 민중이 모든 고난받는 존재들을 대표해야 할 책임을 가진다. 왜냐하면 인간만큼 고양된 의식적인 존재가 없기 때문이다. 인간으로서의 민중은 자신의 생명을 보호할 뿐 아니라, 모든 고난받는 존재들의 생명을 보호해야 할 과제를 갖는다.

3) 그런데 여기에서 고난suffering이란 말과 유사한 의미를 가진 단어로서 고통pain이란 것이 있다. 고통은 고난과 그 의미에서 다르며, 특히 신학에서 이 단어를 쓸 때에는 분간하여 써야 한다. 고통이란 "몸이나 마음의 괴로움과 아픔"을 가리킨다. 이 고통을 넘어서기 위해서는 그 고통의 원인을 제거하면 된다. 즉, 머리가 아프면 진통제를 먹으면 되고, 마음이 괴로우면 그 괴롭게 하는 원인을 제거하면 된다. 여기에는 치유가 그 대답이다. 고통을 중심 범주로 하는 신학은 이러한 원인들이 무엇인가를 묻고 그것으로부터 치유하는 길은 무엇인가를 찾는다. 그리고 그 치유의 방법은 주로 밖에서 온다. 전문가들의 처방이나 치료로 치유가 가능해진다. 가장 고통을 많이 받는 사람들은 환자들이다. 고통을 중심 범주로 사용할 때 민중의 중심은 병자들이 될 수 있다. 물론 병자들이 민중의 일부

가 되는 것은 분명하다. 특히 질병으로 고통당하는 사람들은 대부분 가난하고 힘없는 민중이기 때문이다. 그러나 민중은 자기의 해방을 위해서 투쟁하는 약자들에서 전형적으로 파악된다.

고난은 민중이 주체적으로 자신의 고통을 야기하는 원인들을 해결하기 위해서 능동적으로 고난을 무릅쓴 행동과 실천을 할 경우의 경험도 가리킨다. 하느님의 나라의 의를 위해, 사회정의를 위한 운동에 참여하는 것으로 인해 자발적인 고난의 길을 걸을 때 그것은 고난이라고 하지 고통이라고 하지는 않는다. 고난은 고통을 포용하지만 더 큰 것을 포함한다.

4) 고난받는 인간들(민중)은 그 고난을 매개로 하여 신-경험을 한다. 그 고난 안에서 그리고 고난을 넘어서는 희망과 용기에서 그들은 신을 체험하며, 신의 은혜와 구원을 체험한다. 고난받는 민중은 신의 특별한 사랑을 받는 존재이며, 역사를 이끌어야 갈 신의 소명을 받은 존재로서 대접을 받아야 한다. 이러한 관점에서 보면 역사관은 뒤바뀐다. 역사는 힘 있는 존재들이 이끄는 것이 아니라 민중이 이끌어야 한다는 뒤바뀐 역사관을 채택한다. 민중은 존재론적으로 신을 모시는 존재이다. 그렇기 때문에 민중은 신의 내적인 충동으로 인해 역사를 이끌어 가는 주체가 된다.

민중은 생존을 위해 수고하고 짐진 자들이다. 예수께서는 "모든 수고하고 짐진 자들은 내게로 오라"고 하셨는데 이들은 민중이다. 민중은 생존을 위해 아침부터 저녁까지 노동한다. 노동하지 않으면 먹고 살 수 없기 때문이다. 민중이 가진 것이라곤 몸뚱어리뿐이다. 그것이 쇠잔해지면 민중은 절대적인 타격을 받는다.

민중은 수고하고 짐진 자이며 몸으로 일하는 사람들이며 자연 재해와 사회적 변동 속에서 가장 취약한 계층이다. 그러므로 그들은 하느님의 특별한 사랑을 받는 자들이 된다. 왜냐하면 이들이야말로 의지할 대상이 없는 존재이기 때문이다. 이들은 특히 사회적, 정치적, 경제적 소외와 억압으로부터 고난을 받는다. 이들의 고난은 주로 사회·경제·정치적인 이유로 발생한다. 질병으로부터의 고난은 파생적인 것이라고 하겠다. 취약한 계층일수록 질병에 걸릴 가능성, 치유를 못 받을 가능성이 크기 때문이다. 민중은 고난의 대물림, 가난의 대물림하는 존재이며, 그렇기 때문에 하느님의 특별한 관심과 보호를 받는다. 우리 사회는 점점 더 약자에게 불리하게 되어 이러한 대물림에 거의 예외를 허락하지 않고 있다.

5) 민중의 투쟁과 운동은 이러한 대물림의 고리나 체계(신자유주의)를 부수고 극복할 수 있는 가능성을 열고자 하는 것이며, 이것이 그들의 희망의 자리이다. 민중의 희망은 이러한 체계를 극복하는 것이며 이것은 기존 정치가 아닌 새로운 정치를 요구한다. 그것은 운동의 정치가 아니고서는 안 된다.

3. 민중신학

신학은 신을 말하는 학문이라고 하는 것이라는 명제의 중요성을 수용한다. 고난받는 민중을 위한 신론은 단일신론, 유일신론이 아니다. 그렇다면 다신론인가? 그렇지도 않다. 유일신론도 아니고 다신론도 아닌 것 중에서 우리가 가장 가까운 것으로 선택할 수 있는 신론은 삼위일체론이다. 삼위일체적 신 이해가 민중신학에 백퍼센트 들어맞지는 않는다고 할지라도 가장 근거리에 있는 것이라고 판단된다. 그렇기 때문에 민중신학은 보다 근원적인 신성과 그 신성이 육화되었던 그리스도, 그리고 성령의 세 인격이면서 동시에 하나로 일치한다고 보며, 그러한 방식으로 신의 존재와 활동을 이해한다. 우주 전체에 대한 형이상학적 이해의 삼위일체적인 형태는 동서양에서 공통적이다. 동학에서는 천지인天地人이 기를 통해서 하나라고 고백하고 있는데 여기에서 천은 보다 근원적인 신성을 표상하며, 인은 그리스도에 해당되며, 기는 성령에 해당한다고 할 것이다.

인간인 민중들이 수심정기하고 마음을 바르게 정하여 이웃 동료들과 함께 각각의 시대 속에서 가장 가치 있는 역사적 소명과 자신들을 고난으로 몰아넣는 제도와 체제를 극복하기 위해 공동의 노력을 행할 때, 이들은 신의 역사에 참여하는 것이 된다. 아니 이들은 세상에서 신이 하는 일을 담당하는 것이 된다. 우주와 역사에서 가장 중요한 역할을 하는 존재는 인간이다. 그중에서 고난당하고 있는 민중이다. 고난당하지 않는 구원자는 없기 때문이다. 고난 없는 구원자를 상상할 수 없다. 민중이 움직여야만 역사와 생태계가 개혁되며 새로운 세상을 열 수 있다. 그렇지 않으면 역사와 생태계는 멸망하고 말 것이다. 민중의 움직임은 민중의 운동으로 가장 잘 표현된다. 이러한 면에서 민중은 신에 의존하고 다시 신은 민중에 의존한다고 하겠다. 그러나 실제로 신은 민중에 의존하는 것이라고 해야겠다. 신은 예수에 의존했고, 후에는 교회와 민중에 의존했다. 그러나 교회는 더 이상 신이 의존할 대상이 되지 못하고 있다. 민중이 새 역사를 열면서 신이 민중에 의존하여 새 역사를 여는 일에 동참하게 된다.

새로운 세상(종말과 개벽)에 대한 기대와 추구. 이것을 종말적이라고 부를 수 있다. 민중은 새로운 세상을 끊임없이 건설한다. 민중신학은 이러한 새로운 세상을 예견하고 보여 줌으로써 오늘날의 민중이 새로운 세상을 창조하는 역동적인 견인차, 작인agent이 되는 데에 도움을 준다. 이러한 민중의 활동 속에 신이 참여한다. 신은 역사 속에서 민중의 활동에 의존하기 때문에 민중의 활동을 유혹해 내어 신의 목적을 실현한다.

민중 활동의 원형은 복음서에 기록되어 있는 예수에게서 발견된다. 예수의 의지와 말씀과 행동은 민중이 따라야 할 모범이며 모방해야 할 대상이다. 예수는 민중의 원형이며 모범인 동시에 예수는 신을 가장 잘 보여준다. 신의 역사는 예수에 의해서 이루어졌고 예수의 뒤를 따르며 고난당하며 구원의 행동을 하는 사람들에 의해서 이어진다. 신의 활동은 이러한 고난의 구원행동에 의해서 예수의 뒤를 이어 이루어진다.

민중신학은 초월적인 것을 다른 데에서 찾지 않고 하느님의 나라를 위한 프로젝트와 실천에서 찾는다. 예수 그리스도가 하느님 나라를 추구하였듯이 민중신학도 하느님의 나라를 추구하며, 여기에서 초월적인 차원을 찾는다. 민중신학이 민중 안에 활동하시는 성령을 경험할 때 그 경험은 곧 하느님의 나라 건설과 관련된 경험이 되어야 한다는 것은 분명하다.

하느님의 나라는 창조의 완성이며 목표이다. 예수 그리스도가 가장 창조적인 삶을 살았고 우리도 그의 뒤를 따라 창조의 목표를 향해 하느님의 나라를 건설하는 일에 동참해야 한다. 예수 그리스도의 모습에서 하느님의 나라가 어떠해야 하고 그곳의 시민은 어떠한 존재인가가 드러난다. 민중신학은 예수 그리스도의 삶의 모습을 닮은 인간상을 지향해 나간다. 왜냐하면 예수에게서 나타난 자기희생적인 사랑이 인간의 진정한 미래의 모습의 중심에 있기 때문이다.

예수 그리스도가 우리가 추구해야 할 현재와 미래의 인간상이라고 한다면, 예수의 인간상이 어떠한 것인가를 찾아야 할 것이다. 동시에 오늘날 우리는 어떠한 모습으로 있는가도 찾고 분석하여 보아야 할 것이다. 그리고 어떤 모습이 회복되어야 하고 확대 강화되며, 어떤 모습이 극복되어야 할 것인가를 말해야 한다. 또한 하느님의 나라는 어떠한 사회적·정치적·경제적 함의를 가지는가를 분명하게 보여야 한다.

1) 민중신학을 위한 주요 범주적 개념들

(1) 민중을 위한 범주들

역사, 운동, 집단, 개인, 주체, 고난, 운동, 상생concrescence(기화), 새로운 세상, 유기체적 세계관(상호의 내적인 관계), 사건.

(2) 민중신학을 위한 범주들

고난, 사건, 신, 생명의 영, 희망, 힘을 얻는 것empowering, 계시적 자료. 힘을 주고 희망을 갖게 하는 것들은 신적인 요소를 가진 계시적 자료가 된다. 그것들이 무엇인가? 그것들은 예수 그리스도, 성령, 교회, 성만찬, 구원 등등이 되어야 한다.

(3) 위의 두 범주들을 이어주는 범주들 즉 파생적 범주들

희망, 사건, 힘줌empowerin, 객관적 세계 속에서의 유기체적 주체성, 계시적 자료, 합류의 해석학, 두 가지의 것들(기독적인 것, 전통적인 것)이 현재의 실천 속에서의 합류.

전체적으로 보면 민중신학을 다음과 같이 설명할 수 있을 것이다.
① 민중의 진정한 현장은 역사이며 진정한 의미에서 민중은 역사의 주

체이다. 동시에 민중은 문화, 사회, 정치, 경제의 객관적인 조건 속에서 조건들에 의해 일정하게 영향을 받고 규정되면서, 그러한 제한 속에서 주체적인 판단과 행동을 하는 존재이다. ② 민중의 현실적 경험은 고난이고 고통이다. 민중은 이러한 삶 속에서도 희망과 기쁨을 추구한다. 민중은 지금 고난을 겪고 있지만 새로운 미래에 대한 희망으로 힘을 얻는다. 민중에게는 항상 고난이 지속된다. 왜냐하면 새로운 희망 속에서 오늘날의 역사적 현실을 개혁하려는 열정은 곧 민중에게 고난으로 다가올 것이기 때문이다. 민중이 고난에 찬 역사 참여를 외면한다면 민중은 피동적인 고난을 겪을 것이다. 민중이 능동적으로 역사에 참여하고 역사와 문화를 개혁한다면 민중은 능동적인 고난을 당하게 될 것이다. ③ 이렇게 민중의 삶 속에 끊임없이 고난이 지속되지만 민중은 이것에 굴복되어 약화되지 않는다. 왜냐하면 민중에게 희망과 힘을 불어넣어 줄 수 있는 것들이 존재하기 때문이다. 그리고 민중이 역사의 변혁과 새로운 사회를 위한 개혁을 위해 능동적인 고난을 당하면 당할수록 민중은 역사의 더욱 건강한 주체로 등장한다는 것을 확인할 수 있다. 그렇기 때문에 민중의 전통과 민중운동은 민중의 역사의 주체성을 강화시켜 주며 새로운 역사를 위한 희망과 힘을 가져다준다는 면에서 "영적"Spiritual이다. 민중신학은 이러한 희망과 힘이 신으로부터 온다는 전제를 갖고 시작한다. 민중신학은 신성과 계시적 자료들이 민중을 위해 희망과 힘을 제공할 수 있다는 것을 일관성 있게 설명하고자 하는 신학이다.

민중신학은 한국 민중의 고난의 대양 한가운데에서 솟아오른 희망봉이었다. 한없는 고통 속에 있었던 노동자들 그리고 도시빈민, 농민들, 특히 여성들에게 예수가 보여 준 희망과 해방을 전하기 위해서 시작되었다. 민중신학자들은 이들의 고통에 동참하며 신학을 하였다. 이리하여 민중신학은 민중의 절망적 고난을 희망적인 고난과 참여로 바꾸어 주면서 민중의 운명을 바꾸어 주며, 이와 함께 역사를 변혁하는 데에 공헌할 것으로 기대되었다. 또한 민중신학은 오늘날의 교회의 변화를 위해 공헌해 주리라고 보고 있다. 교회사적으로 볼 때 교회 안에서의 민중인 일반 평신도들은 교회의 주체로 대접을 받지 못하여 왔다. 이들을 주체로 보는 민중신학의 관점은 교회의 삶과 선교에 큰 변화를 가져올 것이며, 현대 사회 속에서 더욱 정당성을 가질 수 있게 도와줄 것이다.

2) 범주적 개념에 의한 신학적 풀이

(1) 민중의 고난, 의인의 고난

민중은 가난을 대물림한다. 성서에서는 의인의 고난과 가난한 민중의 고난을 동일시한다. 의인의 고난은 그가 하는 의로운 일 때문에 신의 특별한 관심을 불러일으킨다. 가난한 민중은 가난 자체로부터 오는 고난 때문에 신의 특별한 관심을 불러일으킨다. 이것이 구약의 관점이다. 그렇기 때문에 약자이고 가난한 자의 고난은 의인의 고난과 신의 역사 속에서 질적으로 동급이다. 의인과 민중의 고난 자체로 하느님의 나라로 들어가는 이유를 얻게 된다. 아브라함 품에 있는 거지 나사로(눅 16:19 이하)와 선한 사마리아인(눅 10:25-37)이나 의로운 부자 삭개오(눅 19:1-10)는 함께 구원을 받았다. 고난을 피해 가려 했던 부자 청년은 거절되었다(눅 18:18 이하). 민중의 고난은 의인의 고난과 같은 선상에 있다.

그렇다면 신은 이러한 민중의 고난을 낳는 현재의 인간 세상을 용납하는가? 마구잡이로 자연을 파괴하는 인류를 용납하는가? 원래 세상은 좋은 것으로 창조되었다. 우리 인간이 이 세상을 혼탁하게 만든 것이다. 신은 이러한 세상을 다시 좋은 것으로 재창조할 것을 우리 인간들에게 요청하시며 초대하신다.

민중은 원래 하느님의 아들딸들이었다. 민중은 그리스도와 함께 하느님의 상속자이다(롬 8:17). 인도의 불가촉천민으로 불리는 달릿의 경우가 대표적인 예이다. 그리고 노예였던 흑인의 경우가 또 다른 대표적인 예이다. 달릿은 원래 인도 대륙의 주인이었다. 그들은 찬란한 문화를 꽃피웠었다. 그런데 역사의 어느 지점부터 인간의 죄악의 구조에 의해 민중 달릿은 억압받는 상태가 되었다. 이 죄악의 구조의 대표적인 이름은 카스트제도였다. 특히 달릿 여성들에게는 카스트 외에 남성중심주의 가부장제도가 죄악의 구조로 작용하고 있다. 원래 세상은 선한 것이었고 좋은 것이었으나, 민중은 점차 구조악이 지배하는 세상 속에서 억압받는 자가 되었다. 성서에 의하면, 이것은 신이 원하시는 것이 아니었고, 신은 이것으로부터 회복하기를 원하였다.

이렇게 구조적인 악(이것을 상징적으로 부를 경우, 사탄)의 지배를 받는 이 세상에서 민중은 고난받으며 의인들도 고난받는다. 그리고 고난받지 않는 자는 이 역사를 구원할 수 없다. 이 세상의 체제에 의해서 고난당하고 있는 민중은 그 체제를 극복한 새로운 세상, 원래의 정의로운 상태를 회복할 수 있는 자격을 갖는다. 그것은 고난받는 자들이 현실의 문제를 더 민감하게 경험하고 있기 때문이다. 구원과 해방은 역사의 밑바닥으로부터 올라오는 것이지 영광을 누리고 있는 권력자로부터 즉 위로부터 내려오지 않는다. 고난받는 야훼의 종은 고난을 통하여 구원과 희망을 일구어낸다. 고난과 구원(희망, 위로, 영광)은 서로 긴밀하게 연결되어 있다(롬 8:17-18; 고후 1:5; 벧전 5:10). 고난은 곧 구원 그 자체는 아니지만,

구원을 향해 가는 길이다. 고난은 목적적 가치는 될 수 없지만, 수단적인 가치로 존중된다. 바울은 고난의 중요성을 이렇게 말하였다. "그리스도를 위하여 너희에게 은혜를 주신 것은 다만 그를 믿을 뿐 아니라 또한 그를 위하여 고난도 받게 하려 하심이라"(빌 1:29). 빌립보서에서 바울은 그리스도가 죽기까지 고난당하셨기에 결국 그를 주라고 부르는 영광을 받았다고 하였다(2:8-11). 고난은 그리스도의 삶의 가장 주요한 자리를 차지하였고, 그 고난은 부활의 영광과 구원에 이르는 길이었다. 그런데 그의 고난은 대리적 희생의 고난이 아니라, 의를 위한 고난이며 동시에 민중의 고난이었음을 강조해야 한다.

(2) 고난받는 하느님의 종에 의한 구원의 비전

민중신학의 기본 틀은 고난받는 하느님의 종의 노래, 그리고 수난의 그리스도에서 그 근거를 찾을 수 있다. 이사야서에 있는 고난받는 하느님의 종의 노래는 성서의 제국의 시대에 생명평화사상은 물론 성서의 구원사상을 가장 잘 표현한 것이다.

신의 종은 신의 대행자라고 할 수 있으며 신의 분신이라고 해도 과언이 아니다. 따라서 그의 고난은 곧 신의 고난이 되며, 그의 아픔은 신의 아픔이 아니라고 할 수는 없을 것이다. 성자인 그리스도와 성부와의 긴밀한 연결은 그리스도의 고뇌와 고난이 성부에게 전달시켰을 것이다. 예언자들은 신을 위한 고난받는 종이었다. 예수 그리스도는 그러한 종 가운데 으뜸이었다. 교회의 역사 속에서 수많은 고난받는 종들이 종교와 세상의 권력으로부터 고통받았다. 오늘날에 고난받는 하느님의 종은 누구인가? 그것은 고통받는 민중과 파괴되고 있는 자연이 아닐까? 세상에서 가장 힘이 약한 존재들인 민중과 자연이야말로 하느님의 고난받는 종이 아닌가? 오늘의 구원은 이들의 고난과 관련되어 있다. 이들 고난의 원인들이 극복되기 전까지 구원은 이루어지지 않는다. 고난받는 자들에게 해준 것이 예수 그리스도에게 해준 것, 즉 신에게 해준 것과 같다(마 25장).

(3) 욥은 고난받는 민중의 전형

욥은 잘못하지 않았음에도 불구하고 엄청난 고난의 시련을 당하는 사람이었다. 친구들은 욥의 고난은 인과응보이며, 그가 잘못한 것이 있기 때문에 하느님으로부터 징벌을 받는 것이라고 설명하였다. 욥은 그의 친구들의 설득과 비난 속에서도 지속적으로 그들의 판단에 대해 거부하였다. 그리고 하느님은 그렇게 죄 없는 사람들을 징벌할 분이 아니라고 외친다. 욥기에서 욥의 친구들은 지배자의 신학 혹은 이데올로기를 대변하고 있고, 욥은 약한 자, 억울하게 고난당하는 자들의 입장에서 논지를 편다.

욥은 처음에 자기 시대와 사회의 주인이었다. 그는 자유를 누린 자유인이었으며 많은 재산을 가졌고 땅에서 주인으로 살았다. 그런데 사탄적인 힘(구조적인 악?)에 의해서 이 모든 것을 빼앗겼고 그의 자리에서 쫓겨났다. 욥의 처지는 이 땅에서 주인으로 살았다가 밖으로부터 유입된 지배질서로 인해 모든 것을 빼앗기고 눌린 자가 되어 버린 인도의 불가촉천민인 달릿, 한국의 민중, 그리고 자연의 처지와 같다. 인도의 달릿은 인도 대륙의 토착민이었고 그 땅의 주인이었으며 찬란한 문화를 일으켰던 사람들이었다. 그러나 외부로부터 침입해 들어온 아리안족이 만들어 놓은 카스트제도를 비롯한 온갖 정치·종교적인 지배구조로 인하여 자기 땅으로부터 추방당한 불가촉천민으로 전락하고 만다. 오늘날 이들은 서구에서 들어온 신자유주의적 수탈구조 속에서 더 많은 착취를 당하고 있다.

한국의 민중도 마찬가지이다. 고대 한국의 백성들은 역사의 주인이었다. 점차 그들은 반상班常의 구별을 하는 유교적 위계질서 등으로 인해서 쫓겨난 신세가 되었다. 자연은 모든 것을 다 가지고 하느님의 영광을 드러내는 존재였다. 그러나 지금은 인간의 물질문명에 의하여 착취당하고, 파괴되고 신음하고 있다(롬 8:22).

지배질서의 신학에 대항한 욥은 항의하고 투쟁하는 민중의 신학을 나타낸다. 욥은 그의 고난이 그에 비롯된 것이 아니라, 다른 곳에서부터 왔음을 분명히 한다. 그리고 그는 이 모든 고난이 하느님으로부터 온 것이 아님을 확신했다. 하느님은 불의한 분이 아니며 사랑의 하느님이라고 확신했기 때문이다. 욥의 친구들은 그 고난이 하느님으로부터 온 것이라고 하느님에게 모든 책임을 돌렸다. 욥의 부인은 고통 중에 있는 욥에게 "하느님을 욕하고 죽으시오"라고 했다. 그러나 욥은 하느님을 저주하지 않았다. 욥은 하느님에게 대들었다. 그것은 하느님에 대한 사랑이 없는 상태에서 행한 것이 아니었다.

(4) 민중사건과 운동 속에서 고난과 희망이 합해진다

민중운동은 민중사건의 중심의 중심을 이룬다. 민중의 현실과 민중운동 속에서 민중은 고난당한다. 그러나 민중의 현실, 특히 민중운동 속에서 민중은 희망을 발견한다. 예수의 삶은 이러한 고난과 희망이 함께하는 것의 전형을 이룬다. 그가 참여하고 있는 사건들을 보면 그 속에는 고난뿐 아니라, 기쁨, 희망, 구원이라는 긍정적인 일들이 일어난다. 사건은 고난으로부터 희망으로 나아가는 과정을 특별히 지칭한다. 아니면 사건이 아닐 것이다. 고난을 당하는 자들이 희망을 갖는다는 것은 일상적인 것은 아니다. 즉 일반적이지 않은, 특별한 unusual 일이다. 사건이다. 예수의 삶은 사건으로 점철되어 있다. 민중의 삶이 이렇게 사건으로 점철될수록 역사는 진보한다. 이것은 민중이 꿈을 꾸는 것을 말하기도 한다. 이것은 따라서 성령의 사건이 된다. 영이 임하시면 늙은이도 꿈을 꾸며 환상을 본다.

"그런 다음에, 내가 모든 사람에게 나의 영을 부어 주겠다. 너희의 아들딸은 예언을 하고, 노인들은 꿈을 꾸고, 젊은이들은 환상을 볼 것이다(요엘 2:28)."

(5) 예수 고난은 민중 고난의 대표

예수의 고난은 대리의 고난이라기보다는 모든 고난받는 민중의 대표가 되는 고난이다. 민중을 대신한 고난이 아니라, 민중이 겪는 고난의 가장 처절한 것이며, 가장 앞에 선 것이었다. 그의 고난이 너무나 컸기 때문에 민중은 그의 열정과 고난으로부터 위로와 감동을 받는다. 그리고 그 위로는 고난받는 민중을 쓰다듬어 준다. 그 쓰다듬은 민중의 고난을 일시적으로 무감각하게 하는 아편의 기능이 아니라, 민중의 고난에의 그리스도의 동참이며 그 고난의 극복을 위한 북돋움이며 힘줌이다.

예수의 고난은 그의 민중성, 즉 그의 가난, 그의 정치적·사회적 약자의 입장에서 오며 동시에 그의 하느님 나라에 대한 열정에서 온다. 그리고 그의 고난은 우연한 고난이나 고난을 위한 고난이 아니라 좋은 것을 잉태하기 위한 고난이다. 민중이 사회운동 속에서 겪는 고난도 마찬가지이다. 마치 여자의 해산의 고통과 마찬가지이다. 해산한 후에는 갓 태어난 아기로 인하여 기쁨에 넘친다(요 16:20-23). 그러므로 민중의 사회적 평등을 향한 열정은 집단적 운동으로 표현되는데, 억눌린 민중의 현재의 고난은 투쟁에서 비롯되는 고난에 의해서 한층 더 고조되지만 그러할수록 해산의 때, 해방의 동틈의 시간은 가까워진다. 역사는 민중의 고난의 수고 없이는, 즉 사회적 운동이 없이는 실질적인 전진이 불가능하다. 민중의 고난과 운동과 그 반대인 반反운동이나 나태는 신의 기억 속에 기억되며 역사 속에서 산화되고 흐트러져 사라지지 않는다. 그것은 역사 속에서 어떠한 형태로든 흔적을 남기며 다음의 단계에 영향을 준다.

민중은 고난받음 자체로 역사를 지탱하는 역할을 한다. 이른바 3D 업종에 종사하고 있는 민중은 그것으로 우리 사회의 유지를 위해 떠받치고 있다. 그러나 그 3D 업종에 종사하고 있는 것만으로 역사를 바꿀 수는 없다. 즉 고통당하는 것만으로 역사가 바뀌는 것은 아니다. 고난이나 고통은 수단적인 성격을 가질 뿐 목적적 가치를 갖지 않는다. 고난은 해방을 위한 길이다. 그러나 고난은 저절로 해방을 가져오지 않는다. 새로운 일을 일으키는 성령의 작용이 없이는 해방을 가져오지 못한다. 성령은 민중의 사회운동을 통하여 그 속에서 역사하신다. 성령은 우리에게 새로운 힘과 기쁨을 주지만 동시에 고난과 절제와 가난을 준다. 그러나 후자는 전자의 근거가 된다. 서로가 어울리지 않는 듯하지만 그러나 양쪽의 진정한 의미에서 양자는 서로 어울린다.

(6) 고난과 희망은 다른 종교 경전과 대화하는 공통된 경험

성서나 한국의 민중전통 특히 동학의 경전은 고난을 뿌리로 한 경전들이다. 경전 시대와 오늘날 민중의 고난의 현실을 염두에 두지 않고 성서나 동학 경전을 읽는다면 그 진정한 의미를 이해할 수 없다. 고대의 고난의 민중에 의해서 만들어진 경전을 읽는 현대인들은 주위의 고난당하는 민중과의 연대와 동참 속에서 경전을 읽을 때 그 경전의 의미에 근접하게 될 것이다.

(7) 예수는 민중의 상징

민중신학이 민중을 위한 신학theology for minjung인지 아니면 민중의 신학 theology of minjung인지 분명하지 않았다. 민중을 위한 지식인의 실천신학으로 생각했는지 아니면 민중 자신의 마음과 실천이 담보된 신학인지 불분명할 때가 많았다. 나는 민중을 위한 신학은 진정한 민중신학이 아니라고 생각한다. 거기에는 민중에 의해서 수정되거나 바로 잡히지 않을 수 있다. 민중의 현 상태와 무관할 수 있다. 지식인의 자의가 들어갈 수 있다. 민중은 다르게 생각하고 있는데 신학자는 자기 나름으로 사태를 진단하고 해결책을 내놓는다.

민중을 위한 신학은 민중의 신학이 현실적으로 불가능하다고 주장하기도 한다. 왜냐하면 어차피 민중신학자 자신이 민중이 아니기 때문이라는 것이다. 그렇다고 민중의 신학을 포기하고 지식인(신학자)의 민중을 위한 민중신학이 되는 것을 지극히 당연한 것으로 받아들인다면 민중의 신학을 향한 신학자들의 자기 성찰과 자기반성의 길을 막는 것이 된다. 본 필자의 견해에 의하면 민중은 안전한 땅에서 뿌리 뽑혀 가난과 억압의 고난의 대양 위에 난파되어 떠다니는 존재를 말한다. 이들은 안전한 뭍에서부터 떠밀려 고난의 대양에 빠진 사람들이다. 그러나 그 고난의 민중은 항상 안전한 구원의 장소인 섬이 있을 것이라는 희망을 가지고 그 섬을 찾아 항해해 나아가는 존재이다. 이러한 항해는 주로 민중운동과 민중사건으로 나타난다. 민중의 신학을 추구하는 신학자는 자신의 생각을 민중의 마음에 맞추려고 하며 자신을 초극하려고 한다. 그리고 민중의 행태와 마음을 이해해 보려고 부단히 노력한다. 그리고 민중신학은 신학자 자신의 경험으로부터 출발하는 신학이 아니라 민중의 경험에 기초한 신학이 되어야 한다. 위에서도 지적되었듯이, 본 필자가 보기에, 민중의 경험의 핵심은 고난과 희망이다.

민중의 신학은 민중의 한탄이나 절규에 동참하며 관심을 집중한다. 동시에 그들의 희망의 마음과 몸짓에 관심한다. 민중은 힘없는 가운데 고난과 희망 속에서 스스로 구원하며, 예수도 돈과 부와 힘으로 구원한 것이 아니라 자신이 보여 준 "고난과 희망"을 통하여 구원하였다.* 예수는 민중의 "대표"요 "모범"이며 "상징"이었지, 민중을 "대신"한 존재(즉, 대리의 구원자)가 아니었다. 예수는 민중의 길을 굳이 무시하지 않았다. 민중의 삶과 활동 속에서 구원의 가능성을 발견하였고 그것을 모범으로 보여 주었다. 예수의 구원의 행위는 민중의 구원의 행위의 전형이었다. "고난과 희망"이 오늘날과 같은 물질문명의 자연과 생명파괴를 일으키는 상황 속에서 특히 제국의 끝없는 폭력과 착취의 상황 속에서 민중의 구원의 방식이며, 제국에 저항하는 방식의 근저이다.

(8) 희망은 운동의 역동 속에서 성령의 창조물

나는 바로 위의 절에서 몰트만을 인용했지만 몰트만의 신학의 내용과 출발은 민중신학의 그것과 전연 다르다. 몰트만은 독일의 신학적 관념주의의 아들인 것처럼 보이며 실천과 경험(특히 민중의 실천과 경험!)에 기초한 신학을 엮지 못하였다고 본다. 그의 신학은 철저히 서양 백인의 진보지식인들의 관념적 경험에 기초한다. 우리는 몰트만의 희망의 신학을 넘어서 민중의 희망을 말할 수 있어야 한다. 민중신학에서 민중의 희망

---

* 위르겐 몰트만, 『예수 그리스도의 길: 메시야적 차원의 그리스도론』, 김균진·김명용 공역, (대한기독교서회, 1990), 239. 몰트만은 예수의 구원행위에 대해 이렇게 말하고 있다. "그는 백성들을 해방의 능력 있는 표징들과 기적을 통하여 구원하지 않았다. 만일 그가 백성들을 구원하였다면 고난과 희망을 통하여 구원하였다."

은 무엇인가? 희망은 단순히 새로운 미래의 전조를 의미하는 것이 아니다. 희망은 미래와 관련되어 있기보다는 현재에 더 관련되어 있다. 성서나 다른 경전의 약속과 비전의 말씀에 우리의 희망의 자료들을 찾을 수 있지만 동시에 우리 안에 즉, 우리의 수심정기함 속에서 희망과 새 힘을 찾을 수 있다. 민중에게 희망은 새로운 미래에 대한 전망으로부터만 오는 것이 아니라 현재에서 나온다. 현재의 운동의 가능성에서, 개선의 가능성이 엿보일 때, 현재의 형편이 나아지는 조짐이 보이기 시작할 때, 민중은 희망에 부풀고, 기쁨을 느낀다. 민중의 희망은 자신의 삶 속에 아직도 존재하고 있는 자신의 과거로부터 온 가능성과 잠재성을 새로이 발견할 때 배가 된다. 이렇게 정리할 수 있을 것이다.

첫째로, 민중은 자신을 수련하여 수심정기할 때 내면으로부터 솟아오르는 생명의 기와 함께 희망을 얻는다. 이 힘은 민중의 삶을 영위하게 할 뿐 아니라, 바르고 질서 있게 살 수 있게 해주는 근저가 된다. 수심정기는 동학의 근본 가르침이며 동양사상의 기본을 이룬다. 수심정기 守心正氣 는 개인적인 자기 수련 이상의 의미를 가지고 있다. 수심정기는 오직 제 몸의 안위만을 기원하는 이기적인 자기 수련이 아니다. 수심정기는 민중의 삶을 지탱시켜 줄 뿐만 아니라, 민중의 삶이 새로운 가치, 공공적인 가치를 추구하고 실현할 수 있는 내적인 힘을 창조한다. 동학의 창시자 수운 최제우에 의하면, 수심정기는 멸사봉공의 정신으로 이어진다. 수심정기는 하느님으로부터의 사명을 받고 오늘의 현실에서 그것을 실천하도록 인도한다. 하느님(한울님)으로부터 오는 사명은 수심정기의 인간의 내적인 충만으로부터 깨우쳐지고 실천할 수 있게 된다. 수운은 서학(기독교)에서는 수심정기가 없어서 몸에 기화지신 氣化之神 이 없다고 하였다. 즉 수심정기가 없으면 사물을 바르게 조성하는 (개혁하는) 정신이 없어진다는 것이다.

둘째로, 민중은 자신의 삶 속에서 새로운 가능성, 잠재성을 발견하게 될 때 희망을 얻는다. 수심정기한 상태는 삶 속에서의 새로운 가능성을 발견할 수 있는 감각을 고양시켜 준다. 기독교 신학적으로 말하면 성령이 역사와 세상 속에서 새로운 창조를 일으키는 분이라고 한다면 수심정기한 상태는 성령이 거한 상태를 말한다. 성령을 몸에서 직접 경험하고 있는 영성의 상태를 말한다. 민중은 사변적인 생각보다는 직접적인 경험으로 산다. 민중신학이 사변적이고 관념주의적 학문이 되어서는 안 되는 것도 이와 관계있다. 민중은 성령에 의해 고양된 상태, 즉 수심정기의 상태에서 자신의 삶이 비록 척박하고 고난스럽지만 그 속으로부터 새로움을 창조할 수 있는 힘(희망)을 발견한다.

셋째로, 민중은 민중운동 속에서 새로운 힘을 발견하고 얻는다. 민중운동 속에서 얻어지는 고난은 곧 희망으로 이어질 수 있다. 그 고난은 값진 고난이며, 그것은 구원의 희망을 위한 땀이다. 민중의 삶 자체가 고난의 연속이며, 민중운동은 그 고난을 증폭시켜 주지만, 그러나 더 커진 고난은 더 큰 희망을 낳는다. 이러한 패러독스가 민중운동과 민중의 삶 속에서 현실화된다.

죽재 서남동의 교회론과 민중선교
Ecclesiology and Minjung Mission of Suh, Nam Dong

류장현
한신대학교 교수, 조직신학

1. 들어가는 말

1970년대 도시산업선교와 빈민선교의 전통을 창조적으로 계승하는 민중교회는 민중신학과 사회변혁운동의 영향을 받아 1985년에 민중선교를 지향하는 교회운동으로 태동되었다. 이러한 민중교회운동은 1980년대에 지니고 있던 운동성에서 한 걸음 나아가 1990년대에는 운동성과 교회성을 결합시켰고 2000년대에는 민중선교와 목회 혹은 영성의 결합을 강조하는 특징적 변화를 나타내면서 오늘날 민중선교지향적 교회, 목회지향적 교회와 사회복지선교지향적 교회로 분화 혹은 통합의 형태로 발전하고 있다.[1] 그동안 민중교회는 몰역사적 신앙에 빠져서 가난한 민중을 외면하는 타락한 교회를 개혁하여 교회의 종말론적 본래성을 회복하려는 '교회운동'과 민중을 억압하는 불의한 사회구조를 개혁하여 하나님의 정의와 평화가 실현된 새로운 사회를 건설하려는 '사회운동'을 통하여 교회개혁과 사회변혁에 큰 공헌을 했다.

그러나 오늘날 민중교회는 신학의 빈곤, 연대조직의 약화, 교회성장의 정체와 변화된 현실에 대한 선교전략의 부재로 심각한 자기정체성과 생존의 위기에 직면해 있다. 물론 이러한 위기 상황에 대한 목회적 성찰은 항상 있어 왔지만 아직도 올바른 신학적 대안과 선교정책을 제시하지 못하고 있다.[2] 이러한 상황에서 민중교회가 자신의 정체성을 재정립하여 변화된 현실에 적합한 새로운 선교과제를 수행하기 위해서는 먼저 올바른 교회론이 확립되어야 하며, 그것에 기초한 선교정책이 수립되어야 한다. 따라서 필자는 서남동(이하 '죽재'로 쓴다)의 교회론의 입장에서 기존의 민중교회의 문제점을 비판적으로 숙고하면서 민중교회의 본질과 선교 사명에 관해서 서술할 것이다.

2. 민중교회의 본질과 형태

죽재의 교회에 대한 관심은 탈기독교 시대Post Christendom Era에 사회경제사적 해석과 성령론적 · 공시적 해석을 통해서 전통적인 그리스도교 신학과 그 체제로부터 성서적 신앙을 구별하여 그리스도교의 정통성을 찾는 데 있다.[3] 그것은 궁극적으로 성서주의와 신학주의의 "시멘트에 갇힌 예수의 해방"을 의미한다.[4] 죽재는 이러한 성서적 신앙과 그리스도교의 정통성이 민중교회에 있다고 보았다.[5] 그러므로 민중교회는 기존 교회의 갱신이나 계급교회의 형성이 아니라 철저하게 성서적 신앙에 근거한 교회의 본래성을 회복하는 교회운동이다. 이러한 민중교회의 본질과 형태는 다음과 같다.

1) 제3의 교회형태

민중교회는 예수의 민중선교(마 9:35-38; 눅 4:18-19)에 근거한 "제3의 교회형태"이다.[6] 예수의 민중선교는 예수와 민중의 동일화와 민중의 꿈인 하나님 나라의 실현을 핵심으로 한다. 예수는 가난한 자, 눌린 자, 멸시받는 자, 병든 자와 자신을 동일화했다(마 25:31-46). 그것은 어떤 조건이나 자격에 제한을 받지 않는 "무조건적인 동일화, 절대적인 동일화"였다.[7] 그것은 예수가 민중과의 연대적 삶을 살았다는 것이 아니라 예수 자신이 민중이었다는 의미이다. 예수는 모세처럼 민중의 지도자, 교육자, 해방자라기보다는 세리와 죄인의 친구, 곧 민중의 친구였다.[8] 그는 민중과 함께 먹고 마시며(눅 7:33-34) 그들의 고통과 질고를 짊어졌다(요 1:29). 또한 예수는 민중의 꿈이었던 하나님 나라가 가까이 왔다고 선포했으며(막 1:14-15), 그 때문에 종교권력과 정치권력의 야합 속에 정치범으로 십자가에서 죽임을 당했다.[9] 따라서 십자가형은 예수의 생애에서 나타난 우연적 사건이 아니라 예수의 민중과의 동일화와 하나님 나라의 선포 때문에 받은 필연적 귀결이었다.[10] 이러한 "예수의 갈릴리에서의 민중선교, 그것이 신약선교의 출발점이고 기독교의 핵심이다."[11] 그러므로 민중교회는 "갈릴리의 헐벗고 눌려 있고 병든 사람들과 자기를 동일화하고, 그러한 민중을 누르는 정치적·종교적 권력구조에 항거한 예수의 정통성"에 근거해야 한다.[12] 이러한 민중교회는 가톨릭의 성전의 종교와 개신교의 성서의 종교를 넘어서 철저하게 예수와 민중의 이야기에 근거한 제3의 교회형태이다.

가톨릭교회가 성전의 종교라면, 프로테스탄트 교회가 성서(정경)의 종교라면, 민중의 교회는 민담과 이야기의 교회다. 종교개혁이 성전과 교회조직의 껍질을 벗겨내고 성서를 찾아냈다면 민중의 교회는 성서와 신학의 껍질을 벗겨내고 예수와 민중의 이야기를 찾자는 것이다.[13]

여기서 죽재는 성서의 계시와 신학을 구분한다. 신학이 성서의 계시 이후에 고대 노예제 사회였던 그리스와 로마 사회에서 발생한 사상체계라면, 성서의 계시는 노예제 사회에서 탈출한 가나안과 갈릴리 민중의 해방에 관한 이야기이다. 그러나 교회가 민중의 해방 이야기를 말씀과 교리와 신학으로 만들었을 때 예수의 이야기는 하나님의 말씀으로 신학화되었고, 예수의 죽임 당함 murder은 죽음 death으로 비정치화되었으며, 정치적인 예수의 십자가형은 종교적인 예수의 십자가로 대치되었다. 이제 이 전도된 진리를 다시 돌려놓는 탈신학화와[14] 반신학反神學이[15] 필요하다. 그러므로 민중교회는 성서주의와 신학주의의 감옥에 갇힌 예수를 해방하여 예수와 민중의 이야기를 되찾고, 예수의 민중적 삶을 재연하는 "생활 종교"가[16] 되어야 한다. 그것은 예수의 갈릴리에서의 민중선교를 실천하는 일이다.

민중교회는 추상적 신학이나 사회과학적 운동 논리가 아니라 예수의 민중선교에 근거해야 한다. 그것은 민중교회가 정치적 이념 집단이나 사교적 친목 단체가 아니라 예수의 민중적 삶을 재연하는 신앙공동체라는 의미이다. 따라서 민중교회는 운동성만을 일방적으로 강조했던 1980년대 이념적 민중교회운동론, 곧 "전체운동의 부분운동으로서의 민중교회", "외피론", "조건활용론" 등[17] 다양한 실천이론들의 한계를 극복하고 언제나 예수의 십자가와 부활 사건을 기억하며 그 사건에 참여하는 신앙공동체의 본질을 회복해야 한다.[18] 이와 관련해서 민중교회는 예수 사건을 기억하고, 결단하며, 행동하도록 촉진하는 하나님의 은총의 수단들인 예배와 성례전의 중요성을 인식해야 할 뿐만 아니라[19] 예수 사건을 다양한 형태로 담아낼 수 있는 예배와 성례전을 개발해야 한다.

2) 종말론적 해방공동체

민중교회는 하나님 나라의 도래에 대한 기다림, 곧 종말신앙에 근거한 종말론적 해방공동체이다. 종말신앙은 초대교회의 "본래적 신앙, 곧 기다림이며 교단의 출현"이었으며, 민중의 꿈인 새로운 질서의 도래를 기다리는 혁명적 신앙이었다.[20] 그러나 이러한 종말신앙이 비종말화되고 헬라화되었을 때 제도적 교회가 발생했다. 그리고 제도적 교회를 합리화하고 절대화하기 위한 교리와 신학이 생겼다. 다시 말하면 제도적 교회는 본래적인 종말신앙이 쇠퇴하면서 생긴 역사적 산물이다. 죽재는 이러한 제도적 교회를 헬라적-콘스탄틴적 기독교 Hellenistic Constantinian Christianity 라고 정의한다.

본래적 기독교 신앙은 성서적인 종말론적 신앙이다(성서에는 물론 개인의 종말만이 아니라 역사의 종말에 관해서 또 인류 역사의 종말만이 아니라 물리적 자연의 종말—우주적 차원—의 양면이 있다). 교회의 발생은 본래 종말론적인 환상이었다. 종말론이란 급박한 하나님의 나라(그리스도의 천년왕국)를 기다리는 믿음이다. 그 내림하는 왕국은 새로운 사회질서이다. 그것은 특정한 공동체의 구현이 아니라 새로운 세계다. 그런데 이러한 성서적 종말신앙은 제도로서의 교회의 확립과 더불어 사라지고 말았다.

말하자면 종말신앙을 희생하고 그 대가로서 제도로서의 교회를 얻게 되었다.[21]

종말신앙은 "역사의 종말"the end of history을 상징하는 신국과 "역사 안에 있는 종말"the end in history을 상징하는 천년왕국 신앙으로 고백되었다. "신국은 보다 더 개인적이고 내면적인 신앙 내용이고, 천년왕국은 보다 더 사회적이고 외면적인 신앙 내용이다. 그렇기에 교회사에 있어서 혁명신앙의 동력이 된 것은 신국 상징이 아니라 당연히 천년왕국 상징이었다."[22] 이러한 종말신앙은 본래 옛 질서가 가고 새 질서가 온다는 정치적이며 사회적인 신념이었다. 그 때문에 종말신앙을 상실한 교회는 기존의 사회질서를 신적인 질서로 유지하고 사회변혁을 외면하는 현실안주적인 제도적 교회가 될 수밖에 없었다. 그 결과 교회는 "신국 곧 새 질서를 도입하는 사명"을 상실하여 "현상유지, 자기합리화, 자체방어를 위하여 교회와 사회와의 사이에 담"을 쌓았고, "콘스탄틴 황제의 종교, 공적公的종교, 호국종교"가 되어 "새 질서를 갈망하는 눌린 자, 가난한 자, '암하레쯔'의 종교에서 승격하여 누르는 자, 부자의 종교가" 되었고, 새 질서를 이끌 혁명의 세력이 재가자로서의 교회가 되었으며, 교회 밖에는 구원이 없다는 "노아의 방주, 천국에 들어가는 유일한 문"이 되었다.[23] 안병무도 동일한 신학적 입장에서 제도적 교회를 비판했다. 교회는 본래 하나님 나라의 도래라는 천지개벽에 참여하는 종말론적 공동체였지만 하나님 나라의 도래를 기다리는 종말론적 신앙을 상실했을 때 본래적 교회에서 제도적 교회로, 생활공동체에서 예배공동체로 전락했다.[24]

그러므로 민중교회는 초대교회의 종말신앙을 회복하는 일을 선결 과제로 삼아야 한다. 그것은 제도적 교회에 대한 철저한 비판을 통해서 성서적인 종말신앙을 회복하고 교회의 울타리 밖으로 나가서 혁명세력과 손을 잡고 사회와 세계와 인류의 미래를 위해서 협력할 때 가능하다.[25] 그때 비로소 민중교회는 종말론적 희망을 상실한 제도적 교회를 개혁할 수 있을 뿐만 아니라 종말론적 희망 속에서 예수의 민중선교를 재연하는 종말론적 해방공동체가 될 수 있다.

3) 성령의 교회

민중교회는 "성령의 교회"이다.[26] 그것은 두 가지 의미를 가지고 있다. 성령의 교회는 건물이나 조직이 아니라 조직교회를 활성화시키는 영적 힘, 곧 교회에 내재하는 힘과 구조로써 교회의 영적 본질이다. 또한 성령의 교회는 교회조직이나 이상적 교회형태가 아니라 민중의 삶의 현장에서 성령이 일으키는 역사적 사건 자체이다.

프로테스탄트 교회가 가톨릭교회의 갱신을 촉구했다면 이제 다시 민중의 교회는 프로테스탄트 교회와 가톨릭교회의 갱신을 촉구한다. 그러나 민중의 교회는 기존의 교회형태처럼 건물이나 조직은 아니다. 그 형태는 성령의 형태라고 말할 수 있는 것으로서 현장의 사건일 뿐이며 또 하나의 조직교회는 아니다. 그것은 조직교회를 재활성화시키는 하나님의 입김일 것이다.[27]

죽재와 마찬가지로 안병무도 성령의 활동과 민중 사건을 일치시켰다. 그는 오순절 성령강림 사건의 본질을 종교사회학적으로 자기초월의식에 충만하여 기존의 전통, 제도, 권위의 억압 체제를 벗어버리고 새로운 생명 공동체를 이루는 종말론적 민중 사건으로 이해했다. 이렇게 성령의 활동이 민중 사건으로 나타나고 민중 사건을 통해서 인식되기 때문에 민중운동 자체가 성령운동이 된다.[28] "성령 사건은 종말 사건입니다. 종말

사건은 현 체제에서 보면 혁명 사건입니다. 그렇다면 성령의 사건은 민중에 의한 혁명의 사건이라고 할 수 있습니다."²⁹

안병무가 성령의 활동과 민중 사건을 동일한 종말론적 혁명 사건으로 이해했다면, 죽재는 민중의 삶의 현장에서 성령이 일으키는 민중 사건 자체를 교회로 해석했다. 그것이 사건으로서의 교회와 현장교회론의 진정한 의미이다. 그와 함께 죽재는 제도적 교회와 현장교회를 구별하면서 도시산업선교, 금요기도회, 목요기도회, 갈릴리교회, 기독교사회문제연구소, NCC인권위원회, 한국기독학생회총연맹KSCF, 기독자교수협의회를 현장교회로 정의했다.³⁰ 이러한 현장교회는 현시적인 영적 공동체를 대표하는 교회와는 달리 세속적인 영적 공동체를 대표하면서 성령의 인도에 따라서 하나님의 선교를 수행한다.

나는 이러한 교회 형성을 가톨릭, 프로테스탄트에 다음가는 교회의 제3의 형태 곧 '성령의 교회' '민중의 교회'라고 이름 붙여보는데 그것은 성령의 인도에 따라 사건으로 발생하고 일어날 때 일어나고 꺼질 때에 꺼지며 보이는 형태가 없고 자발적으로 명멸하면서 이 속續 기독교시대에 '하나님의 선교'를 수행할 것이다.³¹

이렇게 민중교회를 외적인 형태가 아니라 성령이 일으키는 사건으로 이해할 때 기구적 형태의 현장교회도 민중교회가 된다. 즉 민중교회는 성령의 능력 안에서 교회의 형태와 교파의 차이를 넘어서 일치한다. 성령은 민중교회를 교회되게 하며 일치시키는 내적인 힘이다. 또한 성령은 예수의 민중선교를 기억나게 하고 영적 능력을 부여하여 하나님 나라의 도래를 위하여 일하게 하며 선교의 열정을 일으켜 교회를 건강하게 성장시킨다. 그러므로 민중교회는 성령에 사로잡힌 "영적 공동체", 곧 성령의 은사를 강조하는 은사공동체, 신앙의 확실성에 근거한 신앙공동체, 자기

희생적인 사랑을 실천하는 사랑공동체, 모든 사회적·인종적·민족적·전통적 차이를 극복하는 형제공동체와 선교의 열정에 사로잡힌 선교공동체가 되어야 한다.[32]

4) 탈출공동체

민중교회와 기존 교회와의 관계는 일반적으로 1980년대 적대적 관계에서 1990년대 협력관계를 거쳐서 현재 연대관계로 발전되어 왔다. 특히 1990년대 민중교회에는 생존의 위기를 극복하기 위해 기존 교회와의 연대를 모색하고 그들의 신앙전통과 문화를 받아들이자는 목회자들의 요구가 있었다. 제2세대 민중신학자들은 이러한 현장의 요구에 부응하여 제도적 교회를 모방하거나 기존 교회와의 연대를 주장했다. 특히 제2세대 민중신학자들의 계약공동체로서의 민중교회,[33] 밥상공동체로서의 민중교회,[34] 대안공동체로서의 민중교회,[35] 해방의 진지로서의 민중교회는[36] 민중교회가 당면한 생존의 위기를 극복하는 올바른 대안이 되지 못했다. 제1세대 민중신학자들이 추구했던 민중교회는 교회의 종말론적 본래성으로 돌아가는 교회운동이기 때문에 비종말화의 역사적 산물인 제도적 교회로의 복귀나 기존 교회와의 연대는 민중교회의 정체성을 망각한 것이다. 민중교회가 기존 교회와의 교리적, 기구적, 재정적 연계를 갖고 있는 한 자신의 이상과 목표를 실현할 수 없을 것이다.[37] 따라서 민중교회가 진정한 종말론적 해방공동체가 되기 위해서는 기존 교회로부터 탈출하여 열린 미래를 지향하는 탈출공동체가 되어야 한다.

교회는 건물이 아니고 제도가 아니고 어떤 공동체, 곧 여기에서는 탈출의 공동체이다. 기존적인 '질서'를 비판하고 반항하고 앞에 열린 미래의 길로 나서는 무리들이다. 이 미래의 길을 '역사'라고 한다. 다시 말해서 현재의 질서, 제도, 관습, 관념형태ideology에서 탈출해서 새 것을 찾아가는 역사를 말한다.[38]

죽재는 탈출공동체의 근거를 소종파 운동에서 찾았다. 그는 성서적 계시가 가톨릭교회, 프로테스탄트 교회와 급진적인 소종파 운동 등 세 가지 교회의 형태를 발생시켰다고 보았다. 가톨릭교회는 "중세의 교회, 봉건주의 종교, 과거지향적인 교회"이다. 프로테스탄트 교회는 "근세의 부르주아의 종교"로서 현실에 안주하며 기존 질서를 유지한다. 급진적 소종파들은 무산대중의 종교로서 과거는 없고 현재는 불만이고 미래를 열망한다. 가톨릭 신앙은 "사랑과 은총에 대한 신앙"이며, 프로테스탄트 신앙은 "의지와 신앙에 대한 신앙"이며, 소종파는 "소망과 혁명에 대한 신앙"이다. 가톨릭교회와 프로테스탄트 교회는 현 질서를 신적인 질서로 믿기 때문에 현 질서에 대한 혁명과 새 질서에 대한 소망을 위험한 것으로 간주하여 교회에서 제거했다.[39]

특히 프로테스탄트 교회는 산업화 사회의 요구에 순응하여 "초월적 주체성의 숭배", "체념적인 태도로 인격적 공동체에 대한 낭만주의적 동경"과 "의사결정 제도화의 기관"으로 안착했다. 즉 프로테스탄트 교회의 현대 산업사회에 대한 반응은 "반동", "회고적 동경"과 "제도화의 안착"이다. 그 결과 프로테스탄트 교회는 현대사회에 사로잡히게 되었다. 그것은 "새로운 애굽 포로, 바벨론 포로"이다.[40] 그것은 교회가 종말신앙을 상실하여 하나님 나라에 대한 희망을 포기하고 주어진 사회현실 속에서 자기의식과 자기상을 구성했기 때문이다.[41] 그러므로 민중교회는 기존 교회와의 타협, 대화, 연대와 역할 분담이 아니라 기존 교회로부터 탈출하여 새로운 교회운동을 전개해야 한다. 그것은 과학적인 방법, 휴머니즘의 진실과 소종파의 희망을 도입하여[42] 다시 종말신앙을 회복하고 하나님 나라의 도래에 대한 희망을 선포할 때 가능할 것이다.[43]

3. 민중선교의 방법과 특징

민중선교는 민중교회의 본질에 상응하게 성령의 능력 안에서 하나님 나라를 실현하는 일이다. 그것은 민중교회가 반듯이 추구해야 할 예수 그리스도로부터 위임받은 선교명령이다. 그것은 구체적으로 하늘나라가 가까이 왔다고 선포하며, 앓는 사람을 고쳐 주며, 죽은 사람을 살리며, 나병 환자를 깨끗하게 하며, 귀신을 내쫓는 일이다(마 10:5-8). 이와 관련해서 죽재는 하나님의 선교와 통전적 구원의 관점에서 민중선교의 방법과 특징을 서술했다.

1) 선교과제와 한의 사제

예수는 갈릴리에서의 민중선교를 제자들에게 위임했다(마 10:1-8). 그것이 민중교회의 선교과제이다. 죽재는 민중교회의 선교과제를 한국의 역사적 상황에서 구체적으로 서술했다. 죽재에 의하면 민중교회의 선교 현장은 성서의 해방전통과 한국 민중의 해방전통이 합류하는 곳, 다시 말하면 "두 이야기가 합류"하는 곳이다. 그곳은 민중들의 구체적인 삶의 현장으로써 성령이 활동하시는 곳이며, 하나님이 선교하시는 곳이며, 교회가 있어야 할 현장이다. 죽재는 성서의 믿음의 전통과 한국의 민중운동의 전통이 1970년대에 인권운동과 민중해방을 위한 투쟁에서 전개되는 한국 교회의 하나님의 선교활동에서 극적으로 합류되었다고 보았으며, 그곳에서 한국 교회는 한국 민족의 역사의식의 근간에 서서 억눌린 민중의 갈망에 호소하는 하나님의 선교에 초청받고 있다고 강조했다. 그리고 그 두 가지 전통을 이어받는 것이 오늘을 사는 한국 그리스도인들의 역사적 운명이라고 선언했다.[44] 그러므로 오늘날 민중교회는 지금, 어디서, 하나님의 선교가 일어나는지를 파악해서 그곳에서 나타나는 성령의 활동을 증언해야 한다.[45] 그것은 민중의 통전적 구원을 선포하는 것이다.[46] 죽재는 그것을 "신과 혁명의 통일"이라고 말했다.

탈기독교 시대의 민중의 교회, 민중의 신학은 본래가 성서적 복음이 탈정치화되면서 양분되었던 개인영혼의 순화와 사회구조의 인간화를 '동시적으로 동일체제'로서 다루는 시도이다. 그것은 말하자면 '신과 혁명의 통일'이다.[47]

그것은 개인구원과 사회구원은 물론 질병과 운명으로부터의 해방, 자연의 해방, 종교(혹은 교리와 신학)로부터의 해방과 죽음으로부터의 해방을 지향하는 선교를 의미한다.[48] 그러나 초기 민중교회는 일반적으로 정치투쟁을 강조하는 경향이 있었다. 그 결과 민중교회는 민중의 종교적, 일상적, 실존적 요구를 충족시키지 못했을 뿐만 아니라 생존에 지친 민중에게 정치투쟁의 짐을 가중시키는 결과를 초래했다. 그래서 민중교회가 교회인지 사회운동단체인지 모르겠다는 비판과 함께 민중이 민중교회를 버리고 기성교회로 가는 현상이 일어났다. 이제 민중교회는 민중의 정치적 요구만이 아니라 종교적 요구(하나님 체험), 일상적 관심(의식주 문제), 실존적 문제(정신적 불안)를 해결하는 공동체가 되어야 한다. 그때 민중교회는 민중의 모든 한을 풀어주는 진정한 해방을 선포할 수 있을 것이다. 이와 관련해서 목회자는 무엇보다도 민중의 신음 소리, 곧 "한의 소리를 이 세속시대에 오신 그리스도의 음성"으로[49] 들을 줄 아는 한(恨)의 사제가 되어야 한다.

　지배계층, 부유계층의 횡포를 축복하고 눌린 자들의 자기 생존을 위한 항거를 마취시키고 거세하는 사제직이 아니고, 진정으로 저들의 상처를 싸매주고 비굴해진 저들의 주체성을 되찾는 데 함께하고, 저들의 역사적 갈망에 호응하고, 저들의 가슴 속에 쌓이고 쌓인 한을 풀어주고 위로하는 '한(恨)의 사제'가 될 것을 권한다.[50]

　한의 사제는 "단(斷)의 철학"을 가지고 민중교회를 "민중의 한을 풀어주는 위로자로서의 교회, 그리하여 한으로 인한 폭력의 순환의 고리를 끊어야 하는 교회, 순환을 운동으로 바꿔야 하는 교회, 그러기 위해서 한정된 폭력을 접수 용납해야 할 교회, 모든 진보사상과 어둠 속 투사와 래디칼의 제단sanctuary이어야 할 교회"로 이해하면서[51] 한 맺힌 민중의 "소리의 내력"을 밝히고, 그 한을 풀어주는 목회자를 의미한다. 그 소리의 정체는 "땅에서부터 하늘에 호소하는 아벨의 피 소리(창 4:10)를 대변하고, 여리고 길에서 강도 만나 빼앗기고 얻어맞는 이웃의 신음 소리를 듣고 그 아픈 상처를 싸매주고(눅 10:25), 일꾼들에게 지불되지 아니한 품삯이 만군의 주님의 귀에 들리도록 외치는 소리(약 5:4)"이다.[52] 또한 한의 사제는 죄와 회개를 강조하고 스스로 속죄의 매체로 자처하는 사제직이 아니라 민중의 소리를 듣고 "전달하는 매체"가 되어야 한다. 그래서 죽재는 한의 사제가 "우리의 현실에서 눌린 자, 잃어버린 자, 저주받고 추방당한 자, 죄인과 세리들의 소리의 매체가 될 것을 권한다."[53] 이렇게 민중교회의 목회자는 민중의 소리의 내력을 밝혀 민중의 한을 풀어주는 제사장의 역할과 민중의 소리를 전달하는 매체로써의 예언자의 역할을 동시에 수행해야 한다.

2) 선교의 주체와 민중

민중교회는 하나님 나라를 지향하는 종말운동으로 시작했다. 그것은 올바른 출발이었지만 하나님 나라 운동을 "민족민주적 변혁운동"을 통해서 실현되는 사회운동의 부분운동으로 규정했다는 데 신학적 문제가 있다.54 그것은 하나님 나라의 초월성을 상실한 종말론의 세속화이며 주객이 완전히 전도된 견해이다. 하나님 나라는 종교적-사회적 관계의 혁명이기 때문에55 하나님 나라 운동이 사회운동의 부분운동이 아니라 사회운동이 하나님 나라 운동의 부분운동이 되어야 한다. 또한 하나님 나라는 하나님이 주체가 되어 완성된다는 사실을 전제해야 한다. 그것은 하나님 나라가 하나님의 주권에 의해서 실현되기 때문에 민중은 수동적 존재가 되라는 의미가 아니다. 죽재에 의하면 하나님과 민중은 태초부터 하나님 나라를 함께 이루어 가는 계약의 파트너이다. 그는 사회경제사적 해석을 통해서 민중이 스스로 자신을 구원할 수 있는 역사의 주체라는 사실을 밝히고 성령론적 해석을 통해서 하나님의 작인자作因者라는 사실을 강조했다. 즉 민중은 사회경제사적으로 가난하고, 억눌리고, 빼앗기는 계층으로서 실제로 생산을 담당하는 주역이지만, 정치신학적으로 하나님과의 계약관계 속에서 하나님의 공의를 회복하는 "작인역"作因役으로서 역사의 주체이다.56

하나님의 공의 회복의 작인역은 바로 하나님의 공의를 침해하는 권력에 짓밟힌 소위 죄인, 곧 천민-가난한 자, 고아, 과부, 떠돌이, 신체불구자, 도둑 등 밑바닥 인생이라고 파악하는 것은 특유한 성서적 이해이다. 민중이 당하고 있는 고난suffering이 하나님의 역사경영을 알아보는 색인index이라는 말이다.57

하나님은 민중을 구원하시되 민중이 자신의 생명활동을 통해서 스스로를 구원하도록 한다.[58] 즉 민중은 하나님 앞에서, 하나님 없이, 하나님과 함께 자신의 구원을 이루어 간다.

인간 스스로가 자기를 구원하도록 신(神)이 시킨다. "이것이 본회퍼의 통찰 아닙니까! 인간 스스로가 자기를 구원하도록 하는 것, 그것이 진정한 의미의 구원이지, 남이 구원해 준다고 하는 것은 구원하고는 반대일 것입니다. 이런 사고를 한다고 할지라도 신을 버렸다고는 생각하지 않습니다. 신이 필요 없다고 하는 게 아닙니다."[59]

민중은 구원의 주체이면서 동시에 구원의 대상이다. 민중이 구원의 주체라는 말은 민중이 하나님의 선교의 증언자, 곧 선교의 주체라는 의미를 내포하고 있다.[60] 그 때문에 민중교회는 민중을 선교의 대상으로 보는 '민중을 위한 교회'가 아니라 민중을 하나님의 선교의 증언자로 보는 '민중의 교회'가 되어야 한다. 그것은 민중교회가 계급교회가 되어야 한다는 의미가 아니다. 그럼에도 불구하고 초기 민중교회는 민중을 개념화했을 뿐만 아니라 계급적으로 이해하여 선교의 대상을 노동자, 농민과 빈민으로 제한하는 계급교회가 되었으며, 민중을 선교의 대상으로 객체화하는 오류를 범했다.[61] 이러한 민중교회의 계급적 선교운동은 이미 1990년대 이후 그 한계가 드러났다.

민중교회는 본래 하나님 나라를 지향하는 종말론적 해방공동체이기 때문에 종교적, 사회적, 문화적, 성적 차별을 극복하는 "하나님의 백성의 평등공동체"이다.[62] 그것은 민중이 성령의 능력을 받아 스스로 자신의 구원을 위해서 일하는 선교의 주체가 되는 공동체이다.[63] 따라서 민중교회는 교회의 권위주의적 질서, 사회신분적 차별, 남녀의 차별, 노소의 차별, 지식유무의 차별과 재산유무의 차별을 철폐하여 평등공동체를 형성해야 한다.64 다시 말하면 민중교회는 예수 그리스도 안에서 모든 인간이 하나님의 자녀라는 신앙고백과 함께 그 신앙고백을 실천하는 형제공동체가 되어야 한다.

3) 한恨과 단斷의 변증법

민중선교는 민중의 자기해방에 관심이 있기 때문에 "한과 단의 변증법"을 통해서 "신과 혁명의 통일"을 지향한다. 신과 혁명의 통일은 한국의 전통종교와 기독교, 인간의 영적 쇄신과 사회혁명, 이념과 실천의 통일, 개인기도와 집단행동, 하늘과 땅, 지상양식(밥)과 천상양식(자유) 등 종교적인 것과 사회적인 것의 양극을 혼합하거나 절충시키지 않고 통일 체계 안에서 일치시키는 것이다.65 그것이 민중선교가 목표로 하는 진정한 민중해방이다. 이러한 신과 혁명의 통일은 민중에 의해서 실현된다.

그리고 민중의 교회로서 성취할 신과 혁명의 통일은 초자연적 기적이나 우연히 발생하는 결과도 아니고 영웅이나 엘리트가 이데올로기를 걸고 주도하는 방식으로서도 아니고 민중 자신의 지혜와 신념을 용기로 이룩해 나가는 길이다. 그렇기에 그것은 탈출의 과정이요 나그네의 길이다.66

민중은 한과 단의 변증법을 통해서 자신의 한을 승화시켜 혁명의 근원적 힘으로 만들어 신과 혁명을 통일시킨다. 한은 인간과 인간의 관계를 규정하는 사회적 죄의 개념이다. 그것은 사회학적으로 지배자가 약자와 반대자에게 붙이는 딱지label이다. 말하자면 죄는 지배자의 언어이고 한은 민중의 언어이다. 따라서 죄인들이란 범죄를 당한 자들, 곧 억울한 자들이다.67 또한 이 억울한 자들의 감정 상태가 한이다. "한은 한국 민족의 억압된 민주적·민중적 저변 감정으로서 한편으로는 약자의 패배의식, 허무감과 체념이 지배하는 감정 상태이며, 다른 한편으로는 약자로서의 삶의 집념을 담고 있는 감정"이다. 그것은 정한情恨과 원한怨恨으로 구분된다. 정한은 승화되어서 예술적으로 표현되기도 하지만 원한은 종종 혁명이나 반란의 힘으로 작용하기도 한다.[68]

민중의 한은 단斷의 행위를 통해서 혁명의 근원적 힘으로 승화된다. 단은 개인적 내면의 반성으로서 자기의 모든 육적 욕망을 끊는 것과 사회적으로 한이 파괴적으로 표출되는 것을 끊어서 건설적인 승화로 이끄는 것이다.[69] 다시 말하면 단은 세상을 변화시키기 위해 세상에 대한 집착을 근원적으로 끊는 것이며 무한 보복과 끝없는 증오와 불타는 무서운 원한의 악순환적 폭발을 억제하여 보다 높은 정신적 차원으로 승화시키는 것이다. 그것은 개인적으로는 자기부정이며 사회적으로는 복수의 악순환을 끊는 혁명이다.[70] 그것은 한을 개인변화와 사회변혁의 근원적 힘으로 만든다.

민중은 단의 철학을 통해서 자기 정체성을 확립하며 그 과정에서 스스로 자신을 구원할 뿐만 아니라 메시아적 역할을 수행하여 신과 혁명을 통일시킨다. 여기서 죽재는 민중의 메시아적 역할을 강조한다. 예수가 고난당하는 민중의 소리에 응답하여 그 고난을 짊어지고 십자가에서 죽임을 당한 "한의 그리스도"인 것처럼(눅 10:25-37; 사 52:13-57:12) 세상의 고난을 짊어지고 가는 민중은 자신의 고통을 통해서 백성의 속죄를 집례하는 "하나님의 제사장, 한의 사제"가 된다. 그것이 죽재가 말하는 "고난받는 민중의 메시아성", 혹은 "한의 속량적인 성격"이다.[71] 따라서 인간은 민중의 신음 소리를 그리스도의 부르심으로 듣고 그 부름에 응답하고 행동할 때 메시아를 영접하는 속량의 은혜를 받는다. 그것은 마지막 심판의 기준이 종교적 행위가 아니라 고난당하는 민중의 소리에 응답하고 책임지는 데 달려 있기 때문이다(마 25:31-46).[72]

요약하면 단의 철학은 자기를 부인하고 자기 십자가를 지고 예수를 따르는 삶, 곧 예수의 민중적 삶의 재연이다(막 8:34). 그것은 고전적 선교나 사회주의 혁명과 구별된다. 고전적 선교가 민중의 한을 비현실화·비정치화하고, 사회주의 혁명이 계급투쟁을 통해서 폭력의 악순환을 생산한다면, 단의 철학은 민중의 한을 역사화 현실화할 뿐만 아니라 원한의 무한한 복수의 악순환을 끊어버린다.[73] 그러므로 한과 단의 변증법은 속죄론을 유일한 구원론으로 선포하는 교회와 계급투쟁을 통해서 인간을 해방하려는 사회주의 혁명보다 한 차원 높은 대혁명이다.[74] 이렇게 민중선교는 단의 철학으로 자신의 한을 승화시킨 민중이 메시아적 역할을 통해서 선교의 주체가 된다는 사실을 강조할 뿐만 아니라 신과 혁명의 통일을 통해서 고전적 선교와 하나님의 선교를 일치시킨다.[75]

4) 선교의 원동력과 성령

죽재는 성령체험과 종말신앙이 민중선교의 원동력이 되어야 한다고 주장했다.[76] 그는 전통신학이나 주지주의가 종교적 신비체험을 제거하려는 경향을 비판하면서 "깊은 체험, 숭고한 체험"을 적극적으로 개발해야 한다고 강조했고, 토마스 뮌처처럼 정치의식과 사회적 체험의식과 결합된 신비체험에서 올바른 신비체험의 원형을 보았다.[77] 이러한 신비체험이 전통적인 교회, 제도적인 교회와 체계적인 신학을 극복할 수 있는 원동력이다.[78]

"기독교에서 말하는 성령 같은 것도 과거에는 비판할 여지가 굉장히 많고 반이성적이고 광신적인 데로 끌어가기 쉬웠지만 지금은 다른 측면에서 굉장히 의미를 부여합니다. 역시 제도화되고 구속하고 있는 기존 질서에 눌려 있을 때, '성령'이라는 것이 카테고리나 틀을 탈출할 수 있는 굉장한, 실제적으로 심리적으로 힘을 주는 역할을 한다는 것입니다."[79]

그러므로 민중교회는 신비적 체험을 강조하는 소종파 운동의 전통을 받아들여야 교회전통이 풍부해지고 교회개혁은 물론 문화의 쇄신을 할 수 있다.[80] 그러나 초기 민중교회는 종교적 현상을 사회과학적 논리로 분석하여 비과학적 현상이라고 무시했다.[81] 그 결과 민중교회는 신앙의 초월성을 상실했고, 사회운동의 전진기지로 교회를 이해했고, 종말신앙을 세속화했고, 민중의 종교적 요구를 충족시키지 못했다. 심지어 일부 민중신학자는 사회과학을 사회분석의 도구로만 사용한 것이 아니라 그 물질적 세계관까지 받아들이는 오류를 범했다.[82] 그것은 죽재의 사회경제사적 해석방법을 오해한 결과이다.[83] 죽재에게 사회경제사적 해석은 성서적 신앙을 회복하고, 한국의 해방전통을 해석하고, 민중의 삶의 현실을 분석하여 민중선교의 내용과 방향을 정초하는 중요한 방법론이다.[84] 그러나 죽재는 사회경제사를 절대시하거나 성서해석의 유일한 방법으로 생각하지 않았다.[85] 그는 사회경제사와 신학의 역할을 구별했다. 사회경제사는 사회분석의 도구로써 현실사회의 지배와 피지배의 역학관계를 분석하는 방법이지만, 신학은 사회경제사적 해석을 통해서 분석된 사회적 모순이 극복되어야 한다는 당위성을 선포한다.[86] 더군다나 죽재는 종교적 차원을 무시한 사회적 구원을 강조하지 않았다. 그는 천년왕국을 넘어서는 신국상징도 있어야 한다고 생각했다.[87]

사실상 본래 종말신앙은 세계와 사회와 역사에서 옛 질서가 가고 새 질서가 도래한다는 정치적이며 사회적인 신념이다. 그리고 그것은 어떤 잃어버린 옛 것의 회복을 꿈꾸는 반동사상(보수주의)가 아니고 아직 없었던 새 것의 도래이기 때문에 국가, 결혼, 경전, 현 질서를 능가하는 새 것이다. '성령의 제3시대'라는 상징이 적합하다. 종말신앙이 사회혁명의 근본 동력인 것이다. 오늘 한국 교회가 정치적인 문제인 민주화 투쟁과 사회적으로 노동자 농민의 기본권을 위한 투쟁에 앞장서는 것은 종말론적, 성서적 신앙의 본연의 명령 곧 신국내림神國來臨의 급박함에서 그러는 것이지, 그 밖에 다른 것은 아니다.[88]

민중선교는 성령체험과 종말신앙에서 흘러나오는 종교적·사회적 실천이어야 한다. 성령체험은 하나님 나라의 성취와 완성의 긴장관계 속에서 세상을 본질적으로 변화시키는 선교의 역동적 힘이다. 그러므로 민중교회는 성령운동의 부정적 현상에 대한 비판이 성령운동 자체를 부정하는 결과를 초래하지 않도록 조심해야 한다. 그리고 일제 강점기에 한국 교회가 1907년 평양성령강림사건 이후 영적인 훈련을 통하여 신앙공동체의 내적인 연대와 영적 성장을 견고히 하면서 외적인 정치적 억압을 극복하여 왔다는 한국민중의 해방전통을 본받아서 민중의 영적 삶을 더욱 풍성하게 하는 성서연구와 신앙교육 프로그램을 개발해야 한다.

4. 나오는 말

민중교회는 교회의 종말론적 본래성을 회복하는 교회운동으로 시작되었다. 그것은 예수의 민중선교를 창조적으로 계승하는 제3의 교회형태, 하나님 나라를 기다리는 종말론적 해방공동체, 민중의 삶의 현장에서 일하시는 성령의 교회와 제도적 교회를 비판하고 열린 미래를 지향하는 탈출공동체로써 하나님 나라의 역사적 실현을 위해 일하는 선교공동체이다. 그러므로 민중선교는 민중교회의 본질에 상응하기 위해 성령체험과 종말신앙에 근거한 하나님 나라의 실현을 궁극적 목표로 한다. 그것은 단의 철학을 통해 자신의 한을 승화시킨 민중의 메시아적 역할을 통해서 성취되며, 신과 혁명의 통일을 통해서 고전적 선교와 하나님의 선교를 일치시키는 종말론적 선교이다.

이러한 민중교회가 자기 정체성의 위기를 극복하고 새로운 발전을 도모하기 위해서는 종말론적 본래성을 회복해야 하며 그것에 기초한 자신의 본질과 사명을 변화된 사회현실에 창조적으로 적용해야 한다. 그것은 제도적 교회와의 연대와 역할분담이 아니라 제도적 교회를 개혁하고 기존의 민중교회의 한계를 넘어서 성서적 신앙과 그리스도교의 정통성에 깊이 뿌리 내리는 새로운 교회운동이 될 것이다.

두 이야기 합류로서 민중교회운동의 새 전망

정상시
안민교회 목사

1. 들어가는 말

1980년대는 오랜 기간 억압되었던 민중의 힘이 분출되어 사회 운동적 방향과 실체를 갖게 된 시대였다. 그런 흐름을 담는 새 교회를 자임하며 민중교회가 등장했다. 물론 1970년대 독재 권력에 맞서 민중사건을 증언하며 예언자적 실천을 감당했던 민중적 교회가 있었다. 민중교회는 이를 비판적으로 계승하였다. 사회운동 진영을 포함한 각계로부터 민중교회에 대한 관심과 기대가 높았다. 물론 우려도 있었다. 어쨌든 민중교회가 관심을 끌었다는 말이다.

그런데 2000년 이후 민중교회는 갑자기 사람들의 관심에서 밀려났다.

민중교회는 이제 끝났다는 이야기도 많았다. 그러나 사실 관계를 분명히 해야 할 것이다. 민중교회의 깃발 아래 모여서 구호를 외치는 민중교회는 끝났는지 모르지만 실체로서의 민중교회가 끝난 것은 아니다. 오히려 민중교회 실천은 살아 있고 더욱 새롭게 요청되는 시대를 맞고 있다고 할 것이다.

사회적 양극화의 질곡 아래 민중의 신음이 높아 간다. 빈곤층이 늘어난다. 비정규직 노동자, 실직자, 위기 아동, 노인 문제 등이 더 심각한 사회 문제가 되고 있다. 이런 가운데 교회가 세상을 닮아 권력화, 물질화되어 간다는 우려가 높다. 섬김과 나눔의 예수 공동체의 회복운동으로서 민중교회운동은 끝난 운동이 아니라 새로운 시작을 해야 할 것이다. 그것은 새로운 버전version의 민중교회운동이 될 것이다. 그것은 이전의 민중교회운동의 역사적 흐름을 창조적으로 계승한 교회들과 새로운 자각 속에서 섬김과 나눔 공동체를 지향하는 기존 교회들이 합류하는 흐름이 되어야 할 것이다. 두 이야기의 합류이다.

2. 민중교회운동 전개과정(1970~1990년대 상황)

1) 1970년대 민중 선교와 민중적 교회

1970년 전태일 분신사건과 1971년 광주대단지 사건은 민중의 고난과 저항의 역사로서의 70년대 개막을 알리는 사건이었다. 민중저항을 억압하는 겨울공화국이 시작되었다. 유신시대였다. 그러나 민중은 겨울공화국에 봄을 갈망하며 저항하였다. 그 저항의 물줄기가 큰 강을 이루어 마침내 유신 체제의 둑을 무너뜨리게 되었다. 10·26사건을 불러온 부마민중항쟁이 그것이다.

이런 민중사건 속에서 민중선교의 선구자들이 있었다. 민중의 고난 속에서 현존을 체험한 예언자들이었다. 수도권 특수선교위원회(박형규), 도시산업선교회U.I.M. 활동(이국선, 조지송, 조승혁)이 그 중심에 섰다. 성남주민교회, 사랑방교회, 활빈교회, 형제교회, 노동교회(성문밖교회), 실로암교회(청계천 뚝방교회), 동월교회, 광야교회(인천 백마교회) 등이 있었다.

특히 사랑방교회는 서남동 목사와 문익환 목사의 가슴에 불을 댕긴 교회로 유명하다. 사건은 철거반원들이 천막에서 예배를 드리던 사랑방교회를 철거하면서 나무 십자가를 부러뜨리고 주변의 똥통에 빠뜨린 데서 시작되었다. 이 모습을 바라본 문익환 목사는 똥통 안으로 들어가 십자가를 부여안고 한없이 눈물을 흘렸다. 해직교수를 중심으로 한 갈릴리교회도 있었다(갈릴리교회는 1976년 명동사건의 둥지 역할을 한다).

기존 교회 중에도 서울제일, 창현, 한빛, 수도, 새문안, 동대문 등을 비롯한 서울과 지방의 여러 교회들이 청년대학부를 중심으로 야학 등을 통해서 민중과 민중사건을 만나고 증언했다. 이들이 학생운동의 중추를 이루고 후에 민중교회 형성에 직간접적으로 영향을 주게 되었다. 또한 민중의 고난의 증언을 함께 듣고 함께 울고 함께 기도하고 항의했던 목요기도회를 비롯한 숱한 '고난받는 이웃과 함께하는 기도회'들도 1970년대 민중현장 속에 세워진 무정형의 민중의 교회들이었다. 이들은 조직적 연대 운동체로서 민중교회의 기치旗幟를 들었던 80년대 '민중교회'의 선구자들이었다. 이 둘은 구분될 수는 있어도 분리될 수는 없을 것이다.

2) 1980년대 민중교회 등장과 증대

1980년대는 사회사적으로는 광주민중항쟁으로 시작되었다. 민중교회가 대거 등장한 시대도 80년대였다. 통계적으로는 1985년을 전후로 민중교회가 급증하고 1987년 6월항쟁을 거친 다음 해인 1988년 7월 80여 개의 민중교회가 교단(기장, 예장, 감리교)을 초월하여 한국민중교회운동연합을 형성하였다. 1992년 150여 개로 늘어났다가 90년대 중반 감소세로 돌아서게 된다. 정치지형의 변화가 반영되었을 것이다.

80년대 민중교회의 특징은 사회운동체적 교회라 할 수 있을 것이다. 당시 노동문제는 인간생존의 문제였다. 이것이 민중교회의 선교적 테제가 되었다. 많은 사람들이 상처와 아픔을 안고 찾아왔다. 그때 민중교회가 실천했던 선교 프로그램은 노동 상담소, 야학, 노동자문화교실, 맞벌이 가정을 위한 탁아소, 공부방, 주말 진료소 등 다양했다.

그 외에는 수시로 일어나는 분신, 연행, 투옥을 당한 이들을 위한 대책활동도 숨 가쁘게 전개되었다. 그 대책활동 중에 민중교회 목회자나 구성원이 구속되어 또 다른 대책위원회가 꾸려지기도 했다. 80년대 민중교회는 민중사건의 중심에 있었고 민중운동의 기지基地이자 비빌 언덕이자 응급 진료소였다.

당시 필자가 개척 시무하던 안양 박달교회(후에 안민교회로 개명)의 선교 사업을 보면 노동 상담소, 주말 무료진료소, 그리고 노동자 문화교실로서 기타반, 영화반 등이 있었다. 영화반의 경우만 해도 20여 평 공간에 복도와 화장실에 신발을 포개 놓은 채, 100명 이상이 베란다와 현관까지 가득히 앉아 찰리 채플린의 〈모던 타임즈〉 등의 영화를 보고 해설을 곁들이고 간혹 노래도 함께 하다가 옆집의 항의를 받기도 했다.

3) 1990년대 변화를 위한 몸부림

이런 상황에서 민중교회는 민중과의 상관성relevance을 추구하는 중에 교회로서의 정체성identity의 위기를 경험하였다. 노회 등 기존 교회 질서와의 갈등도 심했다. 시대적 상황 변화와 겹치면서 1990년대 민중교회는 고통스런 재편기 혹은 조정기를 겪는다. 몸(주체)이 부실하고서 어떻게 일을 할 수 있는가? 반성과 함께 한편으로는 몸으로서의 민중교회의 교회론, 영성 등이 강조되었고, 다른 한편으로는 선교 현장의 다양화와 전문화로 새로운 활로를 찾았다. 그 결과 환경선교, 외국인 노동자선교, 가출청소년선교, 복지선교, 성폭력 피해 여성선교 등의 다양한 선교현장 중심에 민중교회 혹은 민중교회 출신 목회자나 실무자들이 자리 잡게 되었다. 따라서 1990년대는 민중교회의 소멸이나 쇠퇴의 시기는 아니었으며 민중교회가 내외의 위기를 통해 새로운 변화와 조정의 시기라고 할 것이다.

3. 민중교회운동의 현황과 전망

1) 2000년대, 새로운 교회 출현 대망

1990년대, 군부독재 종식 등 한국 정치상황 변화가 민중교회운동의 변화를 초래했다면 전 지구적 생태위기, 세계화의 덫, 신자유주의, 정보화 등으로 특징 지워지는 2000년대는 지구적 차원의 고통, 피조물의 신음을 듣고 응답하는 다양하고 열린 교회로의 패러다임 전환이 요구된다. 민중교회운동의 역사성을 기억하면서도 과거를 넘어 미래로 나가는 종말론적 새 지평을 가져야 될 것이다. 새로운 세기는 새로운 위기의 시대이며 그것은 바로 인간과 자연, 온 피조물들이 함께 신음하며 새로운 희망을 담보할 새 교회의 출현을 갈망하는 시대라고 할 것이다.

"모든 피조물은 하느님의 자녀가 나타나기를 간절히 기다리고 있습니다. …… 우리는 모든 피조물이 오늘날까지 다 함께 신음하며 진통을 겪고 있다는 것을 알고 있습니다. 피조물만이 아니라 성령을 하느님의 첫 선물로 받은 우리 자신도 하느님의 자녀가 되는 날과 우리의 몸이 해방될 날을 고대하면서 속으로 신음하고 있습니다." (공동번역, 롬 8:19-24)

이 시대가 기다리는 새로운 교회의 가장 기본적 특징은 이 시대의 징조를 분별하며 피조물의 아픔과 신음을 들을 줄 아는 교회이다. 기존 교회도 제도와 껍질 속에 갇혀 있으면 살아남지 못할 것이다. 과거 군사독재 시절의 민중의 고난과 신음 소리를 듣지 못했던 것을 회개하고 이제 변화된 시대의 새로운 위기와 고통의 소리를 들어야 할 것이다. 그런데 그 고통이 단순히 군사독재 시절의 억압받는 민중의 고통 소리 차원을 넘어 전지구적 차원의 피조물의 고통이다. 지구의 아픔, 생태계의 신음 소리, 신자유주의의 희생양들의 비명, 물신주의 시대 가난한 자들의 숨죽인 흐느낌을 듣고 응답하는 교회가 되어야 할 것이다. 하나님의 우선적 관심을 외면한다면 하나님의 교회라고 할 수 없기 때문이다.

따라서 새로운 시대가 기다리는 새로운 교회는 새로운 시대의 위기와 징조를 알고 고통 소리를 듣고 응답하는 교회일 것이다. "대안이 뭐냐? 대안이 어디 있어?" 하면서 절망하는 시대와 사람들에게 대안공동체가 되어야 할 것이다. 피안공동체가 아닌 대안공동체가 되어야 한다. 사회주의 몰락에 이어 자본주의도 막바지 단계에 이르렀다는 징후들이 많다. 석유시대도 종말을 예고하고 있다. 50년 안에 석유시대가 끝난다는 주장도 있다. 이런 상황에서 종말론적 희망공동체의 출현을 숨죽여 기다리고 있다. 그 희망을 담을 신앙공동체를 세우는 운동을 새로운 민중교회운동이라고 부르고자 한다.

새로워지기 위해서는 이전에 익숙했던 지류에서만 놀지 말고 열린 마음으로 다른 지류들과 만나야 할 것이다. 두 이야기의 합류를 만들어가는 것 자체가 새 민중교회운동의 중요한 내용과 과제될 것이다. 구체적으로는 환경선교, 도농직거래 선교, 평화통일 선교, 다양한 복지선교에서 그 합류는 현실성을 얻어 갈 것이다. 이미 현실은 그 방향으로 한발 앞서 가고 있다.

그러면 새로운 시대, 21세기가 당면한 새로운 위기로서 시대적 징조는 구체적으로 무엇인가?

많은 위기를 맞고 있지만 여기서는 두 가지만 언급하려고 한다. 앞에서도 언급이 되었지만 하나는 환경과 생태 위기이며, 다른 하나는 신자유주의 양극화 등으로 인한 민중 삶의 위기이다.

우선 지구 환경문제이다. 작년에 일어난 중국 쓰촨성 대지진으로 중국 당국의 공식통계로는 6만 명 이상의 사망, 실종자가 발생했으며(《한겨레신문》2008. 5. 24), 미얀마를 덮친 사이클론 나르기스로 13만 명이 희생되었다(《한겨레신문》2008. 5. 17). 지난 2004년 성탄절 동남아 쓰나미로 20만 명이 희생되었다. 2005년 8월 파키스탄 대지진으로 수만 명이 죽었다.

갑자기 대규모 환경 재앙이 빈발하는 이유는 지구 온난화와 인간의 환경 파괴 때문이라고 한다. 지구 온난화도 공해로 인한 이산화탄소 증가가 제일 큰 원인이라고 한다. 그것은 인간의 물질 중심의 탐욕적 소비문화의 산물이다. 지구 온난화로 인한 재앙들은 그 외에도 많다. 사막화도 그중 하나이다. 매년 남한 면적의 2/3인 600만ha가 사막으로 변하고 있다. 극지방 빙하가 녹고 있는데 그 결과는 제2의 홍수 심판의 재앙이라고 한다. 인간과 동물의 호르몬 체계의 교란 등 환경 호르몬 문제도 심각하다. 자원 고갈, 에너지 위기도 심각하다. 이런 상황에서 한국 새 정부의 대운하 건설 계획은 환경 재앙을 부채질하는 위험을 내포하고 있다.

둘째로 세계화와 신자유주의로 인한 양극화 등 민중 삶의 위기이다. 신자유주의, 브레이크 없는 세계 자본의 자유로운 이동 속에 20% 부유층과 80% 빈곤층의 사회, 이른바 20:80 사회로 재편되고 있다. 한국은 외환위기 이후 양극화가 급격히 진행되었으며 FTA는 양극화를 더 심화시킬 것이다. 양극화는 부문별, 업종별, 세대별, 도농 간 등 다양한 차원에서도 일어난다. 가난한 민중의 삶이 더 힘들어진다.

경제 대통령을 내걸고 출발한 한국 새 정부하에서 민중의 삶의 질 악화는 더 심화되고 있지만 복지정책은 후퇴하고 있다. 시장적 복지로 전환되는 과정에서 많은 무리와 복지 사각지대가 발생하고 있다. 과거 군사독재 정치권력 대신 시장권력과 자본권력이 무소불위의 힘을 행사하는 가운데 민중의 신음이 높아가고 있다. '따뜻한 자본주의' 담론이 있지만 아직은 이론 수준이고 현실에 와 닿지는 않고 있다. 결국 이런 시대에 "교회, 너는 뭐냐"라는 물음 앞에 서게 된다. 그것은 "네가 어디 있느냐(창 3:9)" "네 이름이 무엇이냐(창 32:27)"는 하나님의 물음이기도 하다.

2) 민중교회의 현실과 새로운 전망

1988년 교단을 초월하여 뭉쳤던 민중교회운동연합은 90년대 말, 기장은 생명선교연대로 예장은 일하는 예수회로 명칭을 변경하였다. 기장 생명선교연대의 상황을 보면, 2008년 2월 18일 통계로 기장 생명선교연대 회원은 89명이다. 이 중 회비를 내는 회원은 57명이다. 물론 지역 교회를 맡고 있는 사람은 교회와 선교센터 통합적 목회자를 포함 70% 정도이고, 30%는 전문적 선교기관이나 민중선교 관련 현장에서 일하고 있다. 그중 90%가 기관 대표로 일을 하고 있다. 이들 일터를 개략적으로 일별해 보면 외국인노동자선교, 가출청소년선교, 대안학교, 자활후견기관, 녹색소비자연대, 종합복지관, 실직자지원센터, 연구소, 기독교교육공동체, 영성수련원, 군의문사조사위원회, 노동재단, 여성쉼터, 비정규직노동자센터, 이주여성센터, 장애인복지센터, 환경운동가, 복지재단, 시민단체, 여성운동단체, 학교법인, 귀농, 해외선교사, 대학 강사, 유학, 이민 등이다.

서울 중심의 단일 집회에 참석하는 응집력은 과거에 비해 떨어졌지만 전국적으로 흩어져서 각 지역의 생명선교의 기지基地 역할을 감당하고 있다. 예장의 민중교회운동연합의 역사성을 이어가는 '일하는 예수회'도 기장과 비슷한 수준이지만 다른 점은 도시농어촌 선교네트워크로 망라되어 있는 점이다. 기장은 '농목'으로 통칭되는 '기장 농촌목회자협의회'가 별도로 있으면서 생명선교연대와는 큰 틀에서 협력관계를 유지하고 있다. 감리교에는 '고난받는 이들과 함께하는 모임'이 있지만 민중교회운동의 역사성을 계승하는 조직으로 보기에는 무리가 있다. 인권단체로서의 성격이 강하지만 과거 감리교 민중교회운동 주체들이 직간접으로 연결되어 있다.

이렇게 볼 때 80~90년대 민중교회의 역사성을 계승하는 조직에 가입되어 있는 교회나 기관은 적은 수에 불과하다. 그러나 익명의 민중교회는 많다. 민중교회를 표방하지는 않지만 피조물의 신음을 듣고 다양한 현장에서 하나님의 선교를 실천하고 있다. 물론 이들 중에는 새로운 조직적 대오를 형성하기도 하고 교회가 위치한 지역사회 속에서 묵묵히 섬김과 나눔의 사역을 감당한다. 새로운 조직적 대오로는 '기독교환경운동연대'나 '예수살기운동' 같은 조직이 있을 것이다. 이들은 스스로 민중교회로 자임하지 않더라도 익명의 민중교회일 것이다. 그 외에도 '기장복지연대'와 같은 조직도 있다. 민중교회와 구성원이 겹치기도 하지만 새로운 시대적 부름에 응답하려는 복지선교 조직이다. 한마디로 장이 다양화되었다. 다양한 직임과 은사를 통해서 아직은 희미하지만, 새로운 교회로서의 '몸'을 세워가는 지체들이 아닐까 한다.

2000년대, 민중교회운동의 깃발은 흔들지 않지만 민중의 고난과 피조물의 신음을 듣고 종말론적 희망공동체를 향해 나아가는 교회는 더 광범위하게 자라갈 것이다. 민중교회운동은 끝난 것이 아니라 변화된 모습으로 새롭게 시작될 것이다. 지금은 지류들로 흐르고 있지만 그 맑은 지류의 물줄기가 서로 만나서 큰 강을 이루는 비전 속에 새로운 민중교회의 미래가 있을 것이다. 그것은 민중교회를 넘어가는 민중교회이며 민중교회와 다양한 생명선교의 실천, 익명의 민중교회 등이 함께 큰 흐름을 형성하는 '두 이야기의 합류'가 될 것이다. 그러나 그것은 인위적 통합이나 연대, 정치적 조직화는 아닐 것이다. 종말론적 성령의 역사하심을 바라보며 겸손하게 참여하는 신앙운동과 축제의 광장, 다양성 속의 일치의 마당이 될 것이다. 우선은 각각의 지류가 함께 지향할 푯대로서 미래 새

교회의 교회 비전이 필요할 것이다.

종말론적 공동체로서의 새로운 교회는 구체적으로 어떤 교회이고 어떻게 그런 교회를 세워갈 것인가? 그것은 민중신학적 과제가 될 것이다. 지금껏 민중신학은 교회론이 미흡했다. 민중신학의 삶의 자리가 사건, 민중과 자신의 고난 사건들이었다. 그러나 항상 사건과 고난 속에서만 살 수는 없다. 민중의 고난보다 더 중요한 것은 민중의 기쁨과 소망이다. 민중의 삶의 일상을 담고 그런 민중의 희망으로서 신앙공동체가 중요하다. 과거 민중교회 목회자들은 훈련 못 받고 전장에 투입된 전투병 같았다. 현장에 가서 부딪히는 어려움을 극복하지 못하고 떠나는 경우도 많았다. 실천론으로서 각론이 중요하다. 하지만 당장은 새로운 교회의 비전으로서 총론을 세워야 할 것이다. 민중의 소망 공동체로서 공동의 비전이 필요할 것이다. 에스겔이 포로생활 중에서 재건될 새 성전의 모습을 그림 그리듯 묘사하였듯이 새 교회에 대한 그림이 필요할 것이다. 그러나 새로운 교회론은 가장 오래된 교회론이며 가장 본래적이며 가장 성서적 교회론이 될 것이다.

4. 나오는 말

서남동의 '두 이야기의 합류'나 '성령의 제3시대'는 새로운 민중교회 운동에 영감을 주는 키워드일 것이다. 두 강이 합류하는 지점에 물고기들이 많다. 민중교회는 좁은 지류를 벗어나 다른 생명의 물줄기들과 만나야 할 것이다. 여러 생명 지류들이 함께 합류하여 그 합류 지점에 많은 물고기들이 뛰어놀게 해야 할 것이다. 만남의 광장이어야 한다. 남과 북이 만나고 동과 서가 만나고 민중교회와 민중신학, 다양한 생명공동체와 만나고 나아가 건강한 기존 교회와도 만나야 할 것이다. 그 새로운 교회의 구성원도 '가난한 자'(눅 6:20)와 '마음이 가난한 자'(마 5:3)의 합류가 될 것이다. 합류는 혼합이 아니다. 그것은 자신의 변화까지 전제하며 새로운 차원으로 나아가는 것이다.

민중교회의 정체성은 변화를 거부함으로 지켜지는 것이 소종파적 운동이 아니라 변화를 수용함으로 지켜지는 생명운동이어야 한다. 민중교회 운동은 마침내 하나됨을 위한 운동이지 편 가르기를 위한 운동은 아니기 때문이다. 편 가르기가 있다면 권력화, 물질화, 물신주의 홍수가 교회를 휩쓸지 못하도록 몸부림치는 과정의 진통일 때 가치가 있을 것이다. 그것은 분열이 아니라 교회 진정성 회복 운동이며 생명 강으로 합류를 위한 운동일 뿐이다.

새로운 민중교회는 십자가 고난의 흔적(스티그마)을 간직하면서도 그것을 성령 안에서 부활과 초월과 해방을 경험하는 교회가 되어야 할 것이다. 생명과 풍성이 체험되는 축제의 교회가 되어야 할 것이다. 민중의 고난과 피조물의 신음을 간직하면서도 한편으로 그것을 넘어 해방의 영, 성령의 은혜를 경험하는 교회가 되어야 할 것이다.

새로운 민중교회는 세상과 구별되는 표지로서 '거룩'을 잃지 말아야 할 것이다. 교회가 세상을 닮아 권력화, 물질화되어 버린다면 맛을 잃은 소금이며 세상으로부터도 소용없는 존재가 될 것이기 때문이다. '거룩의 회복'은 바로 교회 맛을 회복하는 것이다. 그것은 양극화 분열의 시대에 평화를 만드는 자가 되는 것이며, 탐욕과 오만의 세상에서 섬김과 나눔의 공동체가 되는 것이다. 권력화와 물질화 세상의 탁류를 맑히는 생명 강물이 되는 것이며 어둔 세상에서 빛의 사명을 다하는 것이다. 세상이 절망적일 때 희망과 대안을 주는 공동체가 되는 것이다. 세상에서 피안 공동체가 아니라 대안공동체가 되는 것이 거룩이다. 이스라엘도 초대교회도 강대국 제국질서의 대안공동체였다. 교회는 거룩의 표를 간직한 대안공동체여야 할 것이다. 그런 교회의 출현을 피조물이 신음하며 기다리고 있다(롬 8:19, 22-23).

민중교회에 대한 신학적 평가와 과제

류장현
한신대학교 교수, 조직신학

1. 들어가는 말

민중교회는 1985년, 70년대 도시산업선교와 빈민선교의 정신을 창조적으로 계승하면서 민중신학과 1980년대 사회변혁운동의 영향으로 해방자 예수에 대한 신앙과 과학적 운동성에 기초한 민중선교를 지향하는 '교회운동'으로 태동되었다. 이러한 민중교회운동은 1980년대 운동성에서 출발하여 1990년대 운동성과 교회성의 결합을 거쳐서 2000년대 민중

---

* 이 글은 졸고 "민중교회론의 신학적 재정립"(『교회로 간 민중신학』(서울 : 기장선교교육원, 2006)과 인민교회 20주년 기념강연회에서 발표한 글을 기초로 작성한 것이나. 삭주는 생략했다.

선교와 목회(혹은 영성)의 결합을 강조하는 특징적 변화를 나타내면서 오늘날 민중선교지향적 교회, 목회지향적 교회와 사회복지선교지향적 교회로 분화 혹은 통합의 형태로 발전하고 있다. 그동안 민중교회는 고난당하는 민중과 함께 몰역사적 신앙에 빠져서 민중의 현실을 외면하고 물질적 성장주의, 물량적 성공주의, 개인의 영혼구원과 기복신앙을 강조하는 기존 교회를 개혁하는 '교회운동'과 민중을 억압하는 불의한 사회를 개혁하여 하나님의 정의와 평화가 넘치는 새로운 사회를 건설하려는 '사회운동'으로서 교회개혁과 사회변혁에 큰 공헌을 하였다.

그러나 오늘날 민중교회는 신학의 빈곤, 연대조직의 약화, 교회성장의 정체와 변화된 현실에 대한 선교전략의 부재로 심각한 자기정체성과 생존의 위기에 직면해 있다. 물론 신학적 반성과 목회적 성찰은 민중교회 자체에서 끊임없이 있어 왔지만 아직도 올바른 선교 정책과 방향을 제시하지 못하고 있다. 참으로 민중교회가 자신의 정체성을 재정립하여 21세기 변화된 현실에서 새로운 선교 과제를 수행하기 위해서는 먼저 올바른 교회론이 확립되어야 하며 그것에 기초한 선교 정책이 수립되어야 한다. 따라서 필자는 민중교회의 발전 과정과 문제점을 제1세대 민중신학자들(특히 서남동 교수)의 관점에서 비판적으로 숙고하면서 교회론적 입장에서 민중교회에 대한 신학적 평가와 과제를 제시하려고 한다.

2. 민중교회의 본질과 사명

1) 민중교회의 본질

서남동(이하 죽재로 쓴다)의 신학적 관심은 탈기독교 시대Post Christendom Era에 사회경제사적 해석방법과 성령론적 공시적 해석방법을 통해서 "전통적인 기독교(그 신학과 그 체제)와 성서적 신앙을 구별"하여 성서적 신앙과 그리스도교의 정통성을 찾는 데 있다. 그것은 궁극적으로 성서와 신학의 "시멘트에 속에 갇힌 예수의 해방"을 의미한다. 민중교회의 본질은 바로 이러한 성서적 신앙과 그리스도교의 정통성에 근거한다. '나는 성서적 신앙과 그리스도교의 정통성은 '민중의 교회'에 있다고 생각한다." 그러므로 민중교회는 새로운 교회를 만드는 것이 아니라 철저하게 성서의 신앙에 근거한 교회의 본래성과 진정성을 회복하는 교회운동이다.

이와 관련해서 죽재는 민중교회의 본질을 세 가지 차원에서 설명한다.

(1) 예수의 삶

민중교회의 본질은 예수의 민중적 삶에 근거한다. 예수는 자신을 민중과 동일화하였다. 그는 민중의 지도자, 교육자, 해방자라기보다는 세리와 죄인의 친구, 다시 말하자면 민중의 친구였다. 이러한 예수의 민중과의 동일화가 교회 비판의 척도이며 다음 시대의 교회와 교회사의 규범이 되어야 한다. "예수는 무조건 가난한 자, 눌린 자, 당시 로마의 식민지인 유대 땅의 '암하레쯔'와 자기를 동일화했다. 이 점이 다음 시대의 교회와 교회사의 규범이다." 이러한 민중과의 동일화가 '하나님 나라가 가까이 왔다'는 예수의 하나님 나라 선포였으며, 그 때문에 예수는 십자가에서 죽임을 당하였다. 따라서 십자가형은 예수의 생애에서 나타난 우연적 사건이 아니라 예수의 민중과의 동일화에서 나타나는 필연적 귀결이다. 이러한 "예수님의 갈릴리에서의 민중선교, 그것이 신약선교의 출발점이고 기독교의 핵심이다." 따라서 민중교회는 "갈릴리의 헐벗고 눌려 있고 병든 사람들과 자기를 동일화하고, 그러한 민중을 누르는 정치적·종교적 권력구조에 항거한 예수의 정통성"에 근거해야 한다.

(2) 종말신앙

민중교회의 본질은 그리스도교의 본래적 신앙인 하나님 나라의 도래에 대한 기다림, 곧 종말신앙에 근거한다. 초대교회는 하나님 나라의 도래를 기다리는 종말론적 공동체였다. 그것이 초대교회의 "본래적 신앙, 곧 기다림이며 교단의 출현"이었다. "그것은 종말을 기다리는 공동체며 새 질서를 기다리는 혁명적인 신앙이었다. '암하레쯔'의 꿈이었다." 그러나 이러한 본래의 종말신앙이 비종말화되고 헬라화되어 제도화된 교회가 발생하였다. 그리고 그것을 합리화하고 절대화하기 위하여 교리와 신학이 생겼다. 다시 말해서, 제도적 교회는 본래적인 종말신앙의 쇠퇴의 대가로 얻어진 결과이다. 이러한 교회를 헬라적 콘스탄틴적 기독교라고 한다. 그 결과 교회는 "신국 곧 새 질서를 도입하는 사명"을 상실하여 "현상유지, 자기합리화, 자체방어를 위하여 '교회와 사회'와의 사이에 담"을 쌓았고, "콘스탄틴 황제의 종교, 공적公的 종교, 호국종교"가 되어 "새 질서를 갈망하는 눌린 자, 가난한 자, '암하레쯔'의 종교에서 승격하여 누르는 자, 부자의 종교가" 되었고, 새 질서를 이끌 혁명의 세력이 재가자로서의 교회가 되었고, 교회 밖에는 구원이 없다는 "노아의 방주, 천국에 들어가는 유일한 문이 되었다. 그러므로 민중교회는 초대교회의 종말신앙에 회복해야 한다. 그것은 제도적 교회에 대한 철저한 비판을 통해서 성서적인 종말신앙을 회복하고 교회 울타리 밖으로 나가서 혁명세력과 손을 잡고 사회와 세계와 인류의 미래를 위해서 협력할 때 가능하다.

(3) 성령의 교회

죽재에 의하면 그리스도교는 원래 "민중의 종교"였다. 그러므로 한국교회는 '반드시' 민중의 소리를 듣고 민중의 소리를 대변하는 예언자적 교회가 되어야 한다. 교회가 이 민중의 소리를 듣고 전할 때 민중의 해방은 선포된다. 이러한 민중교회는 "교회의 제3의 형태"이며 "성령의 교회"를 의미한다. 성령의 교회로서 민중교회는 폴 틸리히의 말처럼 교회를 교회되게 하는 "영적 공동체"를 의미한다.

그러나 민중의 교회는 기존의 교회형태처럼 건물이나 조직은 아니다. 그 형태는 성령의 형태라고 말할 수 있는 것으로서 현장의 사건일 뿐이며 또 하나의 조직교회는 아니다. 그것은 조직교회를 재활성화시키는 하나님의 입김일 것이다.

따라서 죽재는 잠재적 교회와 현시적 교회를 구별하면서 도시산업선교, 금요기도회, 목요기도회, 갈릴리교회, 기독교사회문제연구소, NCC 인권위원회, KSCF, 기독자교수협의회를 잠재적 교회로 인정한다. 이러한 잠재적 교회는 성령의 인도에 따라서 하나님의 선교를 수행한다. "그것은 성령의 인도에 따라…… 이 속續 기독교시대에 '하나님의 선교'를 수행할 것이다." 이렇게 민중교회를 외적인 형태가 아니라 내적인 원리로 이해할 때 기구적 형태의 민중선교도 잠재적 민중교회로 인정할 수 있다. 그러므로 민중교회는 형태와 교파의 차이를 넘어서 일치한다. 그것이 민중교회의 일치성이다.

이러한 성령의 교회로서의 민중교회는 "교회의 제3의 형태"이다. 그것은 가톨릭의 성전 종교와 개신교의 성서 종교를 넘어서 철저하게 "예수와 민중의 이야기"에 근거한 교회를 의미한다. 요약하면, 민중교회는 예수의 민중적 삶에 근거하며 성령의 능력 안에서 하나님 나라를 희망하는 종말론적 해방공동체이다. 이러한 민중교회의 본질은 민중교회가 지향해야 할 교회의 성격, 선교의 사명과 과제, 제도와 구조를 규정한다.

이와 관련해서 기존의 민중교회는 다음과 같은 신학적 과제를 가지고 있다.

(1) 민중교회는 철저하게 십자가와 부활로 상징되는 예수의 삶에 근거해야 한다. 교회는 본래 예수를 그리스도로 고백하는 그리스도의 지상적, 역사적, 사회적 몸이기 때문이다. 그것은 민중교회가 정치적 이념 집단이나 사교적 친목 단체가 아니라 예수 그리스도의 삶을 재연하는 신앙공동체라는 의미이다. 따라서 민중교회는 사회변혁을 지향하며 운동성만을 일방적으로 강조했던 1980년대 이념적 민중교회운동론("전체운동의 부분운동으로서의 민중교회", "외피론", "조건활용론" 등 다양한 실천이론들)의 한계를 극복하고 신앙공동체로써의 본질을 회복해야 하며, 또한 예배와 성례전을 통해서 언제나 예수 그리스도의 십자가와 부활 사건을 기억하며 그 사건에 참여하는 신앙공동체가 되어야 한다.

(2) 교회는 예수 그리스도와 함께 시작되었고 오순절 성령강림 사건을 통해서 역사적으로 태동되었다. 그러므로 교회와 성령은 서로 밀접하게 연결되어 있다. 성령은 예수 그리스도의 사건을 기억하게 하며 능력과 권능을 부여하여 하나님 나라 운동을 실현하게 할 뿐만 아니라 교회를 나

눔과 섬김을 통하여 참된 공동체로 만들며 선교의 열정을 일으켜 건강한 교회로 성장시킨다. 초대교회는 오순절 날에 성령체험을 통해서 역사적 예수를 그리스도로 고백했고 예수의 십자가의 죽음을 우리를 위한 구원의 사건으로 이해했으며 종말론적 희망 속에서 순교의 열정으로 땅 끝까지 하나님 나라를 전파했다. 한마디로 초대교회는 성령에 사로잡힌 "영적 공동체"(폴 틸리히)였다. 따라서 초대교회의 종말신앙에 근거한 민중교회는 틸리히의 영적 공동체처럼 성령에 사로잡힌 은사공동체, 신앙공동체, 사랑공동체(나눔과 섬김의 공동체), 형제공동체와 선교공동체가 되어야 한다.

(3) 안병무에 의하면 교회는 본래 하나님 나라의 도래라는 천지개벽에 참여하는 공동체, 곧 종말신앙에 근거해서 하나님 나라의 실현을 위하여 일하는 사람들의 모임이다(본래적 교회). 그 종말론적 희망을 상실할 때 교회는 제도적 교회와 예배공동체(종교 의식화)로 전락하였다. 그러므로 안병무는 본래적 교회와 제도적 교회, 생활공동체와 예배공동체를 구별하면서 본래적 교회와 생활공동체로의 회복을 강조했다. 그것이 민중교회운동의 진정한 의미이다. 따라서 민중교회는 종말론적 희망을 상실한 제도적인 교회를 개혁해야 할 뿐만 아니라 하나님의 대리자로서 하나님 나라의 실현을 위하여 싸우는 "탈출공동체"가 되어야 한다. 그것은 종말론적 희망 속에서 성령의 능력으로 예수 그리스도의 사건을 재연하는 종말론적 해방공동체를 의미한다.

2) 민중교회의 선교사명

민중교회는 종말신앙에 근거해서 하나님 나라의 실현을 위해서 일하는 사람들의 모임, 곧 종말론적 사건에 동참한 사람들의 모임(사건으로서의 교회)이며, 그 종말론적 사건이 일어나는 곳이 교회가 있어야 할 현장이다(현장 교회론). 그러므로 민중교회의 선교사명은 그 본질에 상응하게 성령의 능력으로 하나님 나라를 실현하는 일이다. 그것은 예수 그리스도로부터 위임받은 사역으로써 민중교회가 반듯이 추구해야 할 궁극적 선교 명령이다.

민중교회는 이러한 선교사명을 완성하기 위하여 다음과 같은 신학적 과제를 가지고 있다.

(1) 목회자

민중교회는 "민중의 한을 풀어주는 위로자로서의 교회, 그리하여 한으로 인한 폭력의 순환 고리를 끊어야 하는 교회, 순환의 운동으로 바꿔야 하는 교회, 그러기 위해서 한정된 폭력을 접수 용납해야 할 교회, 모든 진보사상과 어둠 속 투사와 래디칼의 제단sanctuary이어야 할 교회"이다. 그러므로 민중교회의 목회자는 무엇보다도 민중의 신음 소리, 곧 "한의 소리를 이 세속시대에 오신 그리스도의 음성"으로 들을 줄 아는 한恨의 사제가 되어야 한다.

지배계층, 부유계층의 횡포를 축복하고 눌린 자들의 자기 생존을 위한 항거를 마취시키고 거세하는 사제직이 아니고, 진정으로 저들의 상처를 싸매 주고 비굴해진 저들의 주체성을 되찾는 데 함께하고, 저들의 역사적 갈망에 호응하고, 저들의 가슴 속에 쌓이고 쌓인 한을 풀어주고 위로하는 '한恨의 사제'가 될 것을 권한다.

이러한 한의 사제는 한 맺힌 민중의 '소리의 내력'을 밝히고, 그 한을 풀어주는 사제를 의미한다. 그 소리의 정체는 "땅에서부터 하늘에 호소하는 아벨의 피 소리(창 4:10)를 대변하고, 여리고 길에서 강도를 만나 빼앗기고 얻어맞는 이웃의 신음 소리를 듣고 그 아픈 상처를 싸매주고(눅 10:25), 일꾼들에게 지불되지 아니한 품삯이 만군의 주님의 귀에 들리도록 외치는 소리(약 5:4)"이다. 한의 사제는 죄와 회개를 강조하고 스스로 속죄의 매체로 자처하는 사제직이 아니라 이러한 민중의 소리를 듣고 "전달하는 매체"가 되어야 한다. 따라서 죽재는 한의 사제는 "우리의 현실에서 눌린 자, 잃어버린 자, 저주받고 추방당한 자, 죄인과 세리들의 소리의 매체가 될 것을 권한다." 따라서 민중교회의 목회자는 민중의 한을 풀어주고 위로하는 제사장의 역할과 민중의 소리를 전달하는 매체로써의 예언자의 역할을 해야 한다.

(2) 선교 현장

민중교회의 선교 현장은 성서의 해방전통과 한국 민중의 해방전통이 합류하는 곳, 다시 말해서 "두 이야기가 합류"하는 곳이다. 그곳이 하나님이 선교하시는 곳이며 바로 그곳에 교회가 있어야 한다. 죽재는 성서의 믿음의 전통과 한국의 민중운동의 전통이 1970년대 들어와서 인권과 민중을 위한 투쟁에서 전개되는 한국 교회의 '하나님의 선교' 활동에서 극적으로 합류되었다고 보았으며, 여기에서 한국 교회는 한국 민족의 역사의식의 근간에 서서 억눌린 민중의 갈망에 호소하는 하나님의 선교에 초청받고 있다고 강조하였다. 그리고 이러한 두 가지 전통을 이어받는 것이 오늘을 사는 한국 크리스천들의 역사적 운명이라고 선언한다. 따라서 민중교회는 지금 어디서 하나님의 선교가 일어나는지를 파악해서 그곳에서 일어나는 하나님의 선교의 사건, 곧 역사적인 현실에서 나타나는 성령의 일하심을 승언해야 한다.

(3) 선교 과제

민중교회의 선교 과제는 개인구원과 사회구원을 동시에 선포하고 성취하는 데 있다. 죽재는 그것을 "신과 혁명의 통일"로 설명한다. 그럼에도 불구하고 민중교회는 일반적으로 사회구원과 예언자적 사명을 강조하여 복음을 정치 이데올로기화하거나 내적 훈련, 경건성, 기도훈련, 감사생활을 소홀히하는 결과를 초래하였다. 그러나 민중교회의 선교 과제는 지금 역사적 현장에서 일어나는 하나님의 선교를 증언하는 것이기 때문에 민중교회는 복음화(고전적 선교)와 인간화(하나님의 선교)를 넘어서 예수 그리스도로부터 위임받은 하나님 나라의 실현을 목표로 하는 종말론적 선교를 해야 한다. 그것은 개인구원과 사회구원은 물론 질병과 운명으로부터의 해방, 자연의 해방, 하나님과 인간의 직접적 관계를 제한하는 종교(혹은 교리와 신학)로부터의 해방 그리고 인간의 마지막 원수인 죽음으로부터의 해방을 포함한 "우주적 해방"을 지향하는 통전적인 선교를 의미한다.

따라서 민중교회는 총체적인 구원을 선포해야 한다. 정치적 투쟁 일변도의 민중교회운동은 민중의 종교적, 일상적, 실존적 요구를 충족시키지 못했을 뿐만 아니라 생존에 지친 민중에게 정치적 짐을 가중시키는 결과를 초래하였다. 그래서 민중교회가 교회인지 교회의 형태를 가진 운동단체인지 모르겠다는 비판과 함께, 왜 민중교회에 민중이 모이지 않고 기성교회로 가는지를 스스로 질문하였다. 이제 "민중교회는 민중의 저항과 고난이라는 측면만이 아니라 민중의 생명과 풍성을 불어넣는 교회로 변해야 한다"는 현장 목회자의 주장을 경청해야 한다. 즉 민중교회는 민중의 정치적 욕구만이 아니라 종교적 욕구, 일상적 관심, 실존적 문제를 해결하는 치유공동체가 되어야 한다.

(4) 선교 주체

초기 민중교회는 하나님 나라 운동을 사회운동의 부분운동으로 규정하고, 세상의 정치적 수단, 즉 사회과학적 원칙에 입각한 "민족 민주적 변혁운동"을 통하여 하나님 나라를 건설하려고 하였다. 그것은 종말론의 세속화일 뿐만 아니라 주객이 전도된 견해로써 극복되어야 한다. 다시 말해서 하나님 나라 운동이 사회운동의 부분운동이 아니라 반대로 사회운동이 하나님 나라 운동의 부분운동으로 이해해야 하며, 또한 하나님 나라는 하나님이 인간을 사용하되 그 주체는 언제나 하나님이며, 또한 성령이 하나님 나라를 완성한다는 신앙고백이 전제되어야 한다. 그것은 민중이 단순히 목회의 대상이 아니라 목회자와 민중(혹은 평신도)이 함께 하나님의 선교의 증언자가 되어야 한다는 의미이다. 죽재에 의하면 민중은 사회경제사적으로 가난하고, 억눌리고, 빼앗기는 계층으로서 실제로 생산을 담당하는 주역이지만, 정치신학적으로 하나님과 계약관계에 있는 하나님의 공의를 회복하는 "작인역作因役"으로 역사의 주체이다.

따라서 민중교회는 민중을 목회의 대상이 아니라 자기 역사의 주인으로 만들어야 한다. 왜냐하면 예수는 모세처럼 민중을 위한 영웅적인 해방자가 아니라 민중과의 자기 동일화를 통해서 민중 자신이 스스로 자신의 해방을 성취하도록 돕는 민중의 친구였기 때문이다. 이런 의미에서 민중교회는 "민중을 위한 교회"가 아니라 "민중의 교회"이다.

(5) 선교 대상

민중교회는 계급적 한계를 극복해야 한다. 초기 민중교회는 민중을 개념화했을 뿐만 아니라 계급적으로 이해하여 선교의 대상과 폭을 제한하므로 노동자, 농민과 빈민 계급의 교회가 되었다. 이러한 민중교회의 과학적 세계관에 근거한 계급적 선교운동은 1990년대 이후 그 한계가 드러났다. 교회는 복음의 보편적 성격 때문에 본질적으로 민족적 한계, 계급적 한계, 문화적 한계를 넘어서 있다. 만일 교회가 특정계급의 교회가 된다면, 또다시 인간을 종교적으로 구별하여 사회적 분열을 초래할 것이다. 그러므로 민중교회는 민중선교에 우선적 관심을 가지는 것과 자신의 본질을 계급적으로 이해하는 것을 구별해야 한다. 그것은 본질과 기능의 혼동이다. 민중의 당파성이란 계급적 교회를 의미하는 것이 아니라 민중에 대한 우선적 관심이다. 민중교회는 원칙적으로 종교적, 사회적 차별을 극복하는 교회이다. 언젠가 정치경제적으로 민중이 완전히 주체가 되는 세상이 오면 민중은 사라질 것이다. 그러므로 민중교회는 그리스도 안에서 계급적 차별이 있을 수 없다는 신앙고백과 그 신앙고백을 실천하는 형제공동체가 되어야 한다.

(6) 선교 방법

민중교회의 선교 과제는 "한과 단의 변증법"을 통해서 민중이 스스로 이루어 간다. 죽재는 민중의 한을 '단斷'의 행위로 혁명의 에네르기화할 것을 주장한다. 그것은 한의 승화를 의미한다. 단은 개인적 내면의 반성으로서 자기의 모든 육적 욕망을 끊는 것과 외부적으로 한이 파괴적으로 표출되는 것을 끊어서 건설적인 승화로 이끄는 것이다. 따라서 단은 이기적이고 안락한 유혹을 물리치는 자기부정과 원한의 무한보복의 악순환을 끊는 혁명이다. 이러한 한과 단의 변증법을 통해서 민중은 스스로 자신을 구원해 간다. "민중이 자기 정체를 확립시키는 과정에서 스스로 해방과 구원을 찾고 있다." 곧 "신과 혁명의 통일"은 초자연적 기적이나 우연적 사건이 아니라 역사의 주체인 민중이 이루어 나가야 한다. 그러나 그것은 "신적 개입"을 부정하지 않는다. 하나님은 민중에게 지혜와 신념과 용기를 주어 자신의 구원을 이루어 가게 하신다.

인간 스스로가 자기를 구원하도록 신神이 시킨다. 이것이 본회퍼의 통찰이다! 인간 스스로가 자기를 구원하도록 하는 것, 그것이 진정한 의미의 구원이지, 남이 구원해 준다고 하는 것은 구원과는 반대의 입장이다. 이런 사고를 한다고 할지라도 신을 버렸다고는 생각하지 않는다. 신이 필요 없다고 하는 게 아니기 때문이다.

그러므로 한과 단의 변증법은 대속론을 유일한 구원론으로 선포하는 교회나 계급투쟁을 강조하는 사회주의 혁명보다 한 차원 높은 대혁명이다.

3. 민중교회의 제도와 구조

교회의 제도와 구조는 선교 사명을 실천하기 위한 수단과 도구이며 교파의 전통과 역사적 상황에 따라서 다양한 형태로 발전하여 온 문화적 산물이다. 그러므로 특정한 교회의 제도와 구조를 절대화할 수 없다. 그것은 원칙적으로 하나님 나라에 상응한 형태가 되어야 하며 그 조직 원리는 성령의 은사에 기초해야 한다. 안병무에 의하면 민중교회는 "하나님의 백성의 평등공동체"로서 평신도(혹은 민중) 중심의 공동체적 제도와 구조를 만들어야 한다.

실제로 민중교회에서 평신도들은 대부분 높은 주인 의식을 가지고 있다. 그들은 교회운영이나 교회조직에 적극적으로 참여하며 교회에 대한 만족도가 매우 높다. 이러한 평신도 중심의 교회는 성직자가 독점한 성서 해석권을 민중에게 되돌려 주는 일, 성직주의와 권위주의의 제거, 수평적 교회구조로의 개편, 만인제사장직의 수용과 평신도 사역의 활성화를 통해서 실현되어야 한다. 그것은 민중이 목회자에게 종속된 목회자의 백성이 아니라 스스로 자신의 구원을 위하여 일하는 주체적 신앙인, 곧 하나님의 백성이 되게 하는 것이다.

따라서 민중교회는 기존 교회의 제도와 구조의 모방과 답습이 아니라 새로운 교회 제도와 구조를 창조해야 할 신학적 과제를 가지고 있다.

(1) 전통적인 목회자 중심의 수직적 질서, 교권 중심의 권위주의적 질서, 남존여비의 남성적 교회 질서는 목회자와 평신도가 동역자와 협력자로서 하나님 나라의 실현을 위하여 함께 일하는 수평적 교회 질서로 전환되어야 한다. 그것은 성적 차이, 사회신분적인 차이, 세대의 차이가 극복된 평등한 질서이며 평신도가 자신의 은사에 따라서 능동적으로 선교 사역에 참여하는 사역 중심의 질서를 의미한다. 그러므로 민중교회는 교회 안에 비민주적 의식과 조직 형태가 지배하는 현실을 인정하고 시대의 변화에 맞게 교회 안에서 평신도들(특히 여성과 청년들)의 참여를 확대하는 "진정한 참여민주주의"를 통해서 교회의 권위주의적 질서, 사회신분적 차별, 사회계급적 차별, 남녀의 차별, 노소의 차별, 지식 유무의 차별과 재산유무의 차별을 철폐하여 평등공동체를 형성해야 하며, 고통을 함께 나누는 고난의 연대구조와 코이노니아가 되어야 한다.

(2) 교회의 직분과 직무는 전적으로 예수 그리스도가 위임한 하나님 나라의 사역을 감당하는 수단이기 때문에 성령의 은사에 따라서 임명되어야 한다. 성령의 은사가 직분과 직무의 성격, 다양성과 통일성을 규정한다. 하나님 나라의 사역을 위해서는 다양한 은사가 필요하고, 그 다양

한 은사들이 모여서 교회공동체를 형성한다. 은사의 기능적 차이가 교회 안에서 다양성 속에 일치를 창조한다. 그러므로 민중교회는 교인들의 은사를 잘 파악하여 그들이 자신의 은사에 따라서 일할 수 있는 다양한 직분과 직무를 허락해야 할 뿐만 아니라 다양한 전문성을 지닌 교인들의 은사를 개발하고 체계적인 양육과 훈련을 통하여 교회와 삶의 현장에서 선교의 사역을 감당하도록 해야 한다. 즉 전 교인이 교회의 각종 기관이나 다양한 소모임에 참여하도록 권장하여 교회의 선교사역에 참여하게 하고, 삶의 현장에서 이웃 사랑의 실천을 몸으로 깨닫게 하여 주체적인 하나님 백성이 되게 해야 한다.

(3) 민중교회는 예배와 성례전의 중요성을 재인식해야 한다. 그것은 예수 그리스도의 사건을 기억하게 하고, 결단하게 하며, 행동하도록 촉진하는 수단이다. 그것은 전통신학이 교회의 선포 속에 예수 그리스도가 현존하며 성례전을 통해서 예수 그리스도와의 신비적 합일을 한다는 신학적 주장의 진정한 의미이다. 그러므로 민중교회는 전통적인 예전적 예배와 열린 예배, 전통적인 성례전의 한계를 넘어서 예수 그리스도의 해방 사건을 다양한 문화적 형태로 담아낼 수 있는 예배와 성례전을 개발해야 한다. 즉 어떻게 예수 사건을 예배화하고 성례전화할 것인가를 고민해야 한다.

4. 민중교회와 하나님 체험

민중교회는 하나님 체험과 신비적 영성을 추구하는 "성령의 제3시대"에 무엇보다도 성령체험과 영성을 강조하는 교회가 되어야 한다. 민중교회의 모든 선교활동은 사회과학적 인식이 아니라 하나님 체험과 깊은 영성에서 흘러나오는 사회적 실천이어야 한다. 다시 말해서 하나님 체험과 영성이 민중선교의 원동력이 되어야 한다. 따라서 민중교회는 성령운동을 올바로 이해해야 한다. 즉 성령운동의 부정적 현상에 대한 비판이 성령운동 자체를 부정하는 오류를 범해서는 안 된다.

죽재는 누구보다도 성령체험을 강조한 성령신학자로서 그의 민중신학은 성령론적이다. 그는 오순절 성령강림 사건을 민중교회의 성서적 전거로 이해하고, 전통신학이나 주지주의가 종교적 신비체험을 제거하려는 경향을 비판하면서 "깊은 체험, 숭고한 체험"을 적극적으로 개발해야 한다고 강조하며 올바른 신비체험은 토마스 뮌처처럼 정치의식과 사회적 체험의식과 결합된 신비체험에서 찾는다. 이러한 신비체험은 전통적인 교회, 제도적인 교회, 체계적인 신학을 극복할 수 있는 원동력이다.

역시 제도화되고 구속하고 있는 기존 질서에 눌려 있을 때, '성령'이라는 것이 카테고리나 틀을 탈출할 수 있는 굉장한, 실제적으로 심리적으로 힘을 주는 역할을 한다는 것이다.

따라서 민중교회는 신비적 체험을 강조하는 소종파 운동을 받아들이고 흡수해야만 교회전통이 풍부해지고 교회개혁은 물론 문화의 쇄신이 가능하다.

이와 관련해서 민중교회의 신학적 과제는 다음과 같다.

1) 초기 민중교회는 종교적 현상과 체험적 신앙을 사회과학적 논리로 분석하여 비판하였다. 그 결과 교회는 사회운동의 전진기지로 이해되었고(조건활용론, 외피론), 초월성을 상실했으며, 천편일률적인 사회과학적 성서연구는 민중의 종교적·일상적·실존적 삶을 이해하지 못하였다. 결

국 민중교회는 사회과학을 분석도구로만 사용한 것이 아니라 그 물질적 세계관까지 받아들이는 오류를 범하였다. 죽재에게 사회경제사적 해석은 성서적 신앙을 회복하고, 한국의 해방전통을 해석하며, 민중의 삶의 현실을 분석하여 교회의 선교사명과 그 방향을 정초하는 중요한 방법론이다. 그러나 죽재는 사회경제사를 절대시하거나 성서해석의 유일한 방법으로 생각하지 않았다. 그는 사회경제사와 신학의 역할을 구별한다. 사회경제사는 현실사회의 지배와 피지배의 역학관계를 분석하는 방법, 곧 분석도구이다. 그리고 그 현실을 극복해야 한다는 주장은 사회경제사의 역할이 아니라 신학적인 주장이다. 죽재는 종교적인 차원을 모두 버리고 정치사회적인 영역에서의 구원만을 강조하지 않는다. 그는 천년왕국을 넘어서는 신국상징도 있어야 한다고 생각한다.

2) 그러므로 민중교회는 성령체험의 중요성을 재인식해야 한다. 성령체험은 종말론적 선취 사건으로써 하나님 나라의 성취와 완성의 긴장관계 속에서 세상을 본질적으로 변화시키는 선교의 역동적 힘이다. 성령을 체험한 사람들은 이미 이 세상에서 하나님 나라의 미래를 맛본 사람들로서 교회를 역동적인 종말론적 해방공동체로 만들며 메시아 의식을 가지고 불의한 사회를 변화시킨다. 민중교회는 헌신성과 과학성만 있으면 자동적으로 성장하지 않는다. 교인들의 하나님 체험과 영적 훈련이 중요하다. 따라서 민중교회는 일제 강점기에 교회가 영적인 훈련(성서읽기, 기도, 친교, 성찬)을 통하여 신앙공동체의 내적인 연대를 공고히하면서 외적인 정치적 억압을 극복해 왔다는 한국 민중의 해방전통을 거울로 삼아서 하나님 체험을 통한 인간의 변화를 출발점으로 교회개혁과 사회변혁에 전념해야 한다. 왜냐하면 인간의 변화 없는 모든 사회개혁은 실패하기 때문이다. 또한 민중교회는 인간의 변화는 의식화가 아니라 성령을

통한 신생이라는 사실을 주목해야 한다. 거듭난 인간이 사회를 변화시킨다. 따라서 민중교회는 사회과학적, 역사비판적 성서읽기를 넘어서 민중의 생명과 삶을 풍성하게 하는 종말신앙을 심화시키는 성서연구와 신앙교육을 끊임없이 개발해야 하며, 기도와 명상과 예배를 통해서 성령의 능력을 힘입어 하나님의 나라를 실현하도록 해야 한다.

5. 나오는 말

민중교회의 미래는 종말론적 본래성을 회복하고, 그것에 기초한 자신의 본질과 사명을 변화된 사회현실에 창조적으로 적용하는 데 달려 있다. 그것은 민중교회가 목적이 아니라 수단이라는 고백 속에 성서적 신앙과 그리스도교의 정통성에 깊이 뿌리 내리는 "민중교회를 넘어서는 민중교회"로의 회복운동이 될 것이다. 그것은 먼저 자기 자신에 대한 철저한 비판으로 나타나야 하며, 더 나아가 제2세대 민중신학자들의 주장처럼 기존 교회의 모방과 답습, 기존 교회와의 연대와 역할분담이 아니라 기존의 제도적 교회를 전적으로 개혁하는 새로운 교회운동이 되어야 한다. 그리고 이러한 새로운 민중교회운동은 사회과학적 인식을 통한 의식화가 아니라 성령으로 신생한 사람들을 통해서 실현될 것이다.

제2종교개혁을 지향하는 민중신학

임 태 수
호서대학교 명예교수

1. 들어가는 말

필자가 독일에 유학하던 무렵인 1982년 가을, 한국 NCC 신학연구위원회가 펴낸 『민중과 한국신학』이 도착하였다. 필자는 이 책을 단숨에 읽고 큰 감동을 받았다. 이때 나는 "내 남은 생애 동안 민중신학을 나의 신학으로 삼고 신학을 하자"고 다짐하였다. 1984년에 독일 유학을 마치고 돌아온 이후, 그때 다짐한 대로 오늘에 이르기까지 민중신학적인 관점을 가지고 신학을 해 오고 있다. 특히 필자의 전공분야인 구약성서를 민중신학적인 관점에서 해석하려고 노력해 오고 있다.

국내외적으로 많은 관심과 사랑을 받았던 민중신학이 90년대에 들어 오면서 "민중신학의 시대는 끝났다"는 소리를 듣는 등 침체기를 맞이하게 되었다. 필자는 그 원인을 대략 두 가지로 생각하고 있다. 첫째는 외부적인 원인으로 90년대에 들어서면서 불기 시작한 사회주의권의 붕괴를 들 수 있을 것이고, 둘째는 내부적인 원인으로 민중신학 이론 자체에 잠복해 있다고 생각한다. 70~80년대의 민중신학의 주요 장場은 군사통치의 사회현장이었다. 그런데 이 사회현장이 90년대에 들어서자 갑자기 사라져 버렸다. 사회현장 외에 민중신학의 또 하나의 현장은 교회다. 그런데 한국 교회는 민중신학에 대하여 오래전부터 그 문을 닫고 있다. 그 이유는 바로 "민중이 메시아"요 "성서는 참고서"라는 민중신학의 핵심 주장들 때문이다. 이 두 주장은 2000년 기독교의 핵심 교리들을 정면으로 부정하는 것이기 때문에, 교회가 이러한 민중신학을 받아들일 수 없는 것은 어쩌면 당연한 일일 것이다. 그래서 필자는 민중신학이 이대로 가다가는 고사할지도 모른다는 위기의식을 느끼게 되었다. 이러한 민중신학의 위기를 극복하기 위해서는, 민중신학 제1세대의 주장들을 계승하되 일부 주장들은 수정할 필요가 있다고 생각하여, 1993년에 「민중은 메시아인가? -안병무의 민중 메시아론을 중심으로」[1] 1994년에 「서남동의 예수이해, 민중이해에 대한 새로운 고찰」[2]을 발표하였다.

1995년부터 필자가 생각하는 민중신학의 또 하나의 주제는 제2종교개혁이다. 민중신학은 사회개혁, 교회개혁을 위하여 출발하였다. 행함praxis을 강조하는 민중신학의 관점에서 볼 때 루터의 "믿음으로만"sola fide의 신학이 문제가 있다는 것을 발견하고, 이 문제에 대하여 성서를 다시 해석하는 신학 작업을 해 오고 있다. 믿음만을 강조해 온 개신교의 문제점이 오래전부터 드러나고 있고, 지금 세계적으로 개신교회가 큰 위기에 직면해 있는데, 이런 상태에 있는 세계 교회를 개혁할 수 있는 신학이 민중신학에 있고, 세계 교회를 개혁할 사명이 민중신학에 있다고 생각한다. 필자는 이 개혁을 루터의 제1종교개혁과 구분하기 위하여 "제2종교개혁" Second Reformation이라고 부르고 있다. 제2종교개혁과 관련된 글들로는 〈행함 없이 구원 없다〉[3] 〈제2종교개혁을 지향하는 민중신학〉[4] 등이 있다. 아래에서 이 두 가지 주제에 대하여 좀 더 상론하고자 한다.

2. 안병무와 서남동의 신학에 대한 비판적 접근[5]

필자는 안병무와 서남동의 민중신학에 나타난 주요 주제들 가운데 민중신학 발전에 가장 중요한 의미를 가지고 있다고 생각되는 것 세 가지를 골라 이에 대하여 간단히 언급하고자 한다. 안병무와 서남동의 민중신학은 잘못된 서구신학을 비판하는 일에 큰 기여를 하였다. 그러나 그들의 일부 주장들이 성서적인 관점에서 볼 때, 교회에서 받아들이기 어려운 부분들이 있다고 보고, 이를 수정하는 것이 민중신학의 장래를 위해 필요하다고 필자는 생각한다. 그렇지 않으면 민중신학은 설자리를 잃을 것이라고 생각하기 때문이다. 세 가지 주제들에 대하여 필자는 아래와 같이 제안한다.

1) 주는 그리스도시요 살아 계신 하나님의 아들

안병무는 예수가 초월적인 의미의 메시아, 인자, 하나님의 아들, 속죄주가 아니라고 주장한다. 안병무에게 예수 사건은 많은 민중사건들 가운데 하나일 뿐이다. 다르다면 예수의 민중사건은 다른 민숭사건보나 큰

"거대한 화산맥"이라는 점에서 다를 뿐이다.6 안병무에게 메시아(그리스도)는 특정 인물persona이 아니다. 다수가 메시아다. 구약성서 제2 이사야에 나오는 고난받는 이스라엘이 메시아요, 고난받는 민중이 메시아다. 예수도 고난을 받았다는 의미에서 메시아다. 그러나 다른 민중과 다를 것이 없는 하나의 메시아일 뿐이다. 이와 같이 안병무는 신적인 존재로서의 예수를 철저히 거부하면서 예수를 철저히 인간 예수, 역사적 예수로만 보려고 한다.

안병무가 이와 같이 초월적인 예수를 부인한 것은, 그동안 교회가 예수를 초월적인 존재로만 선포하고, 예수를 종교적인 의식을 통해서 교회 안에서만 만날 수 있다고 말함으로써 예수를 교회 안에만 가둬 놓고, 역사현장, 민중사건 속에서 현존하는 예수를 도외시하고 선포하지 않은데 대한 반발에서 나온 혁명적인 주장이었다. 초월적, 신적인 예수를 부인한 것은 제도적 교회가 오늘의 민중현장에 계신 그리스도를 포기하고, 2000년 전에 유대 땅에 한때 계셨던 그리스도에게만 관심을 둔 데 대한 반발이요 비판인 것이다. 우리는 고난받는 민중현장에 그리스도가 현존한다는 안병무의 말에 귀를 기울일 필요가 있다. 우리는 그동안 너무나 종교적인 의식 속에 현존하는 그리스도에게만 우리의 관심을 집중해 왔다. 안병무는 이것을 비판하기 위하여 예수는 초월적인 의미의 메시아도 인자도 하나님의 아들도 속죄주도 아니라는 극단적이고 혁명적인 주장을 한 것이다.

그러나 안병무의 이러한 주장은 교회가 받아들이기 어려운 지나친 주장이라고 생각한다. 예수는 민중사건 현장에도 계시지만 교회 안에도 계신다. 예수는 인간이 되셨지만, 그는 또한 우리 인간과는 다른 초월적인 존재요 메시아요 인자며 하나님의 아들이요 속죄주도 되신다. 이 수직적인 차원을 인정하지 않는 것은 이미 기독교이기를 포기하는 것이다. 그동안 민중신학은 기독교의 수평적인 차원을 강조하는 점에서 한국 교회와 세계 교회에 크게 기여하였다. 이 점은 앞으로도 계속 강조되어야 할 것이다. 그러나 이 수평적인 차원을 강조하기 위하여 수직적인 차원을 결코 포기해서는 안 될 것이다. 이 수직적인 차원의 필요불가피성은 민중현장, 특히 민중교회현장에서 계속해서 반복적으로 강조되고 있다. 이 소리에 우리는 결코 귀를 막아서는 안 될 것이다. 수평적인 차원의 민중사건에 참여하고 연대하는 힘은 수직적인 차원에서 나온다. 이 사실을 잊어서는 안 될 것이다. 수평적인 차원의 강점을 그대로 살리면서 수직적인 차원을 보강하는 것, 이것이 민중신학 제2세대가 풀어야 할 과제이다. 민중신학은 "주는 그리스도시요 살아 계신 하나님의 아들이십니다"(마 16:16)라는 신앙고백 위에서 전개되어야 한다고 생각한다. 그래야 튼튼한 반석 위에 선 신학이 될 수 있으며, 제 소임을 다하는 신학이 될 수 있을 것이다.

2) 민중은 메시아가 아닌 '메시아적 역할'을 하는 존재

안병무가 예수는 메시아가 아니라고 말한 것은 "민중이 메시아"라는 말을 하기 위한 전초작업이었다. "민중이 메시아"라고 하는 말은 "예수가 메시아가 아니다"라고 한 말 못지않게 혁명적인 말이다. "민중이 메시아"라는 말은 민중신학을 상징하는 상표처럼 되었다. 그런데 왜 안병무는 그토록 예수의 초월성과 속죄성을 부인하고, 오히려 민중의 메시아됨을 그렇게도 강조했을까? 그 이유는 여러 가지가 있겠지만, 중요한 이유 가운데 하나는 민중이 역사의 주체임을 말하려 한 것이요, 다른 하나는 "구원이 민중을 통해서 온다"는 사실을 말하기 위함이었다. 이는 그동안 제도교회가 따르던 초월적인 예수 그리스도를 믿음으로써 구원을 얻을 수 있다는, 이른바 이신득의以信得義 사상에 대한 잘못된 인식을 바로잡기 위한 것이었다. 이러한 행함 부재의 기독교, 윤리적 가치 결여의 기독교의 병폐를 치유하기 위하여 안병무는 "민중 자력구원론"을 제창했던 것이다. 안병무는 민중의 구원은 예수에 의해서 이루어지는 것이 아니라 민중 자신에 의해서, 즉 민중이 자력으로 구원을 얻는다는 사상을 말한다. 민중은 민중 자신의 해방을 위하여 민중사건에 참여함으로써 구원 즉 해방을 얻는다는 말이다. 안병무는 예수의 피로 죄를 씻음 받는다는 속죄사상을 인정하지 않는다. 안병무의 민중구원론에서는 "예수를 믿어서 구원"이라는 믿음의 차원은 끼어들 틈이 없다. 예수가 구원하는 주체이고 민중이 구원받는 객체가 된다는 이른바 주객도식을 안병무는 거부한다. 비민중은 민중운동에 참여함으로써 구원받는다. 비민중도 예수를 믿어서 구원이 아니라 민중해방을 위한 민중운동에 참여하는 일을 통하여 구원을 얻는다. 이러한 안병무의 구원론에 의하면 민중은 분명한 메시아로 나타난다. 또 안병무의 민중 자력구원론은 철저한 '행함'에 의한 구원론이다. 행함이 없으면 민중도, 비민중도 구원을 얻을 수 없다. 그러나 안병무의 민중 메시아론과 민중 자력구원론은 크게 보아 두 가지 문제점을 가지고 있다. 첫째, 안병무는 예수의 속죄를 믿지 않는다는 사실이고, 둘째, 예수를 배제하고 민중이 구원의 주체가 된다는 사실이다. 이러한 주장은 성서의 구원론과는 거리가 멀다. 민중은 "한 작은 그리스도"a christ는 될 수 있어도, 예수와 동등한 "그리스도"the Christ는 결코 될 수 없기 때문이다.[7]

민중은 메시아이신 예수와 등등한 차원의 메시아는 될 수 없다. 민중도 예수의 구원을 필요로 하는 존재다. 결코 예수 없이 스스로를 구원할 수 있는 존재는 아니다. 그러나 민중은 역사의 주체로서 역사의 고난의 짐을 짊어지고 가는 존재로서 '메시아적 역할'을 담당한다. 서남동도 민중이 메시아라는 말을 두세 번 사용한다.

"민중의 고난에 동참하면 그게 사람 되는 길이고, 그게 구원의 길이죠. 이렇게 이해한다면 고난받는 민중이 메시아이고, 그래서 민중은 새 시대의 주인이 되는 겁니다."[8]

"고난받는 민중이 어떻게 메시아냐 하는 것은 아까 내가 누가복음서 14장에 얘기를 했습니다마는…… 메시아는 고난받는 이웃으로 화신해 가지고 우리에게 접근합니다. 그런 의미에서 민중이 메시아입니다."[9]

그러나 서남동이 민중을 메시아라고 표현한 것은 그가 말했듯이, 결코 민중이 "개개인의 구속자, 또는 천당 안내자란 뜻과는 거리가 멀다."[10] 다시 말하면 서남동이 말하는 민중 메시아론은 예수가 메시아라는 말과는 다르다. 서남동이 이해하는 예수는 "참 하나님, 참 사람" "속죄주" "삼위일체의 한 위" "메시아" "주님"인 반면, 그가 이해하는 민중은 예수와는 다른 의미에서의 메시아이다. 민중은 결코 예수와 같은 하나님(신)도, 성육신한 하나님도, 속죄주도, 삼위일체의 한 위도, 주님도 아니다. 서남동이 말하는 "민중 메시아"는 존재론적인 의미에서 예수와 민중의 '동일함' identity을 말한 것이 아니고 동일시identify를 말한 것이다.[11] 그래서 서남동은 이 예수와 민중을 구분하기 위하여 '민중이 메시아'라는 말보다는 민중의 '메시아적 성격', '메시아적 기능', '메시아적 역할'이란 말을 더 많이 쓴다. 필자는 이러한 서남동의 주장에 동의한다.

필자는 민중이 두 가지 의미에서 메시아적 역할을 담당한다고 생각한다. 하나는 소극적인 의미에서의 메시아적 역할인데, 이 역할은 사마리아인의 비유에서, 강도를 만나서 얻어맞고 빼앗기고 사경에 처해서 도움을 부르짖는 신음 소리가 바로 지나가는 사람들을 향한 그리스도의 부름의 역할을 하는 의미에서 수동적으로 담당하는 메시아적 역할이다. 마태복음 25:31-46에 나오는 굶주리고 헐벗고, 옥에 갇힌 민중들도 마찬가지로 수동적인 의미에서의 메시아적 역할을 하는 민중들이다. 다른 하나는 능동적인 의미에서의 메시아적 역할인데, 이 역할은 민중이 역사의 주체가 되어 사회개혁/변혁/혁명을 주도하여 하나님의 구원과 해방을 이 땅 위에 실현하는 데 앞장서는 역할이다. 그러나 민중이 역사의 주체가 되는 것은 어디까지나 하나님 주체, 예수 주체 아래에서만 가능함을 간과해서는 안 될 것이다.

3) 성서는 기독교의 경전(캐논)이다

안병무는 성서 66권의 경전성을 인정하지 않는다. 그 이유는 "캐논은 그것이 진리이기 때문에 캐논이 된 것이 아니라 교권에 의해서 한계가 그어져서 66권만이 캐논이 된 것"이라고 보기 때문이다.[12] 그러면서도 안병무는 그의 "전거"는 오직 성서뿐이라고 말한다. 안병무가 성서의 경전성을 부인한 것은 "지배 이데올로기에 의해서 성서 자체의 본래의 뜻이 은폐되었거나 왜곡되었다"[13]고 보기 때문이다. 안병무가 성서의 경전성을 부인하는 이유는, 성서가 지배 이데올로기에 의해 은폐되었거나 왜곡되었기 때문에 그러한 부분은 진리로서 받아들일 수 없고, 그래서 해석할 때는 그런 부분은 제외하거나, 아니면 은폐되고 왜곡된 것을 재해석 작업을 통해서 본래의 모습대로 보겠다는 의미가 담겨져 있다.

그런데 필자가 보기에는 관점은 조금 다르긴 하지만 역사비평방법도 비본래적인 부분이라고 생각하는 것들을 후대 삽입이니, 혹은 2차, 3차 자료니 해서 본래적인 것echt과 구별해서 비본래적인 것unecht으로 구분한다. 그러면서도 역사비평방법은 경전성 자체는 부인하지는 않는다. 민중신학도 최소한 이러한 지혜로움이 필요하다고 본다. 구태여 자극적인 용어들을 사용할 필요가 없다고 본다. 성서의 경전성을 인정하지 않는다는 말은 기독교인들에게는 대단한 걸림돌이다. 한국의 교회민중들은 성서를 경전으로 믿고 있다. 그들의 생각이 잘못되지 않았다고 본다. 구태여 민중들을 걸려 넘어지게 하는 걸림돌들을 민중들 앞에 놓을 필요가 없다고 본다. 기독교의 역사는 성서해석의 역사라고 해도 과언이 아니다. 같은 본문이라 할지라도 시대마다, 사람마다 다르게 해석해 온 것이 사실이다. 이러한 다양한 해석은 성서를 경전으로 인정하면서도 얼마든지 할 수 있는 일이다. 그러므로 민중신학도 성서의 경전성을 인정하지 않는다는 자극적인 말을 사용하지 않으면서도, 성서를 민중신학적으로 얼마든지 해석할 수 있는 가능성을 가지고 있다.

안병무와 입장이 조금 다르기는 하지만 서남동은 성서의 경전성을 부인한다는 말은 사용하지 않는다. 그는 '경전'이라는 말을 거부하지 않은 채 그대로 사용한다.[14] 그러나 그는 성서를 '전거' point of reference, 혹은 '참고서'라는 말로 표현한다.[15] 서남동이 말하는 전거, 참고서에는 성서 외에 교회사, 한국의 민중전통도 포함된다.[16] 서남동은 "두 이야기의 합류", 즉 기독교의 민중전통과 한국의 민중전통이 한국 교회의 '하나님의 선교' 활동에서 합류되고 있는 것을 증언하는 것이 한국의 민중신학의 과제로 보았다.[17] 서남동이 교회사나 민중전통을 전거로 보고 신학을 해야 한다고 주장한 것은, 그동안의 한국 신학이 너무 성서전통에만 얽매어 있고, 우리의 지난 역사에 나타난 민중전통, 그리고 지금 현재 우리 옆에서 이루어지고 있는 민중전통, 민중 이야기에는 전혀 무관심한 것을 지양하고 이러한 민중전통들도 신학의 소재로 삼자는 의미에서였다. 그의 이러한 주장은 백 번 타당한 주장이라고 생각된다. 바로 "우리 눈앞에 전개되는 사실과 사건을 '하나님의 역사개입', 성령의 역사, 출애굽적 사건으로 알고 거기에 동참하고 그것을 신학적으로 해석하는 일"[18]이 바로 민중신학자, 아니 모든 신학자가 할 일이다. 이러한 작업을 하기 위해서는 한국의 민중전통을 전거로 삼을 필요가 있다.

그러나 성서와는 달리 민중전통의 내용이 다양하다는 데 문제가 있다. 그 가치체계가 다양할 뿐만 아니라, 서로 배치되거나 상반되는 것들도 많다. 아무리 민중전통이라고 하지만 서로 상반되는 모든 것들을 다 옳다고 할 수는 없을 것이다. 다양한 민중전통을 판단하고 분간해서 가치판단을 해줄 수 있는 척도가 있어야 할 것이다. 필자는 그 척도가 바로 성서라고 생각한다. 이런 의미에서 성서는 다른 민중전통과는 다른 차원의 책이라고 생각한다. 만약 우리가 이러한 가치판단을 해줄 수 있는 척도, 즉 경전canon(척도)을 인정하지 않는다면 우리는 가치혼란에 빠질 것이다.

이런 의미에서 성서와 함께 다른 민중전통도 동일하게 '전거'라는 이름으로 부른 서남동의 의도는 충분히 이해하고 또 동의한다고 할지라도, 성서를 '전거' 혹은 '참고서'라는 말로 표현하는 일은 삼가는 것이 옳다고 생각한다. 앞에서도 말했듯이 한국 교회의 민중들은 성서를 경전으로 부르지, 결코 참고서 혹은 전거라는 말로는 부르지 않는다. 성서를 참고서라고 부르는 것은 민중을 넘어지게 하는 걸림돌이 될 수 있다. 구태여 그럴 필요는 없다고 본다. 필자는 서남동도 성서를 민중전통과 함께 전거, 참고서라고 부르기는 했지만, 성서를 홍길동전이나 서편제와 동일한 것으로 여기지는 않았으리라고 믿는다. 그는 성서를 다른 책들과 구별했음이 분명하다. 필자는 서남동이 성서를 다른 민중전통과 함께 전거라고 부른 것은, 민중전통도 신학의 전거나 참고자료로 삼아야 함을 말하려 한 혁명적인 신학선언이었다고 생각한다. 그러므로 우리는 서남동의 의도를 충분히 이해하고 민중전통도 중요한 신학의 전거로 사용하는 일에 게을러서는 안 될 것이다. 우리는 신학함에 있어서 민중전통을 참고하고, 민중사건 속에 역사하시는 하나님의 움직임을 예의주시하고 이를 신학적으로 해석하는 일을 해야 할 것이다. 그러나 민중전통은 전거, 혹은 참고서라고 부를지라도, 성서는 이들과 구별하여 "경전"으로 인정하고 부르는 것이 옳을 것이다. 이렇게 하는 것이 서남동이 본래 하려고 했던 뜻을 바르게 이어가는 길이라고 생각한다.

3. 제2종교개혁을 지향하는 민중신학[19]

1) 세계 기독교의 위기

지금 세계의 기독교는 위기를 맞이하고 있다. 오랫동안 세계 기독교를 이끌어 온 서구 기독교는 지금 위기에 직면해 있다. 외형상으로는 서구 인구의 대부분이 기독교인이고 어디를 가든지 교회 건물들이 아름다운 모습으로 서 있는 것을 볼 수 있지만, 그 내부를 들여다보면 그것들이 허구에 불과하다는 것을 발견하게 된다. 유럽의 교회들은 크고 아름답지만, 주일 예배에 참석하는 교인들은 극히 소수에 불과하다. 그나마도 참석자의 대부분이 노인들이다. 더 이상 교회 유지가 어려워 팔려고 내어놓은 교회들도 늘어나고 있는 추세다.

현재 세계의 기독교인은 약 20억 명으로 추산되고 있는데, 이 가운데 이름만 기독교인으로 등록하고 실제로는 교회 예배에 참석지 않는 명목상의 기독교인이 약 44%에 이른다고 한다. 유럽의 경우 상황은 더욱 심각하다. 나라에 따라, 교회에 따라 상황은 조금씩 다르겠지만, 전반적으로 주일 예배에 참석하는 숫자는 5% 미만인 경우가 많다. 일부 교회는 교회 유지가 어려워 교회를 팔려고 내놓기도 하고, 이렇게 팔리거나 임대된 교회는 술집이나 상점, 서점으로 바뀌기도 한다. 필자는 이렇게 술집과 상점으로 변한 대형 교회들을 영국 에딘버러에서 직접 눈으로 보았다. 참으로 충격적이었다. 이렇게 가다가는 몇 십 년 안에 서구의 교회들은 대부분 문을 닫게 되지 않을까 염려된다. 독일 교회의 상황에 대하여 가톨릭의 수장인 마이스너 추기경은 다음과 같이 말한 바 있다. "독일은 하나님을 잊어버린 불모의 황야와 같다. …… 우리 사회에는 짙은 죽음의 그림자가 드리워져 있다"(1993년 1월 3일자 Süddeutsche Zeitung). 마이스너 추기경의 말은 독일뿐만 아니라 유럽 전체에 해당하는 말이기도 하다.

중동의 이슬람 국가들에서는 기독교 선교를 국법으로 금하고 있다. 따라서 이들 이슬람 문화권에서의 기독교의 확산이란 현재로서는 거의 기대할 수 없다. 세계 인구의 절반 이상을 차지하고 있는 아시아의 상황은 어떤가? 아시아 전체에서 기독교가 차지하고 있는 비율은 8.6% 정도 된다. 그리고 현재 아시아에서 기독교의 확산도 크게 기대하기 어려운 형편이다. 이와 같이 서구 기독교는 붕괴 직전에 놓여 있고, 비기독교 국가들에서의 기독교 전파는 그 길이 막혀 있거나 답보 상태에 놓여 있다. 다시 말하면 이미 형성된 기독교 문화권은 쇠퇴의 길에 들어서고 있는 반면, 비기독교 국가들에서의 기독교는 박해를 받거나 아니면 정체 상태에 놓여 있는 실정이다. 기존 신자들은 기독교로부터 급속히 이탈해 가고 새로운 신자들은 생겨나지 않고 있는 것이 전 세계적으로 기독교에 나타나고 있는 현상이다. 한국 기독교의 형편도 결코 낙관적인 것은 아니다. 한국 기독교도 지금 정체 내지 하향 길을 걷고 있다. 왜 이러한 현상들이 일어나고 있는가? 그 이유는 여러 가지가 있을 것이다. 필자는 그 이유들 가운데서 두 가지를 들고 싶다.

첫째는 서구 기독교 국가들의 반민중적 세계 지배의 영향이다. 서구 기독교 국가들은 세계에 침략적이고 착취적이고 반민중적인 모습을 보여 주었다. 그들은 일찍이 십자군전쟁을 통하여 중동 이슬람 국가들을 침략하고 학살하였다. 서구 기독교 국가 대부분이 그들의 앞선 과학지식과 힘을 앞세워 약소국가들을 침략하고 식민지로 만들어 억압하고 착취한 결과, 지금은 비록 그 식민지 국가들이 대부분 해방되고 독립을 하였지만, 과거 서구 기독교 국가들의 억압과 착취의 역사를 기억하고, 기독교에 대하여 반감을 가지고 받아들이려고 하지 않는다. 서구 국가들은 1945년 이후 탈식민주의 시대에는 지구화globalization의 형태로 세계를 향하여 새로운 형태의 침략과 착취, 억압의 모습을 보여 주고 있다.

둘째는 서구 기독교 특히 개신교가 "믿음으로만의 구원"을 강조한 나머지 행함을 약화시키거나 배제하여 왔기 때문에, "행함이 없는 믿음은 죽은 믿음"(약 2:17)이라는 말 그대로 죽어 가고 있다. 전 세계적으로 기독교인들의 삶이 비윤리적, 비도덕적인 삶이 되어 가고 있으며, 퇴폐적인 모습까지 보이고 있어서 비기독교인들에게 혐오와 기피의 대상이 되고 있다. 이러한 서구 신학의 영향은 서구에만 국한하지 않고 전 세계 교회와 신학계의 흐름을 주도하고 있는 것이 사실이다. 그러므로 이러한 서구 기독교 국가의 정책과 서구 신학의 폐해를 시정하고 바로잡는 것은 전 세계 교회와 신학의 사활이 걸린 문제라고 할 수 있다.

따라서 위기에 처한 기독교가 다시 살아나기 위해서는 지금까지의 모습과는 다른 모습을 보여 주어야 하리라고 생각한다. 첫째는 반민중적인 기독교에서 탈피하여 민중적인 기독교로 바뀌지 않으면 안 될 것이다. 둘째는 믿음만을 일방적으로 강조하는 기독교에서 탈피하여 행함을 겸비한 기독교가 되지 않으면 안 될 것이다. "믿음으로만 의롭게 된다"는 루터의 종교개혁사상을 가지고는 지금의 세계 기독교의 위기를 타개할 수 없다. 지금 우리는 제2종교개혁을 필요로 하고 있다. 새로이 문을 연 제3천년은 제2종교개혁이 이루어지는 천년이 되어야 하리라고 생각한다. 그래야 교회도 살고 세계도 살게 될 것이다. 이러한 서구 기독교 국가와 서구 신학의 폐해와 약점을 시정하고 보완하는 데는 민중신학이 적격이라고 생각한다. 그 이유는 민중신학이 민중적인 기독교를 지향하고, 행함을 강조하는 신학이기 때문이다. 먼저 서구 기독교와 서구 신학의 문제점들을 살펴보고, 이러한 문제점들을 시정하고 보완할 수 있는 민중신학적 대안에 대하여 차례로 살펴보기로 하자.

2) 서구 기독교의 문제점

(1) 반민중적 서구 기독교

십자군

서구 기독교 국가들이 군사, 폭력, 무기를 사용하여 유럽 밖의 세계를 향하여 대대적인 침략을 감행한 것은 서기 1096년부터 1365년까지 250여 년 동안 9번에 걸쳐서 진행된 십자군전쟁이었다.[20] 1096년 로마 교황 우르반 2세가 예루살렘을 순례하는 기독교인들에 대한 셀주크 투르크인들의 박해를 강력하게 비난하면서 성지회복을 위한 성전을 호소함으로써 십자군전쟁은 시작되었다. 그러나 결과적으로 십자군전쟁은 유럽 기독교 국가의 침략전쟁이 되고 말았다. 1099년 7월 15일, 40일간의 포위 끝에 예루살렘을 함락시킨 십자군은 이슬람교도들(무슬림)과 유대인을 닥치는 대로 학살했다. 예루살렘은 피바다를 이루었다. 도망치지도 못하고 성 안에 남아 있던 무슬림과 유대인들은 한 사람도 살아남지 못했다. 십자군은 원정에 필요한 물자를 현지에서 조달했다. 그래서 예루살렘으로 향하는 원정로遠征路 부근의 비서구 기독교 마을들도 약탈과 방화의 대상이 되었다. 십자군은 곡식을 탈취하고, 이에 저항하는 비서구 기독교도와 이슬람교도들을 모두 죽였다. 어린아이들도 예외는 아니었다. 교황은 십자군에 참여하는 모든 병사들에게 죄의 용서와 전리품을 약속했기 때문에, 그들의 행동에는 거침이 없었다. 원정 기간 동안에 죽은 병사들은 순교자 대우를 받았다.[21] 정예 기사knight가 아닌 훈련받지 못한 농민들과 불량배들도 십자군으로 출병했다.

특히 비잔틴 제국을 공격한 1204년 4차 십자군 원정은 같은 기독교인들을 살육한 전쟁으로 악명이 높았다. 십자군 병사들이 성지 예루살렘이 아니라 콘스탄티노플을 점령하여 철저히 약탈하고 파괴한 것이다. 이 4차 원정은 베네치아 상인들의 농간으로 이루어진 전쟁이었다. 당시 지중해 무역을 독점하고 있던 콘스탄티노플 상인들을 제압하기 위해 십자군이 동원된 것이다. 이 사건을 계기로 비잔틴 제국은 회복불능의 쇠퇴를 맞게 되고, 결국 1453년에 오스만 제국에 힘없이 무너지고 말았다.[22] 십자군전쟁은 잔혹한 살육과 약탈, 문화유산의 파괴로 점철된 참혹한 전쟁이었다. 원정의 길목에서 십자군의 약탈 대상은 이슬람교도와 유대인에 머물지 않았다. 기독교인도 예외가 아니었다. 십자군이 소아시아 지역에 일시적으로 건설했던 국가에서 이 지역의 토착 기독교인들은 이교도의 통치시대보다 훨씬 가혹한 수탈과 차별을 겪어야 했다. 십자군전쟁은 중동의 이슬람교도들에게 서구 기독교인들은 침략적이고 착취적이라는 영원히 지워지지 않는 인상을 남겼다.

식민주의

서구 기독교 국가들은 15세기부터 식민주의를 시작했다. 식민주의는 십자군전쟁의 연속선상에 있다. 서구 기독교 국가가 실시한 십자군과 식민주의의 첫째 공통점은 군사력을 사용했다는 점이고, 둘째는 기독교의 확장을 그 목적의 하나로 삼았다는 점이다. 서구 기독교 국가의 식민주의는 1415년에 이베리아 반도의 포르투갈, 스페인에서부터 시작되어 네덜란드, 영국, 프랑스, 이탈리아, 독일, 벨기에, 미국, 러시아 등이 차례로 가담하였으며, 남북 아메리카 전체, 아프리카 전체(극히 소수의 나라들을 제외하고), 오스트레일리아 전체, 그리고 태평양의 섬나라들, 그리고 인도, 인도네시아, 필리핀 등 아시아의 많은 나라들을 식민지로 만들었다. 이들 서구 기독교 국가들은 식민지를 개척하면서 항상 기독교의 확장을 하나의 중요한 의무로 생각했다. 그들은 이방민족을 점령하여 강제로 개종시켰다. 스페인은 남미의 인디언들을 점령하고 그들의 문화를 전부 파괴한 후, 주민 전체에게 기독교 교육을 시키고 세례를 베풀었다. 이러한 남미 선교의 잔학성과 강제성은 도덕적인 문제를 노출시켰다. 그럼에도 불구하고 교황은 포르투갈과 스페인에게 식민지 소유권을 허락한다는 교서Bull를 내렸다.

식민주의 과정에서 일부 선교사들이 원주민 편에 서서 그들의 권익을 위해 노력한 예들도 없지는 않지만, 대부분의 선교사들은 식민정부와 결탁하고 협력하였다. 식민정부는 선교사들에게 전진기지와 통신거점을 제공했고, 선교사들은 식민주의의 전초병 역할을 했다. 선교사들은 뉴질랜드의 원주민인 마오리들에게 백인들의 착취를 통제하기 위한 유일한 대안은 영국 주권을 인정하는 것이라고 설득하기도 했다. 서구 기독교 국가의 십자군과 식민주의 운동은 폭력과 무력을 사용하여 성지회복과 기독교확장의 목적을 달성하려 했다는 공통점을 가지고 있다. 서구 기독교 국가들이 그동안 세계 역사에 보여 준 것은 침략, 착취, 그리고 도둑질의 역사였다. 그 배후에 기독교가 있었다. 교황이 이를 교서로 허락했고 개신교회들도 이를 묵인 내지 적극적으로 후원했다. 선교사들은 복음의 메신저이기보다는 정부의 에이전트 역할을 했다. 서구의 기독교는, 가톨릭이건 종교개혁의 후예인 개신교이건, 이 식민주의에 반대하거나 저항하지 않았다. 오히려 그들은 이 식민주의의 방조자 내지 후원자로서 이에 참여하고 식민주의를 이용하였다.

지구화Globalization

지구화 모두가 잘못된 것은 아니지만 지구화의 상당 부분은 새로운 형태의 식민주의 형태를 띠고 있다. 지구화도 미국을 중심으로 한 서구 기독교 국가들이 주도하면서 이권을 독차지 하고 있다. 아프리카, 남미, 아시아 등 옛 식민지 국가들은 여전히 착취의 대상이 되고 있다.

세계시장은 주로 과학기술과 첨단기법을 가진 서구 기독교 국가들의 초국적 기업에 의하여 장악되고 있다. 초국적 기업은 지구적 조직망과 통신망을 가지고 전 세계의 시장을 장악하고 있다. 이 과정에서 소위 제3세계권과 구 사회주의권 국가들이 그 희생제물이 되고 있다. 약자, 노동자, 농민, 도시빈민, 소비자, 중소기업, 그리고 생태계가 희생제물이 되고 있다.[23] 지구화는 20%의 부자들이 나머지 80%의 가난한 사람들을 더욱 가난하게 만들어 가고 있다. 대량실업자가 증가하고, 기아와 가난으로 죽어 가는 사람이 날로 늘어나고 있다. 2001년의 9·11 테러의 직간접적인 원인도 바로 이러한 신식민주의와 지구화에 있다. 지금 서구 기독교 국가를 주축으로 신속하게 진행되고 있는 지구화는 성서의 정치경제와는 정반대의 방향으로 가고 있다.

(2) 행함을 배제하는 서구 신학

믿음으로만sola fide**의 루터 신학**

종교개혁자 루터는 로마서 1:17과 3:28에 근거하여 "사람이 의롭게 되는 것은 '오직 믿음'sola fide에 의해서"라는 이신득의以信得義 사상을 전개하였다. 이 "오직 믿음으로 의義"라는 사상은 종교개혁의 핵심사상이 되었다. 루터가 "오직 믿음으로만 구원을 얻는다"는 사상을 말한 배경을 살펴보면, 자기의 힘으로 하나님의 의에 도달하려고 노력하다가 좌절하게 된 루터 자신의 개인적인 경험도 중요한 역할을 하였지만, 보다 더 중요한 동기는 행위를 통하여 구원에 이를 수 있다는 그 당시 가톨릭교회의 가르침과 신학의 폐해를 개선하기 위한 동기가 더욱 크게 작용하였다. 이 이신득의 사상은 5세기가 지난 오늘까지도 개신교회 신학의 핵심사상으로 개신교회의 신앙과 신학을 지배하고 있다. 그러나 "믿음으로만 의롭게 된다"는 종교개혁사상은 개신교회에 행함을 배제하고 공허한 믿음만을 남겨 둔 결과를 낳았다. 실천과 윤리적 차원이 결여된 개신교회를 만들어 버리고 만 것이다. 종교개혁자들의 "오직 믿음으로만"sola fide이라는 슬로건이 너무 일방적으로 강조되고, 그 위력이 너무나 강했기 때문에 루터나 칼빈이 말한 선행, 성화는 종교개혁 이후 그리스도인의 신앙생활에서 충분히 주목을 받지 못한 채 뒷전으로 밀려나 버리고 말았다. 이러한 행함 부재의 기독교, 윤리적 가치 결여의 기독교의 병폐를 어떻게 치유할 것인가? 이상에서 살펴본 바와 같은 서구 기독교의 폐해는 서구에만 국한된 것이 아니고 그 영향은 전 세계에 미치고 있다.

3) 제2종교개혁을 지향하는 민중신학

민중신학은 그 시작부터 반서구신학, 탈서구신학을 외치며 출발했다. 그 이유는 서구 기독교 국가들이 폭력과 무력을 앞세운 침략적 식민지적 세력이요, 서구신학은 이러한 국가를 지지하고 후원하는 지배자의 신학이요, 말씀만 강조할 뿐 행함이 결여된 신학이기 때문이다.

(1) 민중의 신학

피지배자의 신학

아시아신학의 큰 특징 가운데 하나는 아시아신학은 지배자의 신학이 아니라 피지배자의 신학, 억압자의 신학이 아니라 눌린 자의 신학이라는 점이다. 이것은 서구의 지배자의 신학과는 180도 다른 모습이다. 콘스탄틴 대제 이후 서구 기독교는 지배자의 종교, 지배자의 신학이 되어 왔다. 이 서구신학에 피지배자와 눌린 자의 자리, 즉 민중, 달릿, 부라쿠민, 원주민Aborigine, 여성, 장애자의 자리는 없었다. 아시아 신학은 바로 이러한 눌리고 억울한 사람들의 신학이다. 특히 아시아의 피지배자의 신학은 서구제국 및 일본의 식민지 지배하에서 신음하였던 뼈아픈 경험을 바탕으로, 이러한 강대국의 지배를 더 이상 용납하지 않겠다는 결연한 의지를 그 바탕에 깔고 있다. 이러한 눌린 자의 신학이 아시아와 아프리카, 그리고 남아메리카 대륙을 풍미하고 있는 사실은 기독교 2000년사에서 처음 있는 일로서 가히 혁명적인 현상이라고 할 수 있을 것이다. 아시아의 신학자들은 피지배자의 신학, 눌린 자의 신학이야말로 기독교 본연의 진정한 신학임을 확신하고 있다.

아래로부터의 성서읽기

서기 313년 콘스탄틴 대제가 기독교를 공인하고 국교로 승격시킨 이후 성서해석은 대체로 기존 지배체제를 재가하고 옹호하는 방향으로 진행되어 왔다. 루터의 종교개혁도 교회를 가톨릭교회로부터 해방시키는 데는 성공하였지만, 교회로 하여금 농민이나 피지배자의 편에 서게 하는 데는 실패하였다. 18세기 계몽주의 이후 생겨난 역사비평적 방법은 그때까지 교회의 전통과 교리에 얽매여 있던 성서해석으로부터 벗어나서 이성에 의하여 자유롭게 해석할 수 있는 길을 열어 놓음으로써 성서해석에 획기적인 공헌을 하였다. 그러나 이 역사비평방법도 그 수행자 대부분이 서구사회의 기득권을 가진 계층에 속한 사람들이었으므로 그들의 시각은 기존의 지배질서를 유지하는 차원 이상을 벗어나지 못하였다. 이러한 성서읽기는 모두 '위로부터의 성서읽기'였다. 그러기 때문에 지금까지의 성서해석은 성서의 의미를 제대로 드러내지 못하였다. 왜냐하면 성서는 지배자, 기득권자를 옹호하고 그들의 억압적이고 착취적인 지배체제를 영구적으로 존속시키는 것을 목적으로 하여 기록된 책이 아니라, 이와는 정반대로 그들에게 억압받고 착취당하는 피지배계층 사람들, 즉 민중을 해방하는 하나님의 구원행위를 기록한 책이기 때문이다. 성서는 위에서 내려다보아서는 보이지 않는 책이다. 아래에서 올려다보아야 보이는 책이다. 아시아적 성서읽기는 지배자, 부자들에게 눌린 자들의 시각 즉 아래에서 보는 성서읽기이다. 이스라엘의 족장들, 이집트의 히브리 민족, 강대국들에 시달린 이스라엘 민족, 그리고 이스라엘 안에서도 눌린 자들의 이야기를 기록한 책이 구약성서다. 그리고 신약성서 역시 민중인 예수, 그리고 12사도들을 비롯하여 창기, 어부, 병자, 가난한 자, 소외된 자 등 눌린 자들의 이야기이다. 아시아 신학들도 민중, 달릿, 부라쿠민, 원주민Aborigine, 가난한 자, 병자, 장애자 등 사회의 밑바닥에서 눌린 자들의 시각으로 성서를 읽고 있다.

당파적 성서읽기

'아래로부터의 성서읽기'는 일차적으로 아래에서 부당하게 눌리고 착취당하는 사람들의 편에 서는 성서읽기다. 당파적 성서읽기는 피하려야

피할 수 없는 불가피한 방법이다. 많은 사람들은 이와 같이 눌린 자의 편에 서는 아시아적 성서읽기에 대하여 너무 당파적이요 편파적이라고 비판한다. 온 세계 만민을 구원하시려는 하나님, 예수 그리스도의 보편적 구원의지를 훼손하는 것이라고 비판한다. 그러나 이는 눌린 자의 편에 서서 성서를 읽고 신학 하는 아시아적 성서읽기의 진정한 뜻을 제대로 이해하지 못한 사람들의 인식부족에서 나온 비판이다.

성서가 증언하고 있는 하나님과 예수는 물론 세계 만민을 구원하시려는 만민 구원사상, 우주적인 구원사상을 가지고 계신다. 그러나 성서가 증언하고 있는 하나님과 예수는 일차적으로 눌린 자의 편에 서는 하나님이요 예수다. 하나님과 예수는 비민중, 반민중도 궁극적으로 구원받기를 바라고 있다. 그러나 반민중이 민중을 억압하고 착취할 때 하나님은 일차적으로 민중 편에 서서 민중을 억압자들로부터 해방하고 구원하신다. 예수는 참 하나님, 참 사람, 메시아로서 민중의 편에 서서 민중을 구원하고 해방하신다. 아시아 신학은 민중의 당파적 편들기에서 출발하여 모든 사람이 구원을 얻는 보편적 구원을 지향한다.

(2) 평화의 신학

한민족은 긴 역사 가운데 중국, 일본 등 주변 강대국들의 침략을 수없이 받았지만, 한 번도 외국을 침략해 본 적이 없는 평화민족이다. 이와 같이 평화를 사랑하는 한민족에서 탄생한 민중신학은 폭력 사용을 원칙적으로 거부한다.[24] 민중신학은 무력으로 다른 나라, 다른 민족을 침략하고 억압하는 것을 거부한다. 남북통일도 무력이 아닌 평화적인 방법으로 이루어지기를 바라고 있다. 민중신학이 바라는 평화는 팍스 로마Pax

Romana나, 팍스 아메리카Pax Americana와 같이 강자가 힘으로 약자를 억눌러서 아무 소리도 내지 못하게 하는 강요된 침묵의 평화가 아니라, 약자, 가난한 자, 민중이 자기 목소리를 당당히 낼 수 있는 그리스도의 평화Pax Christi를 지향한다. 그리스도의 평화는 무력, 폭력에 의한 평화가 아니라 사랑에 의한 평화다. 참 평화는 무력이나 폭력으로 올 수 없다. 제3천년기의 기독교 신학은 서구 전쟁의 신학이 아니라 평화의 신학이 되어야 할 것이다.

(3) 행함의 신학

믿음으로 얻는 의

우리 인간은 예수 그리스도의 대속의 공로로 모든 죄를 용서받고, 그리스도 안에서 새로운 피조물이 되고(고후 5:17), 하나님의 자녀가 된다(롬 8:14-16). 우리가 새로운 피조물이 되고 하나님의 자녀가 되는 것은 우리 자신의 공로나 업적에 의한 것이 아니다. 하나님이 거저 주시는 은총이요, 선물일 뿐이다. 우리는 이 선물을 값없이 받는 것뿐이다. 죄인인 인간이 예수 그리스도를 믿음으로 의롭다 인정함을 받는 것이다. 이 의義가 우리가 필요로 하는 첫 번째 의義 즉 "믿음으로 얻는 의"다. 그러나 성서는 믿음으로 의롭게 되고 하나님의 자녀된 새로운 피조물이 갖춰야 할 또 하나의 의를 필요로 한다. 그것이 바로 "행함으로 얻는 의"이다.

행함으로 얻는 의義

안병무나 서남동이 공통적으로 구원에서 인간의 행함을 강조하고 있는 사실은 매우 중요한 의미를 갖는다. 왜냐하면 '믿음만' sola fide을 강조하는 루터의 구원이해는 루터의 본래 의도와는 달리 인간의 행함의 차원을 약화 내지는 배제시켜 버리는 엄청난 부작용을 가져왔기 때문이다. "믿음만으로 의롭게 된다"는 신학사상이 5세기 이상을 지배하고 있는 신학 풍토에서 믿음의 차원을 배제한 인간 자신의 행함을 강조한 안병무의 자력구원론, 그리고 믿음에 대한 이해가 안병무와는 다르지만 성령론적 구원론을 말하면서 인간의 행함을 강조한 서남동의 구원론은 가히 혁명적인 선언이었다. 안병무나 서남동의 구원론이 과격한 혁명적인 성격을 갖는 것은 바로 이신득의의 구원론의 행함 배제적인 차원을 시정하고 보완해 주기 때문이다.

행함은 구원의 조건

예수는 산상수훈을 마감하는 자리에서 다음과 같이 행함을 강조한다.

"나더러 주여 주여 하는 자마다 천국에 다 들어갈 것이 아니요. 다만 하늘에 계신 내 아버지의 뜻대로 행하는 자라야 들어가리라."(마 7:21).

그러므로 예수가 "하늘에 계신 내 아버지의 뜻대로 행하는 자라야 천국에 들어갈 수 있다"고 말한 것은 아버지의 뜻을 "행함"이 구원의 조건이 된다는 것을 의미한다. 그리고 마태복음 25:31-46의 최후심판 비유에서도 천국과 지옥, 영생과 영벌의 판단기준이 사람들의 행함이라는 사실이다. 그들이 선한 일을 행했느냐, 행하지 않았느냐의 여부가 판단기준이 되고 있다. 마태복음 7:21, 24-27에서와 마찬가지로 여기서도 행함을 강조하고 있으며 행함이 "구원의 조건"이 되고 있다. 야고보서에서도 마태복음에서와 마찬가지로 행함을 강조하고 있다.

"만일 사람이 믿음이 있노라 하고 행함이 없으면 무슨 이익이 있으리요. 그 믿음이 능히 자기를 구원할 수 있겠느냐?"(약 2:14)

"사람이 행함으로 의롭다 하심을 받고 믿음으로만monon/sola 아니니라"(약 2:24).

여기에서 야고보가 말한 "믿음으로만 아니다"라는 말은 첫째, 믿음으로 의롭게 된다는 사실을 부인하는 말이 아니라, 우선적으로 믿음으로 의롭게 된다는 사실을 인정하면서 "행함으로도 의롭게 된다"는 사실을 말한 것이다. 둘째, 반대로 "행함으로만monon/sola 의롭게 된다"는 사실을 말하려는 것도 아니다. 셋째, 야고보가 24절에서 말하고자 한 것은 사람이 의롭게 되는 것은 믿음과 행함이 함께 작용해서synergism 의롭게 된다는 사실을 말하려고 한 것이다. 다시 말하면 이웃사랑의 행위(약 2:14-16)로 입증된 믿음만이 구원의 능력을 가지고 있다는 말을 하려는 것이다(갈 5:6).[25]

믿음과 행함은 상반된 것이 아니고 상호보완적이며 불가분리의 관계를 가지고 있다. 믿음과 행함은 변증법적인 통일을 이룬다. 예수 안에서 믿음은 행함을 전제하고 행함은 믿음을 전제한다. 야고보는 행함이 없는 믿음은 죽은 것이라고 했다. 옳은 말이다. 반대로 믿음이 없는 행함은 인간의 자기과시요 자랑일 뿐이다. 인간 자체가 하나님의 은총으로 주어진 것인데, 하나님을 믿는 믿음을 인정하지 않는다는 것은 그 자체가 잘못된 것이다. 그런데도 사람들은 이 두 가지를 늘 분리해서 생각하고 그렇게 행동하기를 좋아한다. 이는 잘못이다. 믿음과 행함은 늘 함께 있어야 할 필수불가결한 통일체다. 믿음과 행함은 구원의 두

축이다.

4. 나오는 말

기독교는 평화의 종교다. 그럼에도 불구하고 서구의 기독교 국가들은 십자군, 식민지주의, 지구화globalization를 통하여 기독교를 전쟁의 종교, 약탈의 종교, 억압과 착취의 종교로 격하시키고 말았다. 기독교는 민중의 종교다. 그럼에도 불구하고, 서구 기독교 국가들은 기독교를 통치자, 엘리트, 상류 계급의 종교로 만들어 버렸다. 기독교는 섬김의 종교다. 그럼에도 불구하고, 서구 기독교 국가들은 기독교를 섬김을 받는 자의 종교, 통치자의 종교로 만들어 버렸다. 기독교는 사랑의 종교다. 그럼에도 불구하고, 서구 기독교 국가들은 기독교를 미움의 종교로 만들어 버렸다. 그들은 세계의 약소국가들을 침략하고 착취함으로써 많은 민족과 국가들을 기독교의 적들로 만들어 버리고 말았다. 침략, 착취, 억압, 지배의 서구 기독교의 모습은 사랑, 평화, 섬김을 위해 오신 예수의 모습과는 정반대의 모습이다. 예수 자신은 남을 섬기는 종이 되셨다. 바로 이러한 서구 기독교의 현상 속에 세계 기독교의 위기의 근본적인 원인이 있다.

서구 기독교 국가들에 의해 왜곡된 기독교를 바로잡을 때가 되었다. 지금 위기에 처한 기독교는 개혁을 필요로 하고 있다. 세계의 기독교는 반민중적인 기독교에서 탈피하여 민중적인 기독교로 바뀌어야 한다. 세계의 기독교는 믿음만을 일방적으로 강조하는 기독교에서 탈피하여 믿음에 행함을 겸비한 기독교로 바뀌어야 한다. 이런 의미에서 지금 세계의 기독교는 제2종교개혁을 필요로 하고 있다. 제2의 종교개혁Second Reformation이 절실히 요청되고 있다. 세계 모든 기독교인들이 이 개혁에 동참해야 할 것이다. 특히 비서구 세계에 살고 있는 기독교인들과 신학자들이 책임이 있다. 특히, 아시아에서 신학을 하고 있는 민중신학이 제2종교개혁을 수행하는 일에 앞장서야 할 것이다.

씨알, 민중, 그리고 시민운동체의 영성
씨알사상과 민중신학의 양미간兩眉間에 시민운동체 제3의 눈 점안點眼을 위하여

김경재
한신대학교 명예교수

1. 주제의 의미와 목적

한민족의 역사 속에 민주주의라는 나무를 깊이 뿌리 내리게 하기 위해, '5·18 광주민주화운동'의 민중항쟁 피가 흘려진 빛고을에서, 호남이 낳은 세계적 민중신학자요 '국립 5·18민주묘지'에 안장된 죽재 서남동의 서거 25주기 기념강연을 갖게 된 것을 매우 뜻 깊게 생각한다. 특히 이 강연회의 주관이 광주의 시민단체들(광주YMCA, 광주YWCA, 광주교회협의회 등)로서 성사된 것을 고인은 영광스럽게 생각할 것이다.

---

* 이 글은 2009년 7월 17일 광주에서 열린 '죽재 서남동 목사 서거 25주기 추모 모임'의 강연 원고 입니다.

'씨알, 민중, 그리고 시민운동체의 영성'이라는 오늘의 주제를 내걸고 함께 생각하고자 하는 뜻은 두 가지이다.

첫째, 2008년 이명박MB 정권의 집권 이후 오늘에 이르기까지 전개되는 심상치 않은 정치사회적 상황, 곧 심각한 민주주의 역사 퇴행 기류 앞에서, 우리는 1987년 6월 시민항쟁을 전환점으로 이 땅에 민주주의가 승리했다는 역사인식이 착시 현상은 아니었는지 성찰하자는 것이다. 그리하여 다시 한 번 시민운동의 제3의 눈 점안식點眼式이 되고자 한다.

MB정권의 4반정책기조四反政策基調 곧 반민주, 반생명, 반민중, 반평화 정책기조는 대통령 개인의 몰역사적 시대의식과 대형토목공사 강행으로 경기부양을 기대하는 조급증과 장래 역사적으로는 국토발전을 이룬 '위대한 대통령'이라고 평가받으려는 헛된 기대와 야망에서 기인한다. 또한 MB정권의 일탈된 정책기조는 대통령을 중심으로 한 반민주적 수구보수 세력이 형식적 민주주의 탈을 쓰고 역사의 수레바퀴 전진을 가로막고 후진시키고 있기 때문이다. 여기에 한국의 보수적 기독교 세력이 MB정권의 가신집단家臣集團으로 전락하여 갈릴리 예수복음을 변질시키고, 한국 기독교의 순교자들의 역사에 씻을 수 없는 먹칠을 감행하고 있다.

단적으로 말하면, 한국 현대사의 시민민주주의 시대의 개막이 1987년 시민항쟁의 승리로서 완료된 것이 아니라, 투쟁 중인 진행•형의 시대상황임을 자각하면서 그 돌파를 위한 시민운동체의 정신적 무장 곧 시민운동체가 지녀야 할 '때를 분간하는 눈', 역사의 미래진로를 꿰뚫어보는 제3의 눈 점안點眼을 함께하자는 것이다.

둘째, 이 강연은 본질적으로 역사철학적·종교신학적 사상 강연으로서 일차적 성격을 지닌다. 강연자의 전공분야와 능력의 한계를 잘 알고 있기 때문에 시국강연을 하려는 것이 아니다. 그러나 무릇 인간의 역사적 삶이란 지난날의 구체적 생활 체험 속에서 영글어지고 체득한 역사적 공동체의 집단지성이 해석학적으로 그 지평을 확대 심화해 가는 과정인 것이므로, 때론 현실을 이야기하지 않을 수 없게 될 것이다.

2009년 오늘 한국 역사 현실은 과거 없이 과거를 뛰어넘고 전개되는 것이 아니다. 역사적 삶이란 과거 생명의 거름 위에 자라고 피어난 꽃이다. 오늘날 현실을 구성하면서 현실을 창조적으로 변혁시킬 수 있는 힘과 책임을 지닌 민주 시민단체의 주체적 사회변혁운동이 이전보다 더 큰 힘을 지니기 위해, 1960~1980년대에 특히 한국 사회의 민주화운동·인권운동·평화통일 운동을 견인해 가던 씨알사상과 민중신학의 통찰력에 주목해야 한다. 이 강연의 중요한 목적이 거기에 있다.

씨알사상과 민중신학이 1960~80년대에 한때 유행하던 사상운동이 아니라, 오늘에도 보다 성숙한 시민운동의 지반과 미래지향적 비전을 위해 큰 도움이 되는 사상운동이라는 것이다.

위에서 언급한 오늘 강연의 목적을 달성하기 위하여 다음과 같이 세 단락의 이야기를 나눠보려고 한다. (i) 함석헌의 씨알사상에서 씨알의 자기초월 주체성 (ii) 서남동의 민중신학에서 민중의 집단영성 (iii) 역사 변혁의 주체로서 민주시민의 집단지성의 출현과 그 과제이다.

2. 함석헌의 씨알사상에서 씨올의 자기초월 주체성

신천信天 함석헌咸錫憲(1901~1989)은 그리스도교가 한국에 전래된 (1784) 이후, 자생적으로 영글어진 토착적 역사철학자, 종교사상가, 시민평화운동가다. 그의 사상의 대표적 트레이드마크는 '씨알사상'이다.

그는 이곳 광주 YMCA 강당에서도 여러 차례 시국강연과 사상강좌를 한 바 있다.

함석헌의 씨알사상은 정신사적으로 말하자면 1970년대 중반에 자생적으로 발생한 한국 '민중신학'의 선구자가 되고, 토양이 되고, 가장 강렬한 동반자적 전우가 되었다. 그러나 '화이부동' 和而不同이라는 옛말처럼, 씨알사상과 민중신학은 색깔이 다르고 강조점이 다르고 그 지반이 다르다. 달라서 서로 갈등하거나 배척하는 것이 아니라, 도리어 서로 보완하고 새의 두 날개처럼, 수레의 두 바퀴처럼, 부처님의 양미간 제3의 눈을 가능케 하는 두 개의 눈과 같은 역할을 하는 것이다. 안병무와 서남동을 비롯한 민중신학의 선구자들 대부분이 함석헌을 정신적 스승으로 생각한 분들이었다. 그리고 그들이 민중신학과 함석헌의 씨알사상과의 같음과 다름에 대하여 남달리 관심을 가졌다.[1] 우선 씨알사상과 민중신학의 차이와 특징을 알아보기 전에 씨알사상의 핵심을 정리해 보면 이렇다.

첫째, 씨알사상의 '씨알'이라는 순수 우리말 어휘는 다석 유영모의 고전풀이에서 유래했지만[2], 그 말을 '씨ᄋᆞᆯ'이라고 기표記標하고, 그 단어에 철학적·종교적·정치사회적 의미를 부여한 분은 함석헌이었는데, 『씨ᄋᆞᆯ의 소리』월간지 발간(1970) 때부터 본격화되었다.

둘째, 씨알사상의 '씨ᄋᆞᆯ'이라는 어휘 속에는 강렬한 주체성이 담겨 있다. '언어는 존재의 집'(하이데거)이라고 하듯이, '씨ᄋᆞᆯ'은 '민' 民이라는 한문글자로 표기된 호칭을 거부하고 자기가 자기를 주체적으로 이름 갖기를 선언한 것이다.[3] 평민平民, 서민庶民, 시민市民, 우민愚民, 국민國民 등 뒤에 붙이는 민民은 주체성이 없다고 업신여기거나 어리석거나 통치대상으로서의 백성일 뿐이었다.

주체성의 자각은 동시에 주인의식이 깨어남을 나타낸다. 왕, 대통령,

지식인, 귀족, 특권층, 공무원과 경찰, 심지어 국가나 헌법조문이 나라의 주인인 것이 아니라 민(씨알)이 진짜 주인이라는 의식이다. 왜냐하면 그들이 나라살림, 사회살림의 실질적 생산자, 소비자, 조직책임자, 역사를 메고 가는 역사 창조자이기 때문이다. "민民은 봉건시대를 표시하지만 씨알은 민주주의 시대를 표시합니다. 아닙니다. 영원한 미래가 거기 압축되어 있습니다."[4]

셋째, 씨알사상에서 '씨알'은 '맨 사람'을 나타내려는 뜻이다.[5] 맨 사람은 외면적·내면적 의미를 함축한다. 외면적 의미는 특별한 사회적 지위가 없는 '보통 사람'이라는 뜻이다. 내면적 의미는, 외면적 사회적 페르소나(탈, 가면, 옷, 직위, 직분, 직무)를 참 자기라고 생각하지 않고, 사람의 본래성을 지키고 살려 내려는 의미를 함축한다. 인간의 순수성, 본래성, 하늘이 혹은 대자연이 품수해 준 본래 소박하고 진솔한 품성을 지키고 발현시키려는 의지를 갖는다. 무한경쟁이나 동물왕국에서 이뤄지는 약육강식의 사회적 삶을 당연한 것처럼 생각하는 사회진화론적 정치철학과 경제정책을 거부하고 저항한다.

넷째, 씨알사상에서 '씨알'은 오랜 농경문화의 바탕에서 농사짓는 기본법 곧 씨와 토양의 관계를 은유로서 중요시한다. 식물의 씨앗은 토양 흙에 뿌리 내려 성장하고 영글어지듯이, 사람의 삶은 의로운 생명들이 죽어 퇴비가 된 역사라고 부르는 흙을 먹고 자라며 역사를 중요시한다. 역사는 지난 과거가 아니라, 현재 속에 살아 있는 삶의 총체성이기 때문에, 현재의 역사를 진지하게 건강한 생명의 밭으로 일궈 가는데 심혈을 쏟는다. 현재의 역사적 현실에 책임적이지 않거나 도피적인 모든 사상, 종교, 지식, 언론은 공허하고 반생명적이다. 함석헌은 사이비 종교단체, 사이비 언론사, 사이비 정치단체를 통렬하게 비판했다. 그들은 민民 곧 씨알을 마취시키고 서서히 죽이는 원수들이기 때문이다.

다섯째, 씨알사상에서 '씨울'은 같이 울고共鳴, 같이 느껴 주는共應 전체를 개체 안에 감지하는 생명철학 사상이다.[6] 씨알사상이 아무리 개체성과 개인의 주체성을 강조한다고 해도, 전체생명을 떠나거나 전체생명에서 분리된 개체생명은 없다고 본다. 함석헌은 그 관계를 '나무와 숲의 상호관계'로 은유한다. "씨를 메기자는 것이 숲이요, 숲을 이루자는 것이 씨다."[7] 함석헌은 '씨울헌법' 제1,제2,제3장이라고 강조하는 것이 있다. 씨울은 "낡은 제도와 사상에서 해방되어 제 소리를 내고 공명하는 생명체들"이라는 것과, "전체는 부분을 모아놓은 것보다 크다"는 것과 "부분은 전체 안에, 전체는 부분 안에 있다"는 것이 그것이다.[8]

여섯째, 씨알사상에서 '씨울'은 단순히 사회역사적 존재일 뿐만이 아니라 '존재론적 생명체'임을 강조한다. 그 말뜻은 '씨울'이라는 글표시에서 뒷글자 '울'의 해명에서 강조한다. "윗표시 큰 동그라미(ㅇ)는 극대 혹은 초월적인 하늘을 표시하는 것이고 작은 점(·)은 극소 혹은 내재적인 하늘 곧 자아를 표시하는 것이고, 맨 아래 'ㄹ'은 활동하는 생명의 표시"이다.[9] 중요한 것은 무슨 형이상학적 존재철학이나 신학사상에 있지 않고, 그 명제에 따르는 실천적 진리에 있다. 다시 말하면 씨울의 입은 하나님의 입이 되고, 씨울의 고난은 하나님의 고난이 되고, 진정한 씨울들의 소리는 하늘의 소리가 된다. 역으로 말하면, 씨울들이 역동적 생명활동으로서 참을 세워가지 않는 공동체에서는 하나님도 침묵한다. 하나님도 무력하게 된다. 역사는 새로운 단계로 오르지 못하고 퇴보하고 타락하게 된다.

일곱째, 씨알사상에서 '씨울'은 사회공동체의 맨 밑바닥을 떠받치는 어머니 같은 모성적 역할을 지니고 있기 때문에, 궁극적으로는 불의한 사회공동체가 뱉어 놓는 모든 오물을 감당하고 치워 내야 하며, 더 나아가서 망나니 같은 자녀들의 죄를 엄중하게 꾸짖되 회개시켜 변화시켜야 하는 무한 책임을 짊어지게 된다.

한 가정에서 어머니는 가정의 불행을 가정 식구 다른 누구에게 전가시킬 수 없듯이 '대속적 고난의 짐'을 짊어지면서 역사공동체를 '정화'淨化시키고, 사람다운 얼굴 모습을 갖출 때까지 산고産苦의 진통을 앓아야 한다. 보복이나 분풀이나 특권 자리의 자리바꿈을 꿈꿀 수 없다. 여기에 씨알사상의 '씨올' 개념에서 종교적 차원이 드러나며, 일반 사회운동체가 거기까지 함께 가기 심히 어려운 한계선이 있다. 그러나 새 시대의 시민운동은 그 자리에까지 나아가야 한다.

3. 죽재 서남동의 민중신학에서 말하는 민중의 집단영성

서남동의 민중신학은 1974년 그의 사상이 문자로 표현되기 시작하여 과로로 인한 불행한 죽음까지 불과 10년의 짧은 시간 동안, 천재 예술가의 예술작품 활동같이, 불같은 정열로 한국 신학계에 파스칼의 유작 『팡세』(1670) 같은 단편과 논문들, 좀 더 자세하게 해설되어야 할 신학논문을 남기고 갔다. 함석헌의 씨알사상과 서남동의 민중신학은 앞으로 설명될 것이지만, 21세기 지구촌의 모든 역사변혁의 시민운동에 두 눈처럼 작용하면서 그 두 눈의 양미간에 '제3의 눈'을 점안點眼시켜 줄 창조적 지성의 눈빛이 된다.

이 강연에서 우리는 앞선 함석헌의 씨알사상에 대한 총괄적 요약처럼 그의 민중신학의 핵심사상을 다음과 같이 먼저 요약해 정리하고자 한다.

첫째, 서남동의 민중신학은 신학 하는 태도나 방법론에서 실존주의적 결단성을 가지고 성서와 사회현실을 사회경제사적 시각으로 분석하고 이해한다는 특징을 갖는다. "실존주의적 결단성"을 가진다는 말은 나의 인격적 진지성과 성실성을 가지고 문제에 대하여 책임적 결단을 하는 태도를 말한다. "사회경제사적 시각을 가진다"는 말은 성경의 메시지를 이해하거나, 민중의 현실문제를 이해하려 할 때, 구원의 사건이나 죄의 현실성을 정치경제적 조명 등을 문제의 본질에 비춰면서 이해한다는 뜻이다.

그동안 기독교의 중요한 진리들, 예를 들면 출애굽 사건, 시내산 계약 사건, 이스라엘 왕국 건립과 멸망사건, 십자가 사건, 종말적 부활 사건 등을 모두 초자연적인 계시 사건으로서만 해석하여 그 사건들의 진실 접근을 막았다고 본다. 위에 열거한 중요한 성서의 사건들의 의미가 평면적인 정치·경제적 사건이라거나 그런 의미만을 지닌다는 뜻은 결코 아니다. 그러나 사회경제사적으로 보아야 그들 사건이 지닌 의미의 중요한 진면목이 더 잘 보인다는 뜻이다.[10]

서남동의 민중신학은 사회경제사적 방법을 가지고 성서와 역사를 볼 때, 인간의 본성과 운명을 결정하는 사회적 조건들이 돋보인다고 강조한다.[11] 서남동은 물적토대와 상부이념구조·존재와 의식·환경과 유전 등의 상호교호 관계성을 인정하지만, 인습적 사고와 교과서적 중도론을 타파하려면 사회적 제 조건이 인간성을 결정짓는다고 강조해야 함을 역설하였다.[12] 그는 개인영혼은 집단영혼이랄 수 있는 민중의 공동사고와 집합적 인격체의 열망 속에서 싱싱하게 살아난다고 본다. 인간 신체로서 비유하자면, 전통신학은 인간 몸을 구성하는 세포를 문제 삼지만, 민중신학은 신체기관들organs과 그것들의 유기적 관계성을 문제 삼는다.

둘째, 서남동의 민중신학은 구원을 죽은 후에 천국 가는 영혼의 구원으로 이해하기보다는 (그런 요소를 종교가 지닌다는 것을 서남동은 인정한다), '오늘의 구원'에 관심을 갖는 이론과 실천이다. '오늘의 구원'이라는 종교적 어휘를 가장 성경적 의미를 살려서 번역한다면 '오늘의 해방'이라고 본다.[13] 오늘의 인간사회에서 개인과 집단을 죽음의 권세를 가지고 억압하고, 질식시키고, 비인간화시키는 힘을 깨뜨리고 인간답게 살도록 해주는 것이 종교의 일차적 목적이라고 본다. 성경을 꿰뚫고 흐르는 큰 물줄기는 민중을 속박으로부터 해방시키는 구원사의 전개 이야기로 본다.

성령의 일차적 활동도 방언·예언·신유·초능력이라는 종교 현상적인 기이한 일을 넘어서, 그 본질은 분열·소외·악령에 사로잡힘·군대귀신에게 눌림·소통불능·이간질 등의 죄적 현실에서 해방시켜 자유하고 사랑하는 사람으로 변화시키는 일이다.

셋째, 서남동의 민중신학에서 민중은 억압받고 빼앗기는 소극적인 '서민대중'의 뜻만이 아니라, 더 적극적으로 민중은 역사의 주체이고 사회를 실질적으로 변혁시킬 수 있는 집단적 인격체라고 본다.[14] 민중신학에서는 민중이란 '민'民의 '무리'衆를 의미하므로, 인간의 개인성보다는 집단성을 중요하게 본다.[15]

민중신학에서 말하는 민중은 프랑스 혁명 이후 서구사회에 주류를 형성한 부르주아적 '시민계급'도 아니고, 러시아 볼셰비키 혁명 이후 공산주의사회에 주인으로 등장한 프롤레타리아적 '무산계급'도 아니다. 근로자, 농민, 도시서민, 소외계층 전반을 포용하면서도 역사의식이 깨어 있어서, 민중의 부당한 비인간적 예속·억압·빈곤의 되물림·비인간적 대우를 극복하고 말겠다고 다짐하는 '의식화된 민의 무리'를 말한다. 민중이 역사의 객체인 처지로부터 역사의 주체로 등장하는 투쟁의 역사과정이 세계사나 한국사의 진행방향이라고 본다.[16]

넷째, 서남동의 민중신학에서 '믿는다'는 종교적 언어는 신앙의 대상에 대한 '역사적-인격적 앎'이요, 그에 대한 궁극적 관심을 가지고 '신앙 대상의 원형적 삶을 닮으려는 행위요 따름 행위'이다.[17] "나는 예수를 믿습니다"라는 신앙적 고백의 의미는, 민중신학의 입장에서는, 예수의 동정녀 탄생·신성 인성을 지닌 자·대속적 죽음을 하신 자·죽은 지 삼일 만에 부활하신 자·승천하셨고 다시 재림하실 분 등 사도신경의 내용을 지적으로 동의하는 일과 다르다는 것이다. 진정한 믿음이나 대속신앙이란 성령의 은혜와 격려 안에서 신자가 예수를 재연하고, 예수 사건을 다시 신자 생명 안에서 발생시킴으로서 예수와 하나됨atonment= at+one+ment 의 사건이라야 한다.[18]

진정한 역동적인 주체적 믿음이란 신조 내용을 지적으로 동의하는 승인 행위가 아니라, 그의 삶과 일치하려는 실존적 사건이라고 보는 것이다. 서남동의 민중신학에서 '성령론적 공시적 사건체험'이란, 신앙이란 언제나 '지금의 문제'에 참여함으로써 과거 역사적 사건이 지금 나의 사건이 되고, 동시대적·공시적共時的 체험을 하는 것을 말한다. 서남동은 오늘날 한국의 보수적 기독교 지도자들은 사회구조적 악과 제도의 모순을 보지 못하고, 관념론적 신학·기업체 성장모방 목회·반공이념에 속박된 교회·제도교회의 교권존속만 추구하는 교회가 되었다고 비판한다.[19] '민중의 한恨의 사제'[20]가 되지 아니하고 권력과 야합하거나 유착한 가신집단家臣集團이 되었다.

다섯째, 서남동의 민중신학은 '죄'의 본질을 개인의 도덕적 차원에서 보다 더 근원적인 죄, 곧 사회집단적 죄의 현실과 사회집단적 회개를 촉구하는 맥락에서 본다. 서남동은 개인의 인격과 영혼의 깊은 곳에서 은밀히 짓는 죄의 문제를 도외시하는 것은 아니다. 그러나 현실적으로 정직하게 볼 때, 오늘날 사회에서 발생하는 수많은 범죄와 죄적인 사건들은 사회부조리, 사회모순, 사회구조적 부정의 때문에 직간접적으로 발생하고, 악순환이 반복된다.

지배계층과 권력 소유자가 자기 입장에서, 자기의 현상유지를 강화하기 위하여, 법질서를 강조하고 민중의 정당한 권리주장과 민주시민으로서의 주권적 행동을 범죄자로 규정할 때, 민중신학은 단호하게 불의한 법질서와 사회구조악을 혁파해야 하며, 그렇게 하는 것이 선이요 정의가 된다. '민중'을 미화하거나 '의로운 무리'라고 추켜세우는 것이 민중신학은 아니다. 그러나 그들은 터무니없이 많이 가진 자나 권력자들보다는 가난하고 무력하기 때문에, 현실적 삶의 실상을 더 뚜렷이 볼 수 있는 '인식론적 특권'을 가지며, 용서받을 수 있는 신의 은총을 보다 먼저 받는 '신의 우선적 사랑의 대상'이 된다는 것이다. 성서에는 신의 보편적 사랑도 말하지만 가난한 자들과 눌린 자들에 대한 신의 '편애적 사랑'을 읽을 수 있다.

여섯째, 서남동의 민중신학은 하늘나라天國를 하나님의 나라神國와 대비시키고, 전자와 후자는 보완적 관계로서 의미를 지니지만, 신약성경의 본래 정통은 메시아 왕국 곧 하나님 나라의 도래를 대망하는 신앙이라는 것을 강조한다. 메시아 왕국으로서 신국의 상징은 정치적·사회적·참여적 상징이다. 단순한 열반과도 다르고 유토피아와도 다르다.[21] 메시아 왕국은 메시아 정치를 필수적으로 동반하고 요청한다.

민중이 역사의 주체자로서 역사적 주권을 명실 공히 회복하는 것이 메시아 정치의 목적인데, 메시아 정치는 평면적 차원에서 정권 교체적인 혁명의 차원에 국한되지 않는다. 더 철저한, 더 포괄적인, 종말론적 형태 변화transformation를 의미한다고 서남동은 강조한다.[22] 그것은 '몸의 집단적 부활'을 동반하는 것으로 상징되는데, 궁극적으로는 하나님의 영광이 만유 가운데 만유로서 현존하는 비전을 갖는다(고전 15:28). 그날에 이르기까지, 하나님은 역사를 통해 일하시되 민중의 손발을 통하여 일하시며, 역사의 진전 자체 속에 신은 육화하시어 일치를 이루시되 민중의 집단적 생명 속에 육화하시어 민중과 일치를 이루시는 방식으로 하신다. 민중이 메시아적 기능을 갖는다는 말을 그렇게 이해하는 것이 옳다. 그러므로 보수 정통신학은 몰이해하고, 인본주의적 신학이나 자유주의적 신학은 쉽게 오해한다.

4. 역사변혁의 주체로서 민주시민의 집단지성의 출현과 그 과제

지금까지 둘째 단락과 셋째 단락을 통해서, 우리는 함석헌의 씨알사상과 서남동의 민중신학이 말하려는 핵심적 내용을 정리해 보았다. 한국 현대 사회사 속에서 자생적으로 발생한 이 두 가지 사상은, 아직 한국 사회의 학계나 지성사 및 정치운동사 속에서 그 의미가 충분하게 평가되지 못한 채 있다. 이 양자의 관계성과 차이성을 서남동 자신이 다음과 같이 명료하게 증언하고 있다.

안병무 선생은 함 선생의 씨알 개념을 잘 밝혀 주는 글을 썼는데, 거기에서 그는(안병무) "존재론적·우주론적인 차원에서 보면 '씨알'이고, 역사적·사회적인 차원에서 말하면 '민중'이다"라고 구별했다. 이 구별은 잘된 구별이라고 생각된다. 그 한마디 말로서 할 말을 다 한 셈이다. 이것은 씨알의 양면성을 지적한 것인데, 그것은 씨알에 대한 비판이면서 동시에 적극적인 평가도 된다. '민중'을 말하는 사람은 '씨알'을 늘 맘에 두어야 할 것이고, '씨알'을 말하는 사람도 '민중'을 늘 맘에 두어야 할 것이다. 인간의 존재론적 측면을 외면한다든지, 인간의 사회적·역사적 측면을 망각해서는 안 되겠기 때문이다.[23]

위에서 인용한 문장으로 볼 때, 강연자는 1987년 민주시민항쟁이라는 역사적 사건 이후로 우리 사회에 등장한 역사변혁의 주체자로서 '민주시민'이라고 통칭하는 집단지성이 자신의 제3의 눈으로서 점안點眼하자는 주장을 대신할 수 있다. 인용문 내용이 본연의 목적이었다.

한국 근현대 정치사회사적 발전과정에서 우리는 동학혁명(1894), 3·1운동(1919), 4·19 학생혁명(1960), 5·18 광주민중항쟁(1980)을 통하여 끊임없이 씨알들과 민중의 자기 목소리 곧 민중이 역사의 주체라고, 씨알들이 나라의 진정한 주인이라고, 주장하면서 싸워 왔고, 그 대가로 수많은 생명의 희생을 감내하였다. 그러나 냉엄하게 뒤돌아 볼 때, 앞서 언급한 중요한 역사적 사건들 속에서는 프랑스 혁명 이후 서구사회에 등장한 소위 말하는 '시민계급'이 주도한 것이라기보다는 농민들, 학생들, 소상인과 자영업 노동자들, 사회주변부 소외계층들이 목숨을 내걸고 싸운 것이다. 광주민중항쟁에서(1980) 전 시민이 반민주 군부세력에 저항하고 싸웠지만, 청년학도들과 힘없는 서민들에 대한 군부독재집단의 무자비한 살육과 만행을 보고 시민들의 '거룩한 분노'가 일어나 '5·18 광주민주항쟁'이라는 역사적 사건을 이루었다.

다시 말하자면, 광주민중항쟁 소식이 사이비 언론기관과 정권에 의해 차단되고 가려졌음을 고려할지라도, 이 소식을 들은 전국토의 '시민계급'이 프랑스 혁명 때처럼 역사변혁의 주체 세력으로서 들고 일어나지 않았다는 사실이다. 줄여 말하자면, 한국 정치사회사는 개화기와 근대화 과정을 거치면서도 '봉건사회'로부터 민주주의라는 형식적 국가정체에로의 전환을 했을 뿐이고, 문화사상사적으로는 모든 인습적 전통에 결부된 허구적 권위를 비판적으로 청산하는 '계몽시대정신'을 거치지 못했다. 그 결과, 해방 후 60년이 지나도록 한국 사회는 아직도 관료적 권위주의, 국민 위에 군림하려는 통치자의 독재, 형식적 대의의회제도 명분으로 치장한 당파주의, 정치권력과 자본권력에 아부하고 굴종하는 사법기관과 언론기관들의 추태를 현실에서 목도하는 것이다.

그렇게 볼 때, 1987년 민주시민의 항쟁은 특별한 의미를 갖는다. 그 항쟁은 이전까지의 씨알들이나 사회 바닥 사람들과 소외 계층인 민중들이 합류했을 뿐만 아니라, 첨으로 자발적인 화이트컬러 시민들이 민중(씨알)과 더불어 역사변혁의 주체로서 등장한 사회운동사에서의 이정표를 이루는 사건이었다. 비로소 한국 사회도 민주시민계층의 집단지성이 역사의 무대 위로 등장한 것이다. 그것의 연장이 2008년 어린 여학생들과 유모차를 끌고 참여한 자발적 시민들의 집단지성의 표출로서 '촛불사건'인 것이다.

역사의 변화를 모르고, 아직도 구태의연한 권위주의 인습에 젖은 현 정권 주역들과 사법부 충견들과 보수 언론계 글쟁이들은 '촛불시위'가 MBC 방송작가 PD들의 선동에 놀아난 대중들의 정치적 광란이었다고 억지를 부리지만, 한국 사회는 이미 루비콘 강을 건넌 것이다. 공안정국을 강화하고, 아무리 '엄정한 법적 대응'을 강조하더라도, 역사의 도도한 강물의 흐름을 하찮은 경찰 방패로 막을 순 없는 것이다. 특히 2008년 '촛불집회'는 1987년 민주시민항쟁 후 20년 만에 다시 순수한 감수성을 지닌 어린 여학생들과 생명을 낳고 양육하는 어머니들이 참여했다는 사실에 주목해야 한다. 단순한 미국 소고기 수입 문제 곧 소고기 파동이 아닌 것이다. 그것은 겉으로 보이는 이유이다. 진짜 이유는, 우리들의 지구 문명사는 이제 생명을 억압하는 국가 권위주의 시대가 이미 끝났다는 것과, 대의적 민주주의 의회제도는 존속하겠지만 진정으로 민의를 반영하지 못하는 형식적 정치제도나 국민 위에 군림하려는 권위주의의 껍데기는 물러가라는 시대정신의 소리인 것이다. 천심이 민심으로 반영된 것이다.

민중신학은 민중의 집단지성을 주목한다고 말했다. 영혼도 개인영혼이고 지성도 개인지성이 더 빛을 발휘할 경우가 있지만, 현대는 개인지성이 집단지성 속에서 더 고양되고, 집단지성은 개인들 지성의 총합보다도 더 놀라운 '자기초월의 경험과 역사 너머의 비전'까지를 느끼면서 응시한다. 현대 과학의 컴퓨터 정보기술공학이 이를 돕고, 지구화된 우주의식이 인식지평을 우주적으로 확대시킨다. 드디어 씨알사상과 민중신학이 1960~80년대 말까지 갈고 닦아낸 투명한 두 개의 눈, 곧 씨알 지성소에서 발하는 양심의 빛과 민중의 집단지성에서 발하는 실천적 지혜의 통찰이, 새로 등장한 민주시민의 양미간에 제3의 눈을 점안點眼시켰기 때문이다. 제3의 눈을 통해서 볼 때, 다음의 사실이 더 명확하게 보이며 민주시민의 과제가 무엇인지 동시에 보인다.

첫째, MB 현 정권의 반민주적 정책기조를 단호하게 응징하고, 해방 후 60년간 수많은 생명의 희생을 무릅쓰고 오늘까지 키워 온 민주주의라는 나무를 고사시키지 못하도록 헌법 제1조를 분명하게 확립해야 한다. 나라의 주권은 국민에게 있고 모든 권력은 국민으로부터 나온다. '국민'이라는 국가주의 시대의 개념을 현대어로 번역하면 '민주시민'이다. 언론자유, 집회결사의 자유, 평화시위의 자유, 서울광장 시민사용의 권리, 정권비판의 권리와 자유를 모두 허락받고 하라는 정권은 민주주의 정권이 아니다. '엄정한 법질서 집행'을 전가의 보도처럼 꺼내드는 MB정권은 대통령 취임선서 때, 헌법 위에 손 얹고 선서한 엄숙한 국민과의 약속을 지키지 않는 한, 대통령 권한을 존경하지도 않고 신뢰하지도 않고 그 위임해 준 권위를 인정하지도 않을 것이다.

둘째, MB 현 정권의 반생명적 정책기조를 민주시민들은 단호하게 비판하고 23조 원 이상의 천문학적 예산을 집중 부어 넣어 전국토를 토목공사 현장으로 만드는 반생명적 4대강 공사를 중단시키고, 정정당당한 공개적 타당성 검증과 민의를 따르도록 만들어야 한다. MB정권에게 국민이 위임한 국정 위임기간은 5년이지만, 한번 파헤쳐지고 훼손된 강토의 생태적·지질학적 복원은 500년 이상이 걸린다. 한국 지성사회 전문가 교수들과 세계의 최고 전문학자들이 MB정권의 '4대강 대토목공사'를 중지하거나 최소한도로 축소하도록 권고하는데, 타당성이 회의적인 경제논리로 밀어붙이는 이 행정 독재를 용납하면, 훗날 후회해도 너무나 돌이킬 수 없는 비극이 올 수 있다. 제3의 눈이 바라보는 인류 미래의 문명은, 오늘의 경제제일주의 가치를 극복하는 '생태학적 영성'을 지향하고 있다.

셋째, MB정권의 반민중적 정책기조를 단호하게 바꾸도록 촉구하고 필요한 시민단체의 연대투쟁을 강화해야 한다. 우리 사회가 빈부 양극화로 인하여 인간성이 피폐해 가고, 무한경쟁과 약육강식의 동물왕국 먹이사슬 구조를 인간사회 발전의 원리로 용인하는 19세기 '사회진화론적 정치철학'을 단호하게 비판하고, '인간다운 얼굴을 갖춘 사회건설'을 촉구해야 한다. 용산 참사 희생자를 '엄정한 법집행'이라는 논리로 못 본 체하는 현 정권의 경제정책 기조는 가난한 자들, 민중을 외면한 부자 중심의 정책이다. 한창 꽃피어야 할 초중고 우리 자녀들이 입시와 과외공부로 인해 청소년 시기를 강제 몰수당하여 심신은 피폐해 가고, 학부형은 교육비에 허리가 휜다. 반민중적 정책기조는 언론법 개정 발상이나 부동산 세법 개정 취지에서 잘 드러난다. 민중은 구걸이나 하찮은 금액의 경제 보조대상으로 취급당하기를 거부한다. 땜질식·생색내기식 사회복지 정책을 거절한다. 민중은 거지가 아니라 나라의 주인인 것이다. 시혜 대상이 아니라, 주인으로 모셔야 할 대상인 것이다.

넷째, MB정권의 반평화적 정책기조가 진정으로 남북화해와 협력을 통한 공생공영의 시대로 나아갈 수 있도록 변화되어야 한다. 김대중 문민정부 시기와 노무현 참여정부 시기에 체결된 남한과 북한의 두 국가 사이의 협정을 존중하지 않고 부정하는 정권은, 주권국가로서의 역사적 지속성과 점진적 역사 전진의 원리를 통째로 부정하는 이질적 권력집단이 되고 만다. 국내에서 보수반공주의 이념으로 시야가 고정된 보수집단의 눈으로 보면 MB정권의 대북정책이 안보를 튼튼하게 했다고 평가할지 모르나, 국민 전체의 눈으로 보면 불안하고 부끄러움을 느끼며, 나라 밖에서 우리를 보는 사람들은 참으로 딱한 후진국 국민으로 볼 것이다. 민주시민들은 이 수모를 그대로 방치할 수 없다.

마지막으로, 역사 변혁주체로서 민주시민의 제3의 눈의 점안點眼은, 모든 잘못을 네 탓으로 돌리고, 너를 정죄하고 점령하여 승자로서 자리 바꿈을 하자는 정치 야욕을 갖지는 않는다. 그런 야욕은 야당으로서 정치집단이 가질 수는 있다. 민중신학은 민중의 집단지성의 힘과 집단적 힘의 결속을 통해 역사를 보다 아름다운 인간 공동체가 되도록 변혁해 가야 한다는 책임을 가진다. 동시에, 씨알의 영성을 통하여 오늘의 한국 사회의 모든 슬픈 현실의 책임이 궁극적으로는 '생각하는 백성'으로서 '참여적 지성'이 되지 못했던 인과응보임을 솔직하게 인정하고, 자기회개와 성찰을 항상 게을리 하지 않는 민주시민이 되어야 한다는 점이다.

한국사회의 여성 인식과 성 구매

조영숙
한국여성단체연합 국제연대센터장

1. 여성인권과 성매매

세계화와 통신 및 교통의 발달로 인해 과거와는 비교도 되지 않을 만큼 지역, 성, 연령에 상관없이 엄청난 규모의 인구이동이 국내는 물론 국제적으로 빈번히 행해지고 있다. 따라서 아침에 발생한 어떤 사건과 사고에 대한 정보는 이미 동시간대로 전 세계로 퍼져나가고 있으며, 하루나 이틀이면 누구나 전 세계의 어디라도 이동할 수 있는 시대에 살고 있다.

이러한 시대를 살고 있음에도 불구하고, 우리는 보통 성매매는 개별국가 안에서만 발생하는 것이라는 막연한 생각을 갖고 있으며, 반면 인신매매는 국경을 넘나들면서 발생하는 국제적인 문제라는 이분법적인 사고를 갖고 있다. 또한 이주는 노동자들의 문제이므로 인신매매나 성매매 문제로 취급되어서는 안 된다는 생각을 하고 있다. 동시에 태국이나 캄보디아로 '섹스관광'을 떠나는 사람들의 문제는 외국에서 이루어지는 일이므로 우리가 상관할 수도 없으며, 동시에 내 눈에 보이는 문제가 아니므로 눈 딱 감고 모르는 척하면 그만이라는 듯 외면해 버린다.

결혼이주를 통해 더 나은 삶을 찾고자 하는 가난한 나라 여성들이 잘 사는 나라의 제한적인 이주정책을 통해 실현되지 못하는 틈새를 이용하는 불법적인 국제결혼 대행사와 인신매매 범죄 집단의 하는 짓거리가 별반 차이가 드러나지 않는 요즈음, 결혼이주는 자칫 인신매매로 그리고 인신매매는 쉽사리 성매매로 연결되는 현실이다. 그리고 대부분의 여성들은 결혼이주 과정에서 성적인 폭력과 착취의 대상으로 전락하는 경우가 빈발하고 있다.[1]

이들 문제는 여성들의 성매매와 인신매매 그리고 이주 문제에 관한 각국의 법과 정책의 차이와 각 나라 여성들을 둘러싼 현실과 환경 그리고 요구에 의해 서로 상충되거나 복잡하게 얽혀 있다. 이 문제를 바라보는 관점과 해결방안 역시 서로 갈등과 마찰을 불러일으키고 있다. 따라서 이 세 개의 서로 다른 문제를 인권의 관점에서 바라보면서 발생하는 문제를 해결하는 것에서 우리의 활동은 출발해야 한다. 그렇지 않은 경우, 자칫 인신매매를 해결하기 위해 결혼이주 자체를 금지시키거나, 인신매매를 방지한다는 명분하에 인신매매를 유발하는 성매매를 합법화하는 등 상호 상충되거나 모순되는 법과 제도를 만드는 결과를 낳게 된다.

이러한 점에서, 한국 정부가 지난 2004년 9월부터 시행하기 시작한 '성매매방지법'은 성매매와 인신매매를 분리하는 오류를 범하고 있는 많은 나라들의 시행착오를 바탕으로 2000년 제정된 '유엔인신매매의정서'

의 성적 착취에 관한 기본원칙을 바탕으로 제정되었으며 국제사회에서도 높은 평가를 받고 있는 성매매 피해자 인권법이다.[2]

2. 한국의 성매매 무엇이 문제인가?

1) 한국 사회의 성장제일주의와 성매매의 확산

한국은 1905년 일제 식민지가 시작되면서 한반도를 통치하기 위해 이동한 일본군의 성적 서비스를 목적으로 처음으로 공창이 도입되었다. 이후 1950년 한국전쟁 이후 남한에 주둔하게 된 젊은 미군 병사들의 성욕을 관리하기 위해 실시되었던 'R&R정책' Relax and Recreation Policy[3]의 일환으로 미군기지 주변에 기지촌이 형성되기 시작하였다. 그리고 기지촌을 중심으로 미군을 상대로 한 성매매가 확대되는 과정에서 한국여성들이 성매매로 동원되었다. 대부분 가난한 농촌 출신의 한국여성들은 생계를 목적으로 성산업에 종사하게 되었으며, 공식적인 일자리 또는 경제활동인구로 인정되지도 않는 비공식적 경제의 영역에서 비합법적인 성산업은 90년대까지 지속적으로 확산되었다. 물론 이 과정에서 한국정부는 경제성장을 위해 요구되었던 자본Capital 즉 달러Dollar를 확보할 수 있게 되었다. 결론적으로 말해서 미군당국과 한국정부는 상호필요에 의해 기지촌을 형성하게 되었고, 기지촌 성매매라는 새로운 성매매의 수요Demand가 요구되어지면서, 주로 농촌지역의 빈곤층 여성들이 성매매로 동원Supply 되었으며, 이 과정에서 엄청난 규모의 성매매 알선을 자행하는 성산업이 성장하였고, 한국정부는 오랫동안 이러한 현상을 묵인하면서 성매매 확산의 공범으로 공모Compliance해 왔다고 평가될 수 있다.

본격적인 경제성장이 추진된 60년대 이후에는, 미국과 일본 등에서 공장이전과 하청을 주로 하는 국제적 노동시장의 분업구조 체제하에서 3DDifficult, Dirty, Dangerous업종이 성장하기 시작했고, 그 과정에서 농촌의 해체와 도시로의 이주를 통해 일자리를 찾는 여성들이 증가하게 되었다. 당시 저학력과 기술훈련의 부재 상태에서 직장을 찾던 빈곤층 여성들에게 공급된 유일한 일자리가 바로 성적 서비스노동이었다. 한 예로, 60~70년대의 "직업여성"의 의미가 성매매 여성을 지칭하였다는 것은 당시 여성에게 제공된 대부분의 일자리가 바로 성산업에 종사하는 것을 의미하는 것임을 시사해 주고 있다.

한국의 성매매 문제에 대한 특성을 이해하기 위해서는 우선 한국의 성매매의 역사를 살펴볼 필요가 있다. 우선, 성매매는 외세에 의해 이식되었다는 점이다. 즉, 일제 강점기에 일본 병사들을 위해 1900년대 초반에 도입된 '사창제도'가 그 바탕이 되었다. 다음으로는, 1950년대 한국전쟁 이후 한반도에 주둔하게 된 미군 병사들을 위해 기지촌 성매매를 묵인하면서 미군에게 한국여성들을 동원해서 성적 서비스를 제공해 온 한국정부의 안보정책과 경제정책이 성산업 확산의 동력으로 작용하게 되었다. 다시 말해서, 근대 이후 한국사회의 '안보정책'과 '경제(성장)정책'의 미명하에 한국여성의 성이 국가에 의해 이용되어 왔다는 역사적 배경을 먼저 이해할 필요가 있다.

이러한 역사적 배경 속에서, 70~80년대 경제성장의 과정에서 성매매는 소위 말하는 '비즈니스 또는 뇌물'과 '정치활동 또는 부정부패'의 매개고리이자 윤활유로 이용되었으며, '성상납'은 경제성장과 군사독재 시절의 부패와 유착 그리고 불법적 거래를 위한 도구로 관행화되었다. 그리고 무엇보다도 80년대 이후 성매매 시장에서의 주요 성 구매자들은 그 동안 기지촌의 미군과 기생관광으로 일컬어지는 일본인들에서 한국인 남성들로 전환되면서, 외세를 통해 이식된 성매매가 이제는 한국사회 안에 토착화된 일상으로 변모하면서, 성산업과 성 구매가 엄청난 규모로 확대되었으며, 그에 따라 성매매 여성들의 수도 점차 늘어나게 되었다.

따라서 전 세계의 11위와 12위를 넘나드는 무역규모를 자랑할 정도로 경제대국으로 성장한 한국사회에서 여전히 상당수의 여성들이 성매매를 목적으로 해외로 인신매매되는 현상의 이면에는 한국의 경제성장이 여성의 지위와 인권을 향상시키지 않은 채 차별적이고, 폭력적인 여성착취구조가 온존되어 왔음을 역설적으로 반증해 주는 역사적 맥락이 존재하는 것이다.[4]

지난 50년 동안 한국사회는 괄목할 만한 경제성장을 이루었음에도 불구하고 여전히 성매매 문제를 묵인, 방조하여 왔다. 그 결과 2002년 한국 정부가 조사한 바에 따르면, 성산업은 GDP의 4.1%에 달하는 엄청난 규모로 성장하였다. 한국사회가 세계 무역규모의 11위를 차지하고 있는 경제발전을 구가하는 경제대국임에도 불구하고, 여성경제활동인구의 8%에 달하는 최소 33만에서 많게는 100만에 이르는 여성이 성산업에 종사하고 있는[5] 왜곡된 산업구조를 가진 비정상적인 사회로 성장해 왔다고 할 수 있다.

이처럼 한국의 경제성장은 성매매 여성들을 동원하고 착취함으로써 성장해 왔다. 기지촌, 기생관광, 집결지, 요정, 룸살롱으로 이어지는 성산업의 진화과정에서 성매매는 '비즈니스의 불가피한 요소'로 한국경제 안에 자리 잡았다. 따라서 60년대 이후 경제성장 시대를 경험한 대부분의 기성세대들은 성접대를 불가피한 것으로 여기고 있다. 그러나 누구도 성산업과 성접대, 성매매 과정에서 여성들이 성적으로 착취당하고 폭력피해를 입는다는 사실에 주목하거나 문제로 삼지 않았다.

지난 40여 년 동안 경제성장이라는 명분하에 성산업에 종사하게 된 대다수의 빈곤층 여성들의 인권피해는 조사되지 않았으며, 대부분 개인적인 불행이나 불운 또는 '선택'으로 간주되었을 뿐이다.

2) 여성인권의 관점에서 출발한 성매매방지법의 제정

한국전쟁 이후 지금까지 한국의 성매매 정책은 오랫동안 남성들의 관점과 입장에서 제도화되고 또 집행되어져 왔다. 남성들의 관점에서 성매매는 '사회적 필요악'이었다. 성매매 여성들은 '성적 방종과 일탈'을 일삼는 '윤락여성'으로 매도된 반면, 성 구매 남성들은 '자연스러운 욕망을 가진 보통 남자'로 이해되었으며, 사회 전반적으로 성 구매 행위는 불가피한 것으로 허용되고 인정되었다.

성매매를 둘러싸고 국민들 사이에서 새롭게 문제제기가 올라오게 된 계기는 바로 2000년 이후 군산 대명동과 개복동에서 연이어 발생한 화재참사 사건을 통해 그동안 숨겨졌던 성매매의 실태 특히 성매매 알선업주들에 의한 성매매 여성들에 대한 극악한 착취현실이 폭로되면서부터였다. 지방의 한 도시인 군산에서만 2000년과 2001년 각각 5명과 14명의 여성이 영업이 끝난 업소에서 감금된 채 불에 타 숨진 사건은 그동안 성매매 문제에 대해 침묵해 왔던 한국사회에서 더 이상 방치할 수 없는 심각한 인권침해 문제로 부각되기 시작했다.

화재사건을 접하면서 여성인권을 지원해 왔던 여성단체들 역시 과거에는 크게 부각되지 않았던 성매매 문제와 성매매 여성들의 인권문제를 새롭게 살펴보게 되었다. 이를 위해 전국적으로 성산업 실태조사와 성매매 여성들에 대한 인터뷰를 진행하였고, 그 결과 대부부의 성매매 여성들이 2000년 유엔에서 합의한 인신매매방지의정서에서 규정한 인신매매 피해자임을 확인하게 되었다.[6]

당시 효력을 발휘하고 있는 '윤락행위등방지법'은 1961년 제정된 이후 40여 년 동안 법의 존재 자체도 국민들 사이에 제대로 알려지지 않은 사문화된 법이었다. 법의 일부조항이 기능하기는 했지만, 그 역시 성매매 여성들만을 대상으로 하여, 성병관리와 처벌(주로 벌금형)을 위주로 집행되면서, 법 적용의 대상은 성매매 여성들에게만 국한되었다. 또한 법에 명시되어져 있었음에도 불구하고, 성매매 알선 범죄 및 성 구매자들에 대한 단속과 처벌은 전혀 이루어지지 않았던 점에서 윤락행위등방지법은 여성 차별적이며 여성 비하적인 법이라는 비판에 직면하게 되었다. 결론적으로 윤락행위등방지법은 제정된 이후 40여 년 동안 성매매를 금지하도록 명시한 법의 취지가 전혀 살려지지 않았을뿐더러, 국제사회의 여성 인권관련 규범과 기준의 변화를 전혀 반영하지 않은 반여성적인 법으로 더 이상의 효력을 기대할 수도 없었다.

이처럼 윤락행위등방지법의 한계를 사회적으로 확인하게 되면서, 성매매 알선 범죄 및 성 구매자에 대한 강력한 처벌과 함께 성매매 피해여성에 대한 보호와 국가의 지원을 명시한 '성매매방지법'이 여성단체들의 주도와 시민들의 적극적인 참여와 지지 속에서 2004년 3월 국회에서 제정되기에 이르렀다.

2004년 9월 한국에서 성매매방지법이 시행되기 시작하면서부터, 한국은 아시아는 물론 전 세계적으로 변화된 성매매 정책으로 인해 주목받기 시작하였다. 특히 미국이 2000년 인신매매피해자보호법을 만들고 각국의 인신매매 정책을 평가하는 인신매매보고서를 발표하였는데, 이때 한국의 성매매 문제는 국제사회에서 성매매와 인신매매 문제 해결을 위한 노력을 평가받는 과정에서 3등급의 하위국가에서 1등급의 최상위국가로 전환되기에 이른 것이다.

물론 여전히 성매매방지법의 시행과정에는 많은 문제점이 존재한다. 법 시행 당시의 사회적 파장만큼 현재 법 집행력이 담보되지 않음으로 인해서 법 시행이 원활치 않은 것이 가장 큰 문제점이다.

3. 성매매의 수요적 측면 demand side 에 주목해야 한다

1) 우리는 왜 성 구매에 주목하는가?

한국사회에서 성매매방지법이 시행된 지 3년이 지난 동안, 가장 큰 변화를 손꼽으라면 그것은 바로 성매매가 불법이라는 점에 대한 국민들의 인식변화이다. 물론 수단과 방법을 가리지 않고 법망을 피해 여전히 성매매 알선과 성 구매에 나서고 있는 불법집단과 일부 남성들이 존재하는 것도 사실이지만, 법이 존재함에도 여전히 법을 위반하고 불법을 자행하는 것은 비단 성매매 문제에서만 발생하는 고유한 현상은 아니기 때문에 시간을 갖고 법 집행을 꾸준히 강화하는 것을 통해 법을 확산시키는 노력이 지속적으로 필요하다. 또한 법이 시행된다고 범죄가 일시에 제거되거나 나아가 범죄자가 한꺼번에 사라지는 예는 어디에도 없으므로 '성매매의 불법성과 처벌'에 대한 국민홍보를 더욱 강화하는 정부의 의지와 역

할이 무엇보다 중요하다.[7]

　법을 시행하기 이전 국민들의 성매매에 대한 인식은 대부분 성매매를 다룬 소설, 영화, 대중가요 등과 같은 대중문화로부터 차용되어 왔다. 대중문화를 통해 국민들에게 각인된 성매매에 대한 이해는 대부분 성매매 여성의 문제에 국한되었을 뿐, 성매매의 구조, 성매매 알선조직의 배후, 성 구매자의 문제점은 전혀 드러나지 않았다.

　또한 대부분의 문학작품과 영화 등에서 다루어진 성매매 여성들은 대부분 '타락한 천사' '허영덩어리' '사회 부적응자' '불행한 자포자기자'로 취급되어져 왔을 뿐, 그 어디에도 가정폭력, 성폭력, 빈곤, 기회의 부족 등으로 인한 사회구조적 피해의 측면이 제대로 부각된 적은 없었다.

　동시에 성매매 알선과 성 구매에 대해서는 제대로 된 정보가 거의 이루어지지 않았다. 이런 점에서 우리 사회는 성매매에 대한 정보의 왜곡, 사실의 왜곡, 인식의 왜곡이라는 총체적 이해 부족의 상태에서 오랫동안 '성매매=성매매 여성의 문제'라는 잘못된 공식을 반복하면서 제대로 된 정책을 마련하지 않았다.

　따라서 여성인권운동의 차원에서 성매매를 알선·공급·수요라는 총체적 측면에서 바라보고 그 원인진단과 해결책을 모색하기 위해 제안된 성매매방지법의 취지와 내용에 대한 몰이해가 법 시행 초기에 법집행 담당자들 내부에서조차 발생했던 까닭은 바로 위와 같은 성매매에 대한 정보의 왜곡, 사실의 왜곡, 인식의 왜곡이라는 총체적인 이해 부족이 사회 전반에 팽배해 있었기 때문이다.

　2004년 9월 성매매방지법이 시행된 이후 5년이 경과하고 있는 현재, 성매매여성 지원 단체에서 제기하는 가장 큰 문제점은 바로 성매매 문제에 대한 균형 잡힌 올바른 이해가 부족하다는 점과 연관되어 있다. 강력한 처벌을 통한 법 집행력의 강화가 요구됨에도 불구하고, 여전히 성매매 알선과 성 구매에 대한 처벌이 제대로 이행되지 않는 것은 법 집행 당국과 담당자들의 성매매에 대한 인식과 이해의 불균형 때문이다. 대표적으로 여성단체에서 불만을 토로하는 사례는 매년 9월 24일 법 집행 기념일을 전후해서 성매매에 관한 언론의 특집방송 대부분이 성매매 여성의 문제에만 반복적으로 국한되고 성매매 구조와 알선 특히 성 구매의 문제점에 대한 보도나 분석은 거의 이루어지고 있지 않다는 점이다. 따라서 대다수 국민들은 여전히 '성매매＝성매매 여성'이라는 등식을 반복적으로 학습하게 되는 것이다.

물론 현재 정부의 성매매방지법 집행이 그 과정에서 성매매 알선범죄의 처벌 및 성 구매 수요의 축소라는 본래의 법 취지가 여전히 만연되어 있는 유착비리로 인해 많은 문제가 발생하고 있는 것 역시 사실이다. 그리고 이러한 문제점을 빌미로 일부 성매매 옹호론자들은 현실주의적 또는 실용주의적 접근을 한다는 미명하에 법 자체를 개정하려는 의도를 숨기지 않고 있다. 이들의 논리에 따르면 살인, 강도, 소매치기, 마약 등과 같은 강력범죄거나 혹은 안전벨트매기, 음주운전 등과 같은 생명과 안전의 문제 등에 대한 법규 지키기는 언제나 위반자가 나오고 있는데, 그렇다면 왜 '살인허용지역' '소매치지존' '음주운전허가지역' 같은 것도 현실적이고 실용적인 관점에서 볼 때 허용하지 않는가 말이다.

따라서 성매매 알선구조와 성 구매라는 수요Demand의 문제를 제대로 짚지 않는 한 성매매방지를 위한 한국사회의 노력은 첫 단추를 제대로 끼지 않은 비싼 옷과 같은 신세를 면하기 어렵다 할 것이다.

2) 무엇이 성 구매를 조장하는가?

문제해결에는 먼저 균형 있는 정보파악, 사실관계 확인, 올바른 분석과 이해가 필수적이다. 문제를 해결하고자 할 때, 우선 그 국가와 사회가 성매매에 대한 엄격한 법과 기준을 시행하는지 아니면 성매매를 묵인 또는 방조하고 있는지 등을 살펴보는 국가정책에 대한 분석이 먼저 이루어져야 한다. 특히, 국가정책을 분석할 때 엄격한 법의 제정과 시행은 명백히 다른 문제라는 것을 유의해야 한다.

두 번째로 살펴보아야 하는 점은, 바로 성매매 알선, 즉 성매매 알선 범죄 집단 및 개인행위자들에 대한 처벌 여부 및 정도이다. 성매매와 인신매매, 국제결혼이주 등 최근 국제사회에서 브로커, 포주, 소개업자, 알선자 등이 문제가 되는 국제적 또는 국내적 조직범죄의 대부분은 법 집행 당국 및 담당자와의 유착과 비리로 얼룩져 있다. 따라서 성매매범죄를 처벌하기 이전에 법 집행 당국의 부패와 유착비리부터 먼저 척결해야 하는 것이 많은 국가가 법 집행 과정에서 경험하는 가장 큰 어려움으로 지적되고 있다. 또한 법 집행 담당자들 사이에서 피해자와 가해자, 자발과 강제 등에 대한 이분법적인 구분이 빈발하고 피해자에 대한 낙인이 팽배한 상태에서 피해자의 인권이 보호되기란 쉽지 않아 피해자 인권보호를 위한 교육의 시급성이 거듭 지적되고 있다.

세 번째는, 성매매에 대한 수요, 즉 성 구매자에 대한 사회적 인식이 관용적인가, 엄격한가의 여부이다. 이는 물론 성매매를 권유해 왔던 남성들의 집단문화, 조직문화, 군대문화, 오락문화 등과의 연관관계를 분석해 볼 필요가 있다. 최근 유엔 등 국제사회에서 여성에 대한 폭력문제 해결을 위한 남성들의 참여와 역할에 대한 연구가 활발히 이루어지고 있는 것도 지금까지 성 불평등과 성폭력 문제해결의 책임을 남녀가 공히 져야 한다는 공동책임과 공동해결의 관점이 확산되는 것과도 그 맥락을 같이 한다고 할 수 있다.

네 번째는, 성매매와 인신매매를 촉진, 조장하는 대중문화의 영향력과 이를 뒷받침해 주는 기술의 발달과 이용 실태이다. 즉, 팝 문화와 인터넷 그리고 케이블방송 등에서 포르노와 성매매를 정상적인 것normalizing처럼 아무렇지도 않게 만드는 다량의 콘텐츠가 무제한으로 제작, 방출되어도 전혀 대응하지 못하는 요즘의 실태는 우리 사회가 점점 더 빨리 성매매의 정상화normalizing prostitution로 나아가는데 큰 영향을 미치고 있다.

따라서 성매매 수요-공급-알선의 고리를 끊기 위한 제도적 장치를 이미 마련한 우리 사회의 경우, 지금까지 제공된 일방적 정보의 한계를 넘어서는 균형 있는 정보제공과 사실파악을 위해 숨겨진 정보파악이 우선적으로 이루어져야 한다. 조직범죄집단에 의해 오랫동안 숨겨져 왔던 진실인 성매매 알선 구조에 대한 이해와 남성중심의 성문화와 조직문화에 대한 점검도 이루어져야 한다. 그리고 최근 인터넷을 통해 확산되는 성적 콘텐츠에 대한 청소년들의 올바른 판단과 선택을 할 수 있는 제대로 된 성교육 역시 시급하다.

이러한 도전을 통해 성매매를 조장, 묵인, 방조해 온 한국의 남성중심 문화에 대한 이해가 선행되어야 하고, 나아가 이러한 남성중심 성문화를 가능하게 만드는 메커니즘에 대한 분석이 요구되는 것이다.

인식 전환이 없이는 무엇보다도 단속과 수사과정에서 성매매 여성들의 인권보호가 제대로 이루어질 수 없다. 성매매 여성을 사회적 피해자라기보다는 범법자 또는 피의자로밖에 보지 못하는 법집행 담당자들이 있는 한 성매매 여성들의 구조와 인권보호, 나아가 자립과 자활로의 연계는 불가능하기 때문이다.

3. 성 구매에 대한 사회적 관용은 중단되어야 한다

성매매는 정말 오랫동안 해결되지 않은 채 은폐되어 온 이슈이다. 많은 어려움에도 불구하고 건강한 불씨를 결코 꺼뜨린 적 없는 한국사회의 저력이 만들어낸 성매매방지법은 시행되는 동안 성의 평등을 여러모로 시험하고 있다. 따라서 성매매를 양산하는 알선 구조와 성 구매의 문제점을 보다 명확하게 이해하고 해결책을 찾아나갈 때, 현행 성매매방지법은 비로소 올바르게 집행될 수 있다.

우선 성매매를 알선하는 알선 범죄의 구조를 이해할 때, 알선 범죄의 처벌은 물론 예방이 가능해질 수 있다. 무엇보다도, 법 집행 당국과 담당자들이 성매매 알선 범죄를 제대로 파악하여 법 집행력을 더욱 강화한다면, 법 집행을 게을리 한다는 지적은 줄어들 수 있을 것이다.

다음으로, 성 구매자들에 대한 과도한 용서와 관용의 분위기를 쇄신할 필요가 있다. 성매매는 결코 피해자 없는 범죄가 아니다. 성을 사는 순간 성폭력과 성 착취 그리고 무엇보다도 범죄 집단에 대한 공모가 동시에 발생한다는 점을 이해한 순간 성 구매 행위는 더 이상 용서받을 수 있는 행위가 아닌 것이다.

대부분의 여성이 성 착취로부터 자유로울 권리를 지녔다면, 남성은 성 착취를 자행하지 않을 책임이 있다. 성폭력이 발생한다면서 여성들에게 밤길을 다니지 말라는 것은 결코 해결책이 아니듯, 성매매 여성 개인에게만 초점을 맞추는 것은 성매매 문제를 해결하는 데 도움이 되지 않는다.

  성매매를 해결하려면 성매매를 알선하는 구조, 조장하는 문화, 구매하는 행위, 성매매로 유인되는 당사자가 처한 구조적 문제를 동시에 해결해 나가면서 개인의 한계와 문제점을 지적하는 것이 균형 잡힌 해결책이다. 이제 성매매 문제 해결에서도 균형 잡힌 해결책을 본격적으로 제시해야 한다.

한국경제의 진로[1]

유종일
한국개발연구원 국제정책대학원 교수

한국 교회의 모습이 부끄럽다. 개혁진보 세력을 '친북좌파' 세력이라고 공격하며 '친미우파'의 선봉에 서는 모습이 두드러진다. 사회정의를 실현하기 위한 예언자적 외침과 진보적 투쟁은 찾아보기 어려워졌다. 지난 해 촛불시위가 들불처럼 타오를 때도 한동안 교회는 그 자리에 없었다. 무려 두 달이 다 되어서야 진보적 기독교가 동참하기 시작했다. 암울했던 유신독재 시대에는 달랐다. 그때 한국 교회는 민주화와 인권의 최전선에 서 있었다. 군사독재 정권의 가혹한 탄압을 받으면서 사회의 구조적 악과 싸웠다. 그 과정에서 한국 교회는 민중의 고난과 함께하는 예수를 만났고, 그렇게 민중신학은 태동되었다. 그리고 이 역사의 소용돌이 한가운데 죽재 서남동 목사님이 계셨고, 나도 그 가운데서 목사님을 만나게 되었다.

　1983년 봄, 서슬이 퍼런 전두환 정권의 압제하에서 내 인생은 막막했다. 나는 군에서 막 제대한 터였고, 무엇을 해야 좋을지 몰라 고민하고 있었다. 내가 아는 것이라곤 학생운동 하는 일과 대학에서 경제학 조금 배운 것, 그리고 미약한 신학지식밖에 없었다. 1980년에 군에 입대하기 전에 대학은 제적을 당했기 때문에 학생운동도 경제학도 관심 밖이었다. 노동운동이나 농민운동의 현장으로 뛰어드는 동료들도 있었지만 나는 아직 자신이 없었다. 결국 기독학생회 선배들의 권유에 따라 선교교육원을 다니게 되었다. 이듬해에 전두환 정권이 자유화 조치의 일환으로 제적생들의 복학을 허용하면서 그만두게 되었지만, 선교교육원에서 수학하던 1년간은 내 인생의 소중한 부분으로 남아 있다. 그리고 당시 선교교육원 원장으로서 나를 돌봐 주신 서남동 목사님에 대한 추억도 내 마음 한구석을 차지하고 있다.

　내 기억 속의 서남동 목사님은 무엇보다도 인자하신 분이다. 감옥도 갔다 오고 나이도 좀 먹은 머리 굵은 학생들이었던 교육원 동학들은 규칙 같은 것도 그리 잘 지키지 않았다. 목사님은 그래도 항상 이해해 주시고 인자하게 대해 주셨다. 수업시간에 보여 준 진지한 탐구심이 또한 감동적이었다. 조금은 시대에 뒤떨어진 종속이론 같은 것도 열심히 공부해 오셔서 우리들과 함께 토론하셨다. 목사님은 결코 권위를 내세우지 않으셨다. 언제나 참된 것을 찾으려는 열린 마음으로 임하셨고, 그 진지함은 학자의 자세를 넘어서 구도자의 모습처럼 다가왔었다.

　선교교육원을 다닌 많은 동문들이 그랬던 것처럼 나는 민주화운동을 하기 위한 발판을 마련한다는 생각으로 교육원을 다녔다. 신학을 학문적으로 연구하거나 목회를 직업으로 삼기 위해서가 아니었다. 1975년 긴급조치9호가 발동되고 민청학련 사건이 터졌을 때 나는 고등학교 1학년생이었다. 나는 세상의 불의와 어른들의 위선에 매우 예민한 사춘기 소년이었고 일찍이 정치의식이 발달해 있었지만 어린 나이에 뭔가를 해볼 처지도 아니었다. 그런데 우연히 신동아에 나와 있는 박형규 목사님 얘기를 읽고, 이런 교회도 있구나 싶어서 제일교회를 찾아간 것이 나와 교회의 첫 만남이었다. 이후 나는 기독학생운동에 참여했고, 구속과 제적과 강제징집 등 운동권 학생의 길을 가면서 사회변혁과 기독교 신앙에 대해 끊임없이 고민하였다. 사회변혁에 복무하겠다는 생각은 확고했지만, 그것과 기독교 신앙의 관계는 쉽지 않은 문제였다.

사회변혁 운동에 대해서도 기독교 신앙에 대해서도 자신이 없었던 나는 세상을 좀 더 공부해야겠다는 생각을 하게 되었고, 그래서 유학도 가고 결국 경제학자가 되었다. 80년대 초반에 진보적 지식인들에 불어 닥친 마르크스주의 열풍에 도저히 공감하거나 동의할 수가 없었던 것도 공부를 더 해야겠다는 결심을 하게 된 한 이유였다. 어쨌든 경제학 공부를 하면서 학자로서의 명성이나 출세를 탐하기보다는 젊은 날 지녔던, 특히 선교교육원 시절에 다졌던, 사회정의에 대한 헌신의 자세를 견지하려고 조금은 노력하였다. 하지만 과연 서남동 목사님이 제자들에게 기대했던 삶을 살고 있는지 자문해 보면 부끄러울 따름이다.

아래에서는 최근 우리나라 경제가 부딪치고 있는 문제의 성격을 규명하고 한국경제의 새로운 진로를 모색해 보고자 한다. 죽재의 정신이 담겨 있는 글이기를 희망해 본다.

1. 난관에 부딪친 MB 노믹스

　7-4-7 공약을 비롯해서 장밋빛 경제공약을 내세워 당선된 이명박 정권이 출범한 후로 경제가 살아나기는커녕 심각한 경제위기에 빠져들었다. 물론 경제위기의 가장 큰 원인은 서브 프라임 모기지 위기sub-prime mortgage crisis로 빚어진 미국발 금융위기의 전 세계적 확산과 이로 인한 세계 경제의 동반침체다. 하지만 이명박 정부의 잘못된 정책대응으로 인해 우리가 치르고 겪는 경제적 비용과 고통의 크기는 몹시 늘어났다(유종일, 2008). 무엇보다 대외 경제 환경이 안정 우선의 경제운용을 요구하는 데 반해 정부는 성장률 목표에 집착한 나머지 무리한 경기부양에 대한 미련을 버리지 못한 탓에, 환율정책, 금리정책, 재정정책 등 거시정책을 둘러싸고 여러 가지 혼선이 빚어졌다. 정부 당국자의 입으로 환율상승을 유도해서 물가불안을 가중시켰고, 추경예산 편성을 둘러싸고 정부여당이 갈팡질팡하는 모습을 보였으며, 한국은행에 대한 정부의 금리인하 압력성 발언 등이 이어지기도 했다. 이 과정에서 결국 새 정부의 경제 팀은 구시대적 성장지상론자들임이 드러났고, 시장을 얕잡아보는 관치성향마저 노정되어서 시장의 신뢰를 상당히 잃어버리게 되었다. 2006년부터 단기 외채가 급상승했던 것과 함께 이러한 요인들로 인하여 한국경제는 세계 금융위기 와중에서 가장 심각한 환율 불안정을 겪게 되었다.

　2009년 1/4분기를 지난 이후부터는 경기회복세에 관한 얘기들이 나오고 있다. 세계에서 가장 빨리 경기가 회복될 것이라는 장밋빛 전망까지 나온다. 그러나 여기에 현혹되면 안 된다. 우선 미약하나마 경기가 살아나는 것은 정부가 경기부양을 위하여 그야말로 막대한 금융지원을 하고 재정을 쏟아 부은 결과다. 구조조정은 거의 하지 않고 수혈만 했으니, 앞으로 정부의 부담이 늘어날 것은 뻔하다. 경기를 살린다고 재정을 팽창하면서도 부자감세를 밀고 나간 결과 재정적자가 눈덩이처럼 불어나고 있다. 다시 말해서 이런 식의 경기회복은 지속가능하지 않다는 것이다. 다행히 세계경제가 조만간 회복이 된다면 큰 부작용을 모면하고 넘어갈 수도 있겠으나, 만약 세계경제가 다시 한 번 침체가 심화되는 더블 딥 현상이 나타나거나 아니면 그냥 장기간 회복이 지연되더라도 한국경제는 심각한 상황에 빠져들 것이다. 지금까지 해오던 방식의 돈 쏟아 붓기에 의한 경기 살리기는 오래 지속될 수 없기 때문이다.

경기회복 여부와 관계없이 서민들의 삶은 더욱 곤고해지고 있다. 이명박 정부는 경제를 살린다는 미명 아래 부자감세와 규제완화를 밀고 나갔는데, 이것은 결국은 서민 증세와 재벌 팽창, 중소기업 위축, 그리고 또 다른 경제위기의 씨앗을 뿌리는 결과를 초래할 것이다. 이미 양극화가 심화되어 경제의 불균형이 심각한데, 이를 가속화시키는 정책이 난무하고 있다. 그중에서도 가장 심각한 것이 바로 비정규직보호법 시행 2년이 가까워지면서 등장한 비정규직 고용기간 제한을 둘러싼 논쟁이다. 고용의 안정성을 높이고 비정규직의 정규직 전환을 추진해야 마땅한 정부가 이와는 정반대로 노동유연성을 외치고 비정규직 고용기간 연장을 추진하면서 정규직 혹은 무기계약직으로의 전환을 염두에 두고 있던 기업들마저 해고를 하도록 부추기는 꼴이 되었다. 더구나 공기업 등 공공부문이 앞장서서 비정규직 해고에 나서고 있으니 이 정부는 누구를 위한 정부인지 알다가도 모를 일이다.

나아가 '4대강 살리기'라는 위장술로 추진되고 있는 대운하를 비롯한 초대형 토목 프로젝트는 앞으로 두고두고 우리의 환경과 재정에 부정적인 영향을 미칠 장기 악재다. 환경파괴와 재정 낭비에만 그치는 것도 아니다. 과도한 건설산업 지중을 조정하는 구조조정을 가로막고, 궁극적으로는 혁신경제로 전환하는 것을 방해하는 요인으로 작용할 것이다.

작년 촛불시위 이후에 정부는 성장보다는 물가안정과 민생안정에 우선순위를 두겠다고 정책방향의 선회를 천명했다. 하지만 이후 나온 정책이 결국 부자감세, 부동산규제 완화, 친기업 정책 따위였다. 최근에는 노무현 전 대통령 서거 이후 악화된 여론을 달래겠다는 요량으로 서민 위주 경제정책을 들고 나왔다. 하지만 서민 금융지원 등 생색내기 정책 몇 가지가 있을 뿐 1% 부자를 위한 경제운영이라는 기본 기조에 아무런 변화가 없다. 근본적으로 성장만이 살 길이고 이로써 일자리나 분배와 복지 문제까지 해결하겠다고 하는 구태의연한 성장지상주의 철학이 바뀌지 않고 있다. 토건과 재벌에 기대는 성장전략의 전환도 기대할 수 없다. 최근 미국을 비롯한 선진국들은 초대형 금융위기를 초래한 과거의 시장만능주의 정책을 반성하고, 금융규제 강화와 분배와 복지정책 확대를 도모하고 있다. 이명박 정부는 요지부동, 초지일관으로 시장만능주의 기조를 유지하고 있다.

이렇기 때문에 한국경제의 앞길은 표류하지 않을 수 없을 것이다. 한국경제가 지속가능한 성장을 해나가기 위해서는 성장전략의 대전환이 필요하다. 자본축적 위주의 양적 성장에서 혁신과 기술발전 위주의 질적 성장으로, 양극화가 확대재생산되는 불균형 성장에서 동반성장으로, 재벌 위주의 성장전략에서 중소기업을 강화하는 성장으로, 성장전략이 전환되어야만 한다.

2. 양적성장에서 혁신주도 지식경제로

IMF위기 이후 성장동력의 약화, 분배의 악화와 고용안정성의 하락으로 대다수 국민의 삶이 팍팍해지면서 소위 '박정희 신드롬'이 유행하게 되었다. 옛날이 좋았다는 것이다. 그런데 사실 박정희식 경제발전모형의 핵심은 소위 발전국가가 경제에 광범위하게 개입하면서 경제발전을 주도하는 것이었는데, 요즘에는 국가의 역할을 될 수 있는 한 축소하자고 하는 신자유주의적인 정책을 지향하는 논자들도 박정희식 발전모형을 칭송하기도 한다. 이는 아마도 이들이 박정희식 모형의 핵심을 성장우선주의라고 파악하는 데서 비롯된 것 같다. 박정희식 성장우선주의의 한 축은 분배를 억누르고 성장을 최우선시하며 노동을 억압하고 기업을 보호하여 자본축적을 극대화하는 것이고, 또 다른 한 축은 경부고속도로로 상징되는 토목과 건설을 통한 경제성장 정책이다. 바로 이러한 정책들이 지금 이명박 정부의 경제정책으로 채택되고 있는 실정이다.[2]

1) 요소투입형 성장에서 혁신주도형 성장으로

이명박 정부는 지난 김대중 정부와 노무현 정부 10년을 '잃어버린 10년'이라고 규정하고 이 기간 중 경제성과가 매우 저조했던 것으로 규정한다. 특히 이 기간 동안 규제와 분배를 강조하는 좌파적 정책 때문에 기업투자가 위축되고 경제성장이 부진했다고 인식하고 있으나, 이는 사실을 심각하게 왜곡하는 편향된 인식이다.

KDI의 연구보고서에 따르면 국제비교적 관점에서 볼 때 경제위기 이후 우리나라의 상대적인 성장성과는 위기 이전처럼 월등하지는 않으나 국제적인 기준에서 높은 편이라고 평가하고 있다(한진희·신석하, 2007). 2001~04년 기간 중 우리나라 경제활동인구 일인당 GDP 증가율(연평균 2.9%)은 선진국(1.1%)은 물론 중국을 제외한 동아시아 5개국(1.3%) 등 대부분의 개도국에 비해서도 훨씬 높은 편이라는 것이다. 투자율이 하락한 것은 사실이지만, 위기 이전에 이례적으로 투자율이 높았고 과잉 중복투자로 인해 경제위기까지 초래했던 사실에 비추어 이는 오히려 정상화일 수도 있는 것이다. 경제위기 이후 자본축적의 둔화는 동아시아 국가에서 공통적으로 나타나는 현상이란 점도 주목할 필요가 있다. 어쨌든 위기 이후의 투자율도 여전히 국제적인 기준에서는 높은 편이다.

한편, 한국의 총요소생산성 증가율의 상대적 순위는 세계 83개국 중 1990년대의 20위에서 2001~04년 기간 중에 14위로 오히려 다소 상승하였다. 이는 위기 이후 개혁조치가 부분적으로나마 성과를 나타내었음을 의미하며 향후에도 자본축적이 효율성 향상을 바탕으로 이루어질 필요가 있음을 시사하고 있다. 최근 발표된 한국은행의 한 연구도 외환위기 이후 설비투자의 증가세가 양적으로는 크게 둔화되었으나 질적인 면에서는 오히려 개선되고 있어서 투입 위주의 양적 성장단계에서 질적 성장단계로 전환되는 과정이 진행되는 것으로 평가하고, 우리 경제의 성장동력과 관련하여 지금까지는 설비투자의 규모를 늘리는 데 초점이 맞추어졌으나 앞으로는 투하자본의 질을 높이는 데 더 많은 관심이 필요하다고 주장하고 있다(박세령·한영욱, 2008).

근래 한국경제에서 투자율이 떨어진 것은 자본축적극대화 시대 당시 빚어진 과잉투자에 의한 위기의 발발과 이에 따른 구조조정의 여파로 빚어진 현상임과 동시에 혁신과 생산성 증가를 위주로 하는 질적 성장으로 전환하는 과정에서 나타나는 현상이다. 따라서 충분한 생산성 증가가 뒷받침되지 않은 물적 자본 투자확대는 다시 과거와 유사한 문제를 야기할 가능성이 있다. 규제완화나 세금감면 등으로 일시적으로 이윤율을 올려주면 투자가 늘어날 수 있겠지만, 이러한 투자확대는 수확체감의 법칙에 의해 곧 다시 투자수익률을 떨어뜨리게 되고 따라서 지속성장을 이끌어 낼 수 없다. 다시 말해, 중요한 것은 혁신으로 '돈 되는' 사업거리가 늘어나고, 이에 따라 투자가 확대되는 것이다. 설사 현재의 투자수준이 미흡하다고 할지라도, 이는 투자부진이라기보다는 혁신부진의 결과라고 보아야 할 것이다. 달리 말하면, 투자부진이 혁신부진을 초래하는 것이 아니라 혁신부진이 투자부진을 초래하고 있는 것이다. 지속가능한 미래 성장을 위해서는 자본축적에만 주로 의존하는 요소투입형 성장에서 생산성 주도형 성장 혹은 혁신주도형 성장으로 성장유형이 바뀌어야 하며, 이를 위해서는 혁신역량을 증진하고 혁신에 대한 유인을 강화하는 데 정책의 우선순위가 두어져야 한다.

2) 토건국가에서 지식경제로

거대한 토목공사를 일으켜 경제에 활력을 불어넣겠다는 발상도 역시 구시대적 발상이다. 거대한 토목공사는 케인즈주의적 경기부양효과를 일시적으로 가져올 수는 있겠지만 지속가능한 성장의 길은 되지 못한다. 사회간접자본 투자가 민간투자의 생산성을 향상시키는 효과를 가지는 것은 사실이지만, 이것도 일시적인 효과이지 수확체감의 법칙을 이겨낼 수 있는 것은 아니다. 예를 들어 물류비용이 낮아지고 이로 인해 수익성이 높아진다 해도, 투자가 계속되고 자본축적이 이루어지면 다시 자본의 한계생산성이 낮아지면서 성장률 하락에 직면하게 된다는 것이다. 물론 이러한 일시적인 생산성 향상 효과가 무의미한 것은 결코 아니다. 다만 재정비용 대비 효과를 잘 따져서 효율적인 투자만을 해야 한다는 것이다.

그림 1_ 건설업의 GDP 비중 국제비교

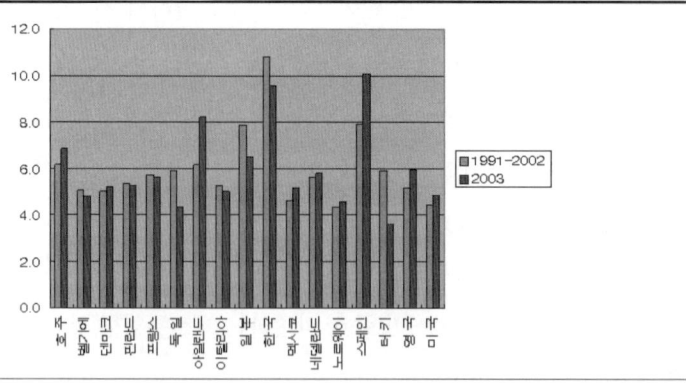

자료: OECD Factbook 2006

〈그림 1〉은 OECD 주요 국가들의 국내총생산에서 건설업이 차지하는 비중을 보여 주고 있다. 이에 따르면 한국의 건설업 비중은 미국, 영국, 프랑스, 독일 등의 선진경제에 비해서는 물론이거니와 소위 건설족 의원들의 막강한 영향력 때문에 '농촌에도 신칸센을 놓는다' 하여 토건국가라고 불리는 일본에 비해서도 훨씬 높고, 멕시코나 터키 등 자본축적 수준이 우리에 비해 떨어지는 나라들에 비해서도 현저하게 높다. 1991~2002년 동안의 평균으로는 모든 OECD 국가들 가운데 최상위였으며, 2003년에는 스페인에 이어 2위를 차지하였다. 이러한 상황을 감안할 때 앞으로는 토목-건설에 대한 투자의 비중을 줄여 나가는 것이 오히려 효율적일 것이다.

지속가능한 성장을 보장하는 것은 지속적인 혁신과 생산성 증가뿐이다. 그렇다면 이는 어디서 오는가? 이는 인적자본과 지적자본의 축적에서 온다. 그런데 인적자본의 생산성은 지적자본에 의해서 결정되므로 궁극적으로는 지적자본이 생산성 증가의 원천이다. 경제가 발전할수록 자본, 노동, 토지 등에 비해 지식이 가장 중요한 생산요소가 되며, 지식의 증가에 의한 생산성 향상이 경제성장을 견인하게 된다. 이것이 바로 지식경제다. 한국경제의 성장동력을 회복하는 길은 한국경제를 본격적인 지식경제로 만드는 일이다.³ 이를 위해서 모든 제도와 정책이 인적자본과 지적자본의 축적을 고취하고 효율화하는 방향으로 개혁되어야 한다.

지식경제라 하면 많은 사람들이 지식이 많은 엘리트들에게만 해당하는 것으로 생각하거나 적어도 엘리트들이 주도하는 경제라고 생각하기 십상이다. 그러나 그래야 할 이유는 없다. 지식경제에서 활용되는 지식이 모두 고등교육기관에서 배우는 형식지만은 아니며 현장에서 습득되는 암묵지tacit knowledge도 그에 못지않게 중요하다. 교육을 많이 받는 것 못지않게 누구나 어떤 일을 하거나 항상 공부하고 연구하고 개선의 방법을 모색하는 태도가 중요하다. 첨단장비를 갖춘 실험실에서 행하는 과학자들의 연구 못지않게 현장근로자나 현장엔지니어들의 시행착오를 통한 점진적 혁신이 중요하다. 상대적인 차이는 있겠지만 농부나 서비스업 종사자나 모든 일하는 사람들이 최대한 지식을 축적해 나가고 이를 활용해서 혁신해 나가는 경제가 바로 지식경제다.

마찬가지로 지식경제가 특정산업에만 해당하거나 특정 지식산업만이 잘 나가는 경제인 것은 아니다. 흔히 지식경제를 정보통신기술ICT이 주도하는 경제로 이해하기도 하지만, 이것은 협소한 개념이고 지식경제의 본질을 정확하게 보는 것은 아니다. 상대적으로 인적자본과 지적자본의 중요성이 더 부각되는 산업분야도 있고, 지식경제 시대에 보다 주도적인 성장산업으로 부각되는 산업분야도 있는 것은 사실이다. 하지만 지식경제란 농업이나 전통적인 제조업과 서비스업을 포함해서 모든 산업이 지식산업화되는 경제다.

3) 혁신주도 지식경제를 위한 교육개혁

혁신주도형 성장동력의 원천은 교육과 연구개발을 통한 인적자본과 지적자본의 축적이다. 인적자원 및 연구개발 투자에 있어서 우리나라는 선진국에 비해 투자의 규모 면에서는 뒤떨어지지 않으나 효율성은 매우 미흡하여 이를 개선하는 것이 시급한 실정이다. 예를 들어, 우리나라의 고등교육 진학률은 세계 최고 수준을 보이고 있으나 고등교육의 질은 매우 미흡하며 전공분야나 스킬 셋skill set이 산업현장의 인력수요와 심각한 부정합mismatch을 드러내고 있다. 또한 직무훈련OJT와 평생교육을 포함 전반적인 인적자원개발HRD 시스템이 매우 뒤떨어져 있다.

우리나라에서 GDP 대비 교육투자율은 지속적으로 증가해 왔으나 투자가 왜곡되어 투자의 효율성이 떨어지고 있다. 고등교육보다는 주로 대학입시를 위한 초중등교육에 집중적으로 투자가 이루어지고 있는 것이 우리나라 교육투자의 특징이다. 경제발전 초기에는 초중등 교육 중심의 인적자본 투자가 필요하지만 경제가 선진국에 가까워질수록 고등교육 투자가 중요해지는데, 우리나라의 교육투자 추이는 이와는 정반대의 방향으로 가고 있는 것이다. 또한 지나친 사교육 의존으로 공교육이 부실화되고 있음은 주지의 사실이다. 1990년대까지만 해도 GDP의 2% 언저리에 머물던 사교육비 비중이 최근에는 GDP의 3%를 넘어서서 4%에 육박하는 등 급증하고 있다. 또한 대학입시에 의한 학교교육의 왜곡이 심하여 아직도 주입식 교육과 시험점수 경쟁이 주를 이루고 있다. 그 결과

조기유학이 성행하고 있으며, 2006년도에 국제경영개발원IMD의 교육경쟁력 평가에서 60개국 중 43위를 차지하는 등 교육의 질이 저하되고 있다(그림 2).

그림 2_ IMD의 교육경쟁력 순위(60개국)

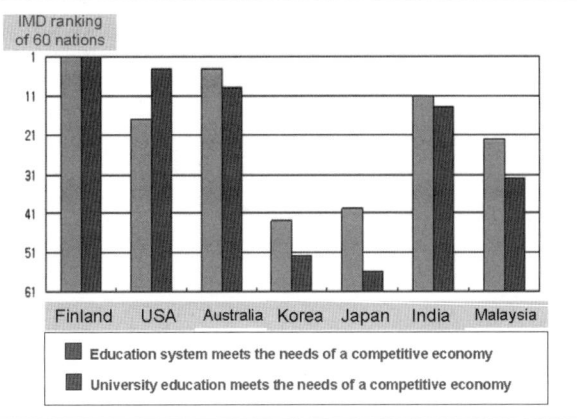

과거에 선진국 기술 따라잡기에 입각한 경제발전을 할 때는 모방형 인적자본이 유용했지만 혁신주도형 지식경제에서는 창의적인 인적자본이 요구된다. 따라서 기존에 정형화되고 체계화된 지식의 습득을 위주로 하는 교육을 극복하고, 창의력과 비판적 사고력과 문제해결능력을 기르는 교육으로 근본적인 변화를 이룩해야 한다. 그러나 이명박 정부의 자율을 강조하는 교육정책이 사실상은 입시경쟁과 사교육을 더 부추기는 방향으로 가고 있어, 모방시대·선진국 따라잡기 시대·양적 성장 시대의 교육 패러다임에서 벗어나지 못하고 있는 실정이다.

이 문제를 해결하려면 대학입시제도를 획기적으로 바꾸는 수밖에 없다. 대학입시의 규정력이 워낙 강하기 때문이다. 예를 들어 대부분의 유럽국가들이 채택하고 있는 주관식 논술형 학력고사를 치르는 것이 한 방안이다. 많은 자원을 투입하여 깊이 있는 평가를 하는 것이다. 이렇게 하면 점수 따기 기술 향상이 무의미하게 되기 때문에 사교육의 효과도 상당히 감소할 가능성이 많다. 치열한 점수 따기 경쟁 이후에 대학에 들어가서 학구열이 식어 버리는 현상도 어느 정도 완화할 수 있을 것이다.

다음으로 대학교육의 질을 제고할 필요가 있다. 우리나라 교육의 경쟁력은 상급학교로 올라갈수록 낙후되어 있는 실정이다. 지식기반경제 시대에 이것은 치명적인 약점이다. 대학교육의 질 제고를 위해서는 대학에 관한 정보공개를 확대하여 경쟁을 강화하는 것이 필요하다. 대학의 학과 간 장벽을 제거하여 지식의 융합과 학제적 탐구가 고취되어야 한다. 그리고 대학이 고졸자가 당연히 가는 곳이 아니라 평생교육의 장으로서 직업현장과 보다 밀접하게 결합되어 교육이 진행되는 곳으로 탈바꿈하도록 하는 정책이 필요하다.

어쩌면 우리나라에서 대학교육보다도 더욱 질적으로 취약한 것이 OJT 등 기업 현장에서 이루어지는 인적자원개발이다. 체계적인 기술교육·직업교육·평생교육 시스템이 미비하고, 대기업에 의한 숙련노동자 앗아가기poaching가 만연해 있다. 따라서 기업특수적 숙련firm-specific skill이 아닌 일반적인 숙련의 축적을 위한 투자는 미약할 수밖에 없다. 기업의 인적자원개발 투자를 더욱 장려하고, 숙련노동자·지식노동자의 양성을 위한 사회적 시스템을 체계적으로 구축해야 할 것이다.

4) 연구개발 투자의 효율성 제고

우리나라는 총연구개발비의 국내총생산GDP 대비 비중이 2006년 3.23%로 이스라엘(4.57%) 스웨덴(3.89%) 핀란드(3.42%) 일본

(3.33%)에 이은 세계 5위이고, 미국(2.61%)이나 대만(2.52%), 호주 (2.47%)보다 비중이 월등히 높다. 최근에는 특허출원과 과학논문발표 등에서도 괄목할 만한 숫자상의 증가가 있었다. 하지만 실제 그 경제적 성과는 미약하다. 2006년도에 국책연구소와 대학 등 290개 공공연구기관의 기술이전율은 21.4%로 미국(35.9%)이나 유럽(46.8%)보다 훨씬 낮았으며, 연구개발R&D 투자 대비 기술료 수입의 비중이 1.5%에 그쳐서, 미국의 3분의 1, 유럽의 2분의 1에도 못 미치는 수준을 보였다. 또한 상품성을 따지지 않고 '특허를 위한 특허'를 내는 경우가 많아 특허유지비가 기술 수입료보다 많은 상황이 빚어지고 있다. 한 계량경제학적 연구에 의하면 우리나라 R&D의 경제성장 기여도가 미국의 1/4 수준으로 낮게 나오고 있다(하준경, 2005).

연구개발 투자의 효율성 제고를 위해서는 기초연구에 대한 과소투자, 중저위 기술에 대한 투자 부족, 산학연계의 부족, R&D 지원자금에 대한 철저한 평가관리 시스템 결여 등이 해결되어야 할 문제다.

기술수준이 선진국 수준에 근접할수록 기술모방보다는 기술창조가 중요해지며 이에 따라 개발연구보다는 기초연구가 더 중요해지는데, 우리나라의 연구개발 투자는 아직 기술모방을 중심으로 한 양적 성장방식에서 탈피하지 못하고 있어 현재의 연구개발 투입구조를 유지하는 한 앞으로 선진국에 접근할수록 비효율성이 더 커지게 될 것이다.[4] 따라서 기초연구 비중의 확대가 필요한데, 우리나라의 경우는 기초연구 중에서도 산업화가 가능한 소위 '파스퇴르형' 연구에 집중해야 할 것이다.

R&D 투자의 효율성 향상을 위해서 가장 중요한 것 중 하나가 숙련노동의 역할을 극대화하는 중저위 기술mid-tech 분야에 대한 투자의 확대다. 실제로 생산성 향상의 많은 부분은 숙련노동과 연구인력이 결합하여 중

저위 기술분야에서 점진적인 혁신을 누적해 나가는 것이다. 대부분의 연구개발 투자가 이러한 분야는 외면하고 성공확률이 매우 낮은 첨단기술 high-tech 분야에 치중되어 있는 것은 심각한 문제이며, 시급히 교정을 요한다. 이렇게 연구개발 투자의 우선순위를 조정하는 것은 기업의 인적자원개발 투자를 확대·심화시키는 것과 함께 맞물려 돌아가야 할 것이다.[5]

그리고 산학연계를 활성화하고 연관 산업의 집적industrial cluster에 의한 확산효과spill-over effect 극대화 및 기술융합을 위한 시너지 효과를 극대화하는 지역혁신시스템 구축을 내실화해야 할 것이다. 산학연계를 구축함에 있어 수요자 중심의 원칙을 견지하는 것은 필수이다.

효율적인 R&D 기획과 철저한 평가관리 시스템을 수립해야 할 필요가 있다. 특히 단기적인 평가로 인한 연구의 왜곡을 지양해야 할 것이다. 수익창출과 기술보호를 위한 특허가 아니라 성과 평가 때문에 건수 위주의 특허를 낸다거나, 과학 연구논문도 질보다는 논문 편수 위주로 발표되어 논문발표 순위에 비해 논문 1편당 피인용 횟수가 형편없이 낮은 현상들이 시정되어야 한다. 또한 지역균형발전 등 외부적인 정책목표나 관료기구의 이해관계가 R&D 예산배정의 심각한 비효율성을 초래하는 문제도 바로잡아야 할 것이다.

혁신역량의 증대와 더불어 혁신을 촉진하는 방향으로 적절한 자원배분 및 유인제공을 하는 것도 중요하다. 이를 위해서는 무엇보다 투명하고 공정한 경쟁질서를 구축하는 것이 선결요건이다. 관치경제에서는 각종 지대추구 행위가 혁신에 의한 생산성 향상보다 더욱 손쉽고 보상이 크기 때문에 그만큼 혁신에 대한 유인이 손상된다. 금융개혁과 규제개혁 및 공정거래질서 확립 등을 통해 경쟁의 압력에 기초한 시장규율을 강화하는 것은 자원배분의 효율성과 경제의 안정성을 제고할 뿐만 아니라 혁신에의 유인을 강화시켜 주는 것이다. 또한 안정적 거시경제 운용으로 부동산 등 투기소득에 대한 기대심리를 제거하는 것이 곧 혁신 유인을 강화시키는 것이다.

3. 양극화를 넘어서 동반성장으로

날로 확대되는 빈부격차 등 경제양극화는 한국경제를 위협하는 가장 큰 문제가 되었다.[6] 양극화가 경제위기 이후 급격히 심화된 것은 사실이지만 양극화 경향이 처음 시작된 것은 1990년대 초반부터였다. 또한 경제위기로부터 벗어난 이후에도 양극화가 해소되기는커녕 현재까지도 지속적으로 악화되는 실정이라는 점에서 양극화는 위기에 따른 일시적인 현상이 아니라 한국경제의 구조적 요인에 의한 지속적 현상임을 인식해야 한다.

그림 3_ 지니계수 및 소득5분위배율 추이

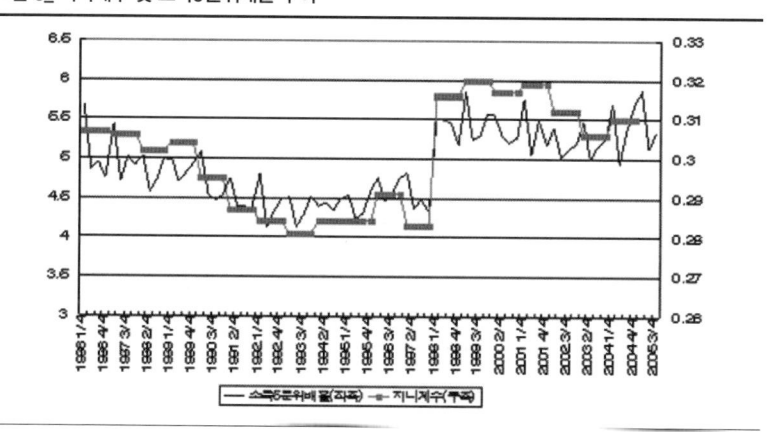

자료 : 통계청, 도시가계연보 각호

〈그림 3〉은 양극화의 대표적인 지표인 소득불평등도의 추이를 보여 주고 있는데, 1990년대 초반까지는 소득불평등도가 하락하는 추세가 이어지다가 1990년대 초반부터 정체상태에 이르고 이후 외환위기 발생을 계기로 급격히 악화된 것을 알 수 있다. 문제는 외환위기에 따른 극심한 경기침체로부터 경제가 회복된 이후에도 분배만큼은 원상회복되지 않았으며, 오히려 최근 수년간 양극화 현상이 더욱 심화되고 있다는 것이다.

1) 양극화의 원인

우리나라에서 경제 양극화가 진행되는 데는 세계화와 기술변화라는 거스를 수 없는 거대한 트렌드가 배경으로 작용하고 있는 것이 사실이다. 세계화에 따른 아웃소싱outsourcing의 확대로 인하여 국내의 산업 간 연결고리가 약화되었으며, 특히 중국 등지에서 노동집약적 제품이 싼 값에 밀려들어 오면서 IT 등 성장산업과 노동집약적 사양산업 간의 격차가 확대되었다. 정보화 등 기술변화가 급격하게 이루어짐에 따라 개인 간의 생산성 격차가 확대되는 추세 또한 등장하였다. 하지만 이러한 공통적인 요인에도 불구하고 선진 각국의 경험을 보면 제도와 정책에 따라 양극화가 억제되는 사례도 많이 있다는 것을 알 수 있다.

우리나라의 경우에는 제도와 정책이 양극화를 억제하기는커녕 조장하는 역할을 해 왔다. 우리나라에서 양극화가 시작되는 배경은 1990년대에 들어서면서부터 제조업의 고용비중이 감소하기 시작하고, 이와 더불어 경제성장의 고용탄성치가 하락하면서 〈고도성장→고용확대→성장과실분배〉로 이어지는 성장과 분배의 연결고리가 점차 약화되기 시작한 것이다. 또한 1980년대에는 다소간 줄어들던 대기업과 중소기업 간의 생산성

그림 4_ 우리나라 산업의 일반집중도

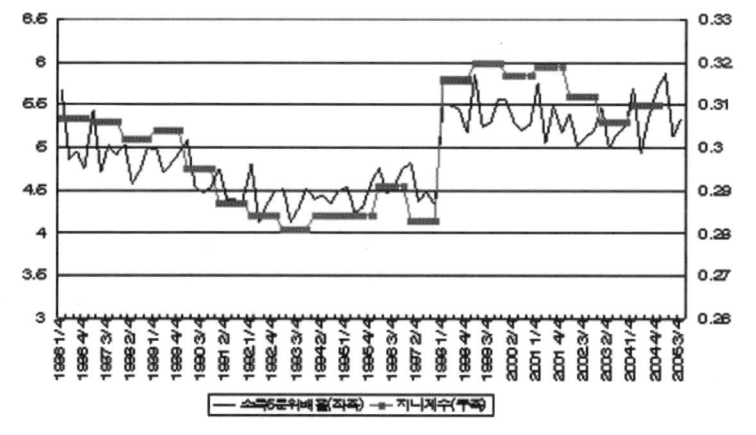

출처: 이재형(2008)

격차가 다시 확대되기 시작한다. 여기에는 세계화와 정보화라는 배경도 작용했지만, 국가의 통제는 느슨해지면서 시장규율은 제대로 작동하지 않은 설익은 자유화 정책의 결과 재벌의 시장지배력이 확대된 것도 중요한 원인이 되었다.

〈그림 4〉는 1980~2005년의 26년간 우리나라 광업·제조업의 일반집중도를 보여 주고 있는데, 1980년대에는 하락하다가 1980년대 종반 이후 다시 상승하는 양상을 나타내고 있다. 이는 시장집중도와 산업집중도는 장기적 하락 추세를 보인 것과 대조된다. 즉 좁게 정의된 시장 내지 산업을 대상으로 하였을 때는 한국경제의 경쟁도가 제고되었다고 할 수 있으나, 소수 대기업의 국민경제적 영향력(이른바 경제력 집중)은 오히려 증가하였다는 것을 말해준다. 특히 상기 일반집중도가 대기업 각각의 개별재무제표를 기준으로 작성된 것임을 감안할 때, 선진국처럼 (모자회사를 통

합한) 연결재무제표를 기준으로 하거나 또는 (계열사를 모두 포함한) 기업집단 단위로 측정한다면, 경제력 집중의 심화 경향은 더욱 뚜렷하게 나타날 것으로 예상된다.

이렇게 재벌의 지배력이 강화되면서 대기업과 중소기업, 그리고 수출산업과 내수산업 간의 격차가 확대되는 양극화 구조가 발생한 것이다. 이러한 구조적인 요인 외에도 부동산 가격 앙등 등 자산가격 거품을 조장하는 성장지상주의적 거시경제 정책이나 인력감축 위주의 구조조정 및 비정규직의 오남용을 부추긴 노동시장 유연화 정책 등 외환위기 이후 추진된 몇 가지 정책들이 양극화를 가속화시키는 요인이 되었다. 또한 과거에는 계층이동의 주된 통로였던 교육시스템이 점차 계층재생산의 메커니즘으로 변화해 버린 것도 양극화 문제를 가중시키고 있다.

2) 양극화와 경제성장

이명박 정부에서 양극화를 극복하기 위한 정책을 찾아보기가 어렵다. 그저 경제성장을 많이 하고 그래서 일자리를 많이 창출하는 것만이 가장 효과적인 양극화 대책이라는 입장이기 때문이다. 이러한 입장은 그동안 경제성장률이 대단히 저조했다는 그릇된 인식에 근거하고 있다. 하지만 실상은 국제적 기준으로 보아 높은 성장을 하는데도 불구하고 구조적인 요인에 의하여 양극화가 확대재생산되어왔음을 인식하지 않으면 안 된다.

경제성장을 충분히 하면 분배도 이룩할 수 있다는 소위 적하이론trickle-down theory은 미국에서 1980년대에 레이건 행정부가 주장하였다. 이후의 실증적 결과는 적하이론의 타당성에 의문을 제기한다. 레이건 정부도 이명박 정부와 마찬가지로 규제완화와 감세 등의 친기업정책을 공급중시 경제학supply-side economics라는 이름 아래 추진하였고, 이로써 경제성장률이 높아지면 감세에도 불구하고 조세수입은 늘어날 것이며Laffer curve 성장의 과실이 확산되면서 빈곤층에게도 혜택이 돌아갈 것이라고 주장하였다. 그러나 결과는 정반대였다. 미국경제는 재정적자와 경상수지 적자라는 이중적자twin deficit 문제에 시달리게 되었고, 또한 빈곤층이 확대되고 소득분배가 악화되었다.

물론 다른 모든 조건이 동일하다는 가정 아래서ceteris paribu 성장률만 높아진다면 적하효과가 나타나겠지만, 적하이론에 입각한 성장률 제고정책은 흔히 부유층에 대한 감세나 규제완화 등 소득분배를 악화시키는 경향이 있는 정책수단들이 동원된다는 점에 주목할 필요가 있다. 이명박 정부의 경우에도 법인세 대폭 인하를 우선적으로 추진하겠다는 입장이고, 소득세와 상속세 인하 등도 고려하고 있다. 이러한 세금인하의 혜택은 대기업과 고소득층에게 그 대부분이 돌아가게 되어 있다. 정부는 단기적인 경기부양 목적 외에도 중장기적인 경쟁력 강화라는 차원에서 지속적으로 감세를 추진해 조세부담률을 2012년까지 20%대로 낮추겠다고 하는데, 고령화와 복지수요 확대 등에 따른 재정수요 증가를 감안할 때 이는 대단히 무책임한 정책이 될 수 있다.[7]

경제성장만으로 양극화 문제를 해결할 수 없음과 동시에 양극화를 방치하면 경제성장마저도 어려워진다는 것을 인식해야 한다. 우선 내수침체 문제다. 저소득층의 경우 한계소비성향이 높은 반면 고소득층의 경우 한계소비성향이 낮으므로 소득의 양극화가 심화될수록 전체 민간소비가 위축될 가능성이 있다. 실제로 지난 5년간 한국경제는 수출이 대단한 호조를 보였음에도 불구하고 내수침체로 인해 잠재성장률을 채 달성하지 못했다. 양극화는 또한 우리 경제의 성장잠재력을 결정하는 가장 중요한 요인인 인적자원을 훼손함으로써 미래의 성장잠재력을 갉아먹는다. 외환위기 이후 소득과 고용불안이 증대되면서 출산율이 급격히 하락한 데서도 나타나듯이 양극화는 우리나라의 출산율이 비정상적으로 낮아지는 데 중요한 요인으로 작용하고 있다. 즉, 양극화가 미래의 인적자원의 양을 축소시키고 있는 것이다.

양극화는 인적자원의 양뿐만 아니라 질도 훼손한다. 미래의 인적자본을 담보로 하는 대출시장이 존재하지 않는 상황에서 잠재적으로 효율적인 저소득층의 인적자본 투자가 실현되지 않고 이에 따라 경제성장이 둔화되는 것은 전형적인 시장실패의 사례이다. 양극화는 당연히 이 문제를 악화시키며, 심각한 계층간 교육비 지출의 격차가 이를 증명하고 있다. 통계청이 발표하는 가계수지동향에 따르면 2003년도 기준으로 상위 10%는 하위 10%에 비해 약 4배의 교육비를 지출하였는데, 이러한 격차는 점점 확대되어 2005년에는 5배로 증가하였다. 가장 최근 통계에 의하

그림 5_ 소득 계층별 교육비 지출

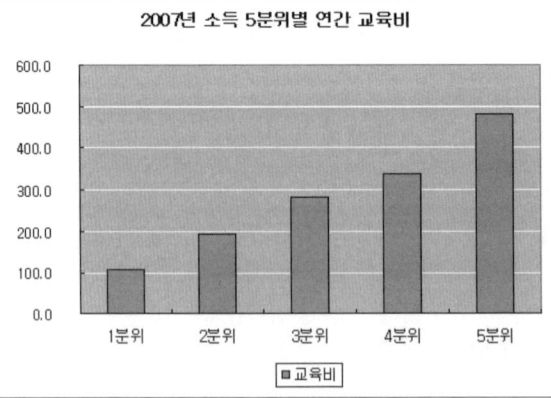

자료: 통계청(2008)

면 상위 20%와 하위 20% 간의 교육비 격차가 5배에 가까워질 정도로 계층 간 교육비 지출 격차가 급격하게 증가했다(그림 5). 고소득 가정과 저소득 가정 간 사교육비 지출의 격차는 더 크다. 월 소득 100만 원 미만 가정의 학생은 36.9%만이 사교육을 받고 있고 월평균 금액도 5만 3000원에 불과했지만, 부모가 한 달에 700만 원 이상 버는 가정의 학생의 사교육 참여율은 93.5%, 금액은 46만 8000원에 달했다(통계청, 2008).

인적자본 투자의 불평등은 나아가 빈곤의 대물림 등 계층의 고착화를 낳는다. 서울대 사회대 입학생 중에서 고소득직 자녀와 저소득직 자녀의 비율이 1985년에는 1.3배였던 것이 2002년에는 16.8배가 되었다는 놀라운 통계가 있다. 이렇게 기회균등의 원칙에 입각한 공정경쟁이 불가능해지게 되면, 상대적으로 기회 박탈을 경험하는 계층의 근로의욕과 인적자본 투자의욕은 저하되고 심지어 자살·범죄·마약·가정폭력 등 파괴적 행동을 유발할 수도 있다.

두말할 나위도 없이 인적자본과 기술혁신이 주된 성장동력이 되는 혁신주도형 경제에서는 양극화가 성장잠재력 저하의 중요한 요인이 될 수 있다(Galor and Moav, 2003). 따라서 혁신주도형 경제가 지속되려면 혁신이 가져오는 변화에 대한 경제주체들의 적응능력을 향상시키는 정책을 통하여 구조적인 양극화 확대를 최대한 방지하고, 또한 변화에 대한 적응에 실패한 경제주체에 대한 재기의 기회를 제공할 수 있도록 사회안전망 확충 등의 안전장치를 마련할 필요가 있다.

3) 동반성장을 위한 구조개혁정책

양극화는 이제 일시적인 현상이 아닌 구조적인 문제가 되었다. 따라서 양극화가 확대재생산 되는 경제구조 자체를 교정하지 않고, 경기부양에 의해 서민경제의 활성화를 도모하려는 경기부양정책이나 양극화의 부작용을 사후적으로 최소화하기 위해 복지지출을 확대하고자 하는 소득재분배정책은 미봉책이요 대증요법에 불과한 것이다. 구조개혁정책이 필요한 것이다.[8]

구조개혁정책의 주요내용은 시장소득의 분배에서부터 양극화 발생을 최소화하기 위하여 산업구조와 고용구조의 개혁을 추진하는 것이며, 경기대책이나 복지확대 등은 양극화 해소에 있어서 부차적이고 보완적인 수단으로 활용하는 것이다. 이러한 구조개혁정책을 뒷받침하기 위해 성장지상주의적 경제운영을 탈피하고 균형성장 및 안정성장을 추구하는 거시경제정책이 필요하다. 아울러 재정구조를 개혁하여 조세의 투명성과 형평성을 획기적으로 제고하고, 사회간접자본 등 물적자본 형성에 치중되어 있는 재정을 사람에 대한 투자 위주로 바꿈으로써 성장촉진형 재분배를 실현해야 한다.

일부 수출지향적 대기업들은 엄청난 이익을 거두는 가운데 내수부문의 중소기업들은 수익성이 날로 악화되어 가는 상황을 방치하고서는 양극화 문제를 해결할 수 없다. 〈수출 증가→투자 및 고용 증가→소비 증가〉의 선순환 메커니즘이 작동하여 성장의 과실이 골고루 퍼질 수 있도록 원천기술 개발, 부품소재산업 육성 등을 통해 국내 산업 간 연관관계를 강화할 필요가 있다. 그리고 대기업과 중소기업 간의 공정거래 확립과 혁신형 중소기업 육성으로 대기업과 중소기업이 함께 성장하는 동반성장형 산업구조를 형성해 나아가야 한다.[9]

저생산성과 저임금 및 높은 고용불안정성으로 특징 지워지는 질 낮은 고용의 비중이 과다한 고용구조를 개혁하지 않고서는 양극화 문제를 해결할 수 없다. 고용구조 개혁이란 곧 질 높은 고용창출에 주력함으로써 〈생산성 증가→기업경쟁력 강화→기업이윤 증가→임금 및 고용안정성 증가〉의 선순환 메커니즘이 작동하여 성장의 과실이 골고루 퍼질 수 있도록 하는 것이다. 이를 위해 우선적으로 다음의 세 가지를 추진할 필요가 있다.

첫째, 최저임금을 인상하고 비정규직에 대한 사회적 보호를 강화함으로써 저임금·저생산성 영역의 축소 조정을 유도하고 전반적인 고용의 질을 제고하는 것이다. 우리나라의 경우 저임금·저생산성 부문의 고용이 과잉인 상태로서 이 부문의 고용비중의 축소 조정을 유도하고 고용의 질을 높일 필요가 있다.[10] 둘째, 적절한 임금과 사회적 보호 수준을 갖춘 사회 서비스 부문, 즉 공공행정, 교육, 보건의료, 복지 서비스 부문의 일자리를 공공부문 주도로 창출하는 전략이다. 이는 양질의 일자리 창출과 광범한 복지 사각지대의 존재라는 복지정책의 실패에 대한 대응, 그리고 사회서비스의 과소공급이라는 시장 실패에 대한 대응이라는 삼중의 역할을 할 것이다.[11] 셋째, 사회정책에 입각한 노동시장 유연화를 추진해야 한다. 수요자 중심의 평생학습 네트워크를 구축하여 인적자본 축적 및 활용 기회를 광범위하게 제공하고 재교육, 구직지원 등 적극적 노동시장 정책Active Labor Market Policy을 확대해야 한다. 특히 비정규 근로자, 중소기업 근로자, 영세 자영업자 등 노동시장의 유연화에 따라 부각되고 있는 새로운 취약계층을 대상으로 하는 직업능력 개발과 생산성 향상을 위한 교육훈련 강화가 요구된다.

마지막으로, 재정의 소득재분배 기능을 획기적으로 강화하면서도 경제성장을 촉진할 수 있는 방향으로 재정개혁이 이루어져야 한다. 이를 위해서는 부가세 간이과세 폐지, 1가구 1주택 양도소득세 면세 폐지, 금융실명제 강화 등 소득 파악률 증대를 위한 조치와 비과세 감면제도 정비 등 조세의 단순화 등이 우선적으로 추진되어야 한다. 이는 과세기반을 넓히는 것이기도 하거니와, 과세의 투명성과 형평성을 확보함으로써 조세저항을 완화시키는 역할도 할 것이다. 재정지출에 있어서도 경제개발비에서 사회지출로, 물적자본에 대한 투자에서 인적자본에 대한 투자로 지출구조의 개혁이 있어야 할 것이다.

특히 사람들에게 인적자본 축적기반을 제공함으로써 분배와 성장을 동시에 개선하는 '성장촉진형 재분배' growth-enhancing redistribution 정책을 시행할 필요가 있다. 이러한 정책은 미국, 유럽 등 선진국에서는 이미 오래전부터 시행되어 왔으며, 여러 실증분석들도 성장촉진형 재분배가 가능함을 보여 주고 있다. 일례로 라인더 Lindert(2004)는 역사적으로나 통계적으로 소득재분배가 경제성장을 저해하지 않았으며 오히려 재분배가 경제성장과 양의 상관관계를 갖고 있다는 점을 보였는데, 국가 전체적으로 조세를 통한 소득 재분배의 순비용은 사실상 0이며 사회적 지출은 다분히 성장촉진적이었다고 한다.[12] 성장촉진형 재분배 정책 중에서도 특히 역점을 두어야 할 분야로 영유아 보육과 적극적 노동시장정책을 들 수 있다.

4. 재벌 중심 성장에서 중소기업 중심 성장으로

이명박 정부가 추진하는 친기업정책의 구체적인 내용을 보면 공정거래나 금산분리와 관련한 규제완화 등은 친기업이라기보다는 친재벌이라고 보는 편이 더 정확할 것 같다. 이명박 정부가 추진하는 재벌관련 규제완화에는 ① 출자총액제한제도 폐지, ② 지주회사관련규제 폐지(부채비율

200% 제한 및 비계열회사 주식 5% 이상 보유금지 폐지), ③ 상호출자 및 채무보증제한 기업집단지정기준의 상향조정, ④ 불공정거래 행위에 대한 직권조사 및 현장조사 통제, ⑤ 동의명령제 도입, ⑥ 단계적인 금산분리 폐지 등이 있다. 이러한 정책들은 재벌이 문어발식 확장을 통하여 중소기업의 영역을 침범하는 것을 방조하게 될 것이다.

이명박 정부는 재벌기업 관련 규제 완화는 적극적으로 추진하는 반면 중소기업을 지원하기 위한 정책으로 거론되어 온 하도급 거래 감시 강화, 대-중소기업 상생협력 강화, 납품단가의 원자재 가격 연동제 등에 대해서는 매우 소극적인 입장을 취하고 있다. 오히려 중소기업에 대한 불공정거래행위 등을 규제하는 공정거래위원회의 역할을 축소시키고(특히, 하도급 거래에 대한 감시 완화 방침), 옛 산업자원부의 상생협력팀 9명을 지식경제부 기업협력과의 2명으로 축소하였다. 대선공약이었던 불공정 하도급 거래에 대한 징벌적 배상제도는 아예 사라지고 말았다. 중소기업이 줄기차게 요구하고 있는 납품단가의 원자재 가격 연동제에 대해서도 시장친화적인 방법이 아니라며 부정적인 입장을 견지하고 있다.

과연 재벌 중심의 경제성장은 아직도 유효할 것인가? 과거 선진국 따라잡기 시대에는 재벌 시스템에 의한 산업다각화가 상당히 효과적인 면이 있었지만 이제 선진국 대열의 초입에 서 있는 단계에서는 전문경영인에 의한 계열사의 독립적인 경영을 강화하는 방향으로 가는 것이 더욱 효과적일 것이다. 특히 혁신주도 지식경제에서는 중소벤처기업들의 혁신적인 역할이 더욱 중요해진다. 또한 수출대기업들과 내수지향적인 중소기업들 간에 연결고리가 약화되고 생산성 격차가 확대되면서 국민경제의 순환과 분배구조가 파괴되고 있어서 지속가능한 성장을 위해서는 이를 시급히 시정해야 한다. 재벌중심 성장으로는 '고용 없는 성장'의 문제를 극복할 수 없다는 점도 중요한 문제다.

1) 혁신주도 지식경제와 중소기업

우리나라의 경우 과거 대기업 중심의 산업정책이 지속된 결과 대기업과 중소기업 간에 힘의 불균형이 구조화되었다. 중소기업은 대기업의 협력업체적 성격을 벗어나지 못하게 되면서 생산기능에만 특화하고 제품개발 및 마케팅 기능은 미약하여 생산성 격차가 확대되어 왔다.

기업규모가 작을수록 생산성이 대기업에 비해 떨어지는 것은 일반적인 현상이지만 우리나라의 경우에는 이러한 연유로 그 격차가 다른 나라들에 비해 월등히 크다. 〈표 1〉은 제조업 부문에서 사업체규모별로 종업원 1인당 부가가치를 유럽 국가들과 비교한 것이다. 종업원 수 250명 이상의 대규모 사업장에 비해 종업원 수 50~249명 사이의 중규모 사업장의 생산성이 EU평균은 71%에 이르는데 한국의 경우 55%밖에 되지 않고, 종업원 수 10인 미만의 영세사업장의 생산성은 EU의 44%에 현저히 못 미치는 31%밖에 되지 않는다. 덴마크 같은 경우는 각각 82%와 77%를 기록하고 있어 규모별 생산성 격차가 두드러진 것을 볼 수 있다.

표 1_ 제조업 부문의 사업체규모별 종업원 1인당 부가가치(2001년 기준)

	EU-15	스웨덴	덴마크	독일	이탈리아	네델란드	포르투갈	영국	한국
1~9	44	51	77	48	42	60	31	51	31
10~49	57	72	75	59	62	57	45	72	36
50~249	71	82	82	72	84	66	59	82	5

주: 대규모사업장(250명 이상 고용)의 종업원 1인당 부가가치액＝100일 때, 사업장규모별 부가가치액 수준임
자료: Eurostat(2004). 한국: 통계청, 광공업통계조사, 2001년

이와 같이 대기업과 중소기업 간의 힘의 격차가 확대되는 것은 혁신주도 성장, 지식경제 발달의 측면에서 심각한 문제를 야기한다. 대기업이 협력업체들에 대해 가지는 힘의 우위를 바탕으로 각종 부당한 방법에 의해 중소기업들이 개발한 기술을 탈취하는 사례가 빈번히 발생되고 있다고 한다. 이것은 경제정의와 분배의 문제일 뿐만 아니라 기술혁신에 대한 유인을 무너뜨림으로써 경쟁력과 성장동력을 해치는 문제도 되는 것이다. 굳이 기술을 직접 빼앗아 가는 것이 아니라 하더라도 대기업들은 중소기업의 혁신활동의 열매를 편취함으로써 혁신 유인을 파괴시키기도 한다. 새로운 공정기술 개발 등 혁신에 의해 협력업체가 생산단가를 낮추었을 때 이에 맞추어 납품단가를 내려 버리는 경우다. 따라서 하도급거래의 공정거래 확립은 혁신주도형 성장을 위해 필수적인 정책이다.

지식경제의 성장전략과 관련하여 중요한 것은 혁신하려는 유인의 제공이다. 이는 지적재산권에 대한 적절한 보호와 함께 로비나 투기, 시장지배력 등 비혁신적인 방법으로 지대rent를 누릴 기회를 차단하는 것도 필요하다. 그런데 시장지배력은 물론이거니와 로비력이나 투기의 기회를 포착하는 정보력 등도 기득권과 밀접하게 관련되어 있다. 따라서 혁신주도형 성장이 원활하게 일어나기 위해서는 기득권을 타파하고 공정한 시장경쟁이 이루어질 수 있도록 하는 것이 대단히 중요하다. 혁신주도형 성장은 끊임없이 기득권을 견제하고 타파하여야 활성화되는 것이다(Hammond, 2007; Yonekura, 2007).

얼핏 보기에는 대기업들이 R&D도 많이 하고 기술을 선도하니까 혁신주도 지식경제의 선봉인 것처럼 보이지만 사실은 대기업의 기득권 때문에 경제 저변의 혁신 잠재력이 억눌려 버린다는 데 문제가 있는 것이다. 기득권이 없는 중소기업들이야말로 혁신경제의 선봉이다. 우리나라의 경우 미국 등 선진국에 비해 새로운 기업이 대기업으로 성장하기가 극히 어렵다는 사실은 공고한 기득권 질서 때문에 혁신주도형 성장이 잘 안 되고 있다는 것을 보여 준다. 최근 발표된 한 연구에 의하면 상위 50대 기업군에 속한 23개의 제조업체 중 1981년 이후에 설립된 '젊은' 회사는 단 한 개뿐이었다고 한다(경제개혁연대, 2008). 혁신 중소기업이 활성화되고 이들이 성장해서 중견기업, 대기업으로 커나가기 용이한 시장 환경을 조성하는 것은 지식경제의 성공을 위해 긴요하다.

2) 동반성장과 중소기업

양극화는 구조적인 문제이고 이를 극복하기 위해서는 산업구조, 고용구조, 재정구조 등의 구조개혁이 필요함은 이미 지적한 바와 같다. 이 중에서도 대기업과 중소기업 간의 생산성이나 임금 격차가 날로 확대되는 것을 바꾸지 않고서는 양극화를 극복할 수는 없는 일이다. 대기업과 중소기업 간의 격차가 확대되는 것이 자연스럽고 당연한 일이라고 생각하면 오산이다.

〈그림 6〉에서 보는 바와 같이 우리나라에서도 1980년대에는 대기업과 중소기업 간의 생산성 격차가 점차 축소되는 경향이 있었는데 1980년대 말부터 역전되어 1990년대 이래 확대일로를 밟게 된 것이다. 이 사실은 대기업과 중소기업 간의 격차가 소득양극화의 한 중요한 원인으로 작용하고 있음을 시사하는 것이기도 하다.

이렇게 된 데는 세계화의 진전으로 인한 해외 아웃소싱의 확대와 대기업을 중심으로 하는 노동조합운동의 결과 대기업의 임금상승이 중소 협력업체에 전가되는 현상 등이 작용한 것으로 보인다. 나아가 세계화 바

그림 6_ 기업규모별 노동생산성 격차 추이

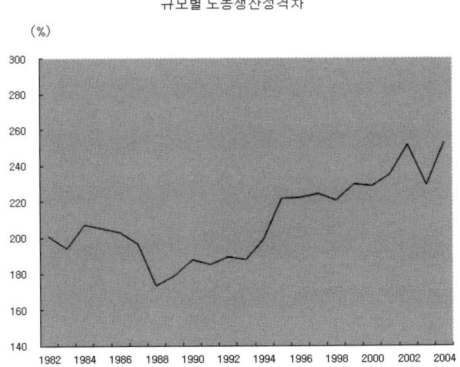

격차 = 100×300인 이상 기업의 노동생산성/300인 미만 기업의 노동생산성
자료 : 생산성본부

람을 타고 자유화 정책이 실시되면서 투자규제를 비롯한 대기업집단에 대한 정부의 통제는 약화되는 한편 경쟁정책이나 공정거래 규율 등은 매우 미약한 상태로 남아 있었기 때문에 대기업집단에 의한 시장 권력의 남용이 두드러지게 되었다(You, 2006). 특정한 대기업의 하청계열사가 된 중소기업은 무리한 납품단가 인하, 대금지급 지연, 기술 탈취 등 수요독점의 지위에 있는 대기업의 횡포에 시달리는 것이 현실이다. 이에 따라 중소기업의 이윤율이 저하되고 투자가 매우 부진하게 된 것이다.

외환위기 이후 재벌개혁 조치가 부분적이나마 이루어짐으로써 상황이 개선될 조짐이 있었지만, 단시간 내에 경제위기에서 탈출하면서 개혁은 후퇴를 거듭해 왔고 그 결과 대기업과 중소기업 간의 격차를 비롯해서 경제양극화 현상은 갈수록 심화되었다. 하루빨리 재벌 대기업 중심 성장을 탈피하고 중소기업 중심 성장으로 전환해야 양극화를 극복할 수 있을 것이다.

3) 고용 없는 성장에서 고용창출형 성장으로

재벌 위주의 성장으로는 고용창출에 한계가 있음이 분명해졌다. 대기업은 글로벌 경영체제로 전환해 국내에서 고용을 줄이고 있는 실정으로서 재벌 위주의 성장은 '고용 없는 성장'으로 나타나고 있다. 〈그림 7〉에서 보여주듯 500인 대기업에 소속된 노동자 수가 1993~2005년 기간에 210.6만 명에서 131.8만 명으로 감소되었으며, 그 비중 역시 전체 사업체 노동자의 17.2%에서 8.7%로 거의 절반 수준으로 떨어졌다. 일본의 경우, 500인 이상 대기업의 고용비중이 1982~2005년의 기간에 26.9%에서 26.5%로 거의 변화가 없다는 점이 우리나라와 크게 대비된다(이병훈, 2008). 대기업 고용이 줄어들면서 양질의 일자리도 줄어들어 비정규직이나 자영업이 비정상적으로 확대되고 있다.

대기업의 고용축소는 중소기업의 고용확대와 매우 대조적이다. 최근 중소기업중앙회가 내놓은 통계에 따르면 지난 10년간(1996~2006) 중소

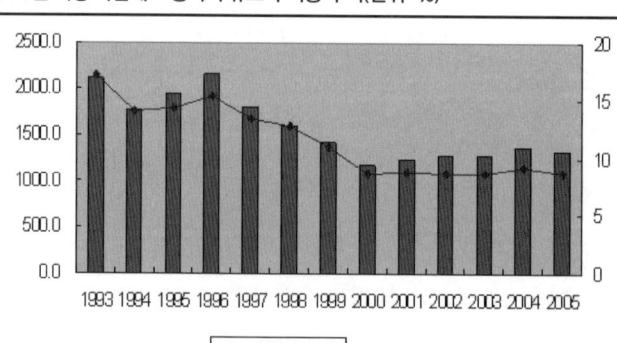

그림 7_ 500인 이상 사업체 노동자의 규모와 비중 추이(단위: %)

자료 : 이병훈(2008)

기업이 약 250만 개의 일자리를 창출한 데 반해 대기업의 고용은 오히려 130만 개나 줄어들었다고 한다(중소기업중앙회, 2008). 이렇게 중소기업의 고용 비중은 계속 증가하고 있는데, 부가가치·유형자산 비중은 오히려 하락하고 있다(홍장표, 2007). 양극화 성장의 현실을 단적으로 보여 주는 것이다. 폭넓은 기반을 갖춘 경제성장 broad-based growth을 위해서는 고용의 12%만을 담당하는 대기업 위주가 아니라 나머지 88%의 소득이 증가할 수 있도록 중소기업과 소상공인을 강화시키는 정책이 필수적이다.

4) 중소기업 활성화 정책의 기본방향

중소기업을 제대로 육성하려면 대기업 중심의 산업정책 자체를 전환할 필요가 있다. 산업생태계 자체를 대기업 위주로 해놓고 일부 중소기업 지원정책을 시행한다고 될 일이 아니다. 대-중소기업 관계에 대한 발상의 근본적인 전환이 있어야 한다. 이와 관련하여 재벌규제 체계의 전환이 필요하다. 근래에 대-중소기업 간의 상생협력을 강조하면서 대금결제의 현금화 등 약간의 개선이 이루어진 부분도 있지만 시장지배력의 막대한 불균형이 온존하는 한 근본적 변화는 일어나기 어렵다. 대기업집단에 대한 효과적인 규제가 필요한 까닭이다. 물론 재벌에 대한 규율체계의 중심을 사전적 규제에서 사후적 규율로 전환할 필요가 있다. 그러나 최근 우리나라의 분위기는 이른바 '기업하기 좋은 경제 환경'을 만든다는 명분하에 상법 등에 의한 사후적 규율은 전혀 보완하지 않은 채 사전적 규제만 폐지하고 있는 것이 문제다.

공정거래법이나 '하도급거래 공정화에 관한 법률' 상의 규정이 엄정하게 지켜져야 함은 물론이거니와 대기업집단의 부당내부거래에 의한 시장 교란행위에 대해서도 보다 엄격한 제재가 가해져야 한다. 경쟁촉진정책이 미국의 반독점법과 같이 매우 좁게 정의된 시장에서의 불공정거래행위나 지배력 남용 행위만을 문제 삼아서는 우리나라 대기업집단이 초래하는 문제, 즉 이업종간 혼합결합conglomerate에 의한 경쟁제한과 경제력집중 문제를 해결할 수 없으며 이는 곧 대-중소기업 관계의 개혁에 근본적인 장애물이 된다.[13] 따라서 대기업집단의 지배구조 개선과 경제력집중 억제를 위한 보다 적극적인 기업집단 관련 법체계의 확립이 필요하다.

둘째, 지금까지 자금과 인력 등 생산요소에 대한 지원에 집중되어온 중소기업 육성정책을 중소기업의 경쟁력 강화를 위한 혁신기반 조성과 경영서비스 제공으로 돌려야 한다. 중소기업들이 스스로 경쟁력을 갖출 수 있도록 하려면 무엇보다 혁신역량을 배양해야 하는데, 이를 위해 혁신기반 조성정책을 지속적으로 추진해야 한다. 또 기술적 가능성이 있더라도 기업경영과 관리의 기본 틀을 제대로 갖추지 못해서 성장하지 못하는 중소기업이 매우 많다는 것이다. 이탈리아의 경우 중소기업이 강한 것은 주기적으로 중소기업주와 대면하면서 기업경영 내용을 파악하고 기본적인 자문을 수행하는 일상화된 경영서비스를 제공하는 체계가 잘 구축되어 있다는 것이 중요한 요인이라고 한다. 우리나라도 중소기업에 대한 회계·세무·법률·경영컨설팅 등 경영서비스의 공급에 정부가 적극적으로 나서야 한다.

셋째, 중소기업의 발전을 위해서는 금융시스템의 변화가 필요하다. 과다한 정책금융은 중소기업의 구조조정을 저해하고, 오히려 과당경쟁에 따른 수익성 저하를 초래하고 있으므로 중소기업 부문에 대한 정책금융의 대대적 개혁으로 구조조정을 촉진할 필요가 있다.[14] 단기적으로는 정부 각 부처에 산재되어 있는 방만한 추진체계를 통폐합하여 중소기업 정책 금융 창구를 일원화함으로써 중복지원을 방지하고 실효성을 제고할 필요가 있으며, 중장기적으로는 민간 벤처캐피탈 및 중소기업 금융 육성을 통한 간접 지원으로 전환해야 한다. 특히 금융부문에서 중소기업의 구조조정 및 퇴출 지원 기능을 강화할 필요가 있다. 중소기업의 파산을 촉진할 수 있도록 신용대출을 활성화시켜야 하며, 구조조정 펀드를 활성화하여 차입인수buyout 기능을 실질적으로 강화할 필요도 있다. 전반적인 금융 인프라의 개선을 통해 위험배분 기능을 강화함으로써 위험도가 상대적으로 높지만 성장 가능성도 높은 중소기업으로 자금이 적절하게 공급될 수 있도록 해야 한다. 보다 구체적으로, 파생상품 시장 활성화, 장기채시장 및 자산유동화증권ABS 시장 육성, 신용평가사에 대한 신뢰도 제고, 기업정보의 공적기능을 위한 정부의 역할 제고 등이 필요하다.

마지막으로, 중소기업 발전을 위해 중소기업 근로자에게도 평생학습을 통한 인적자본 축적과 생산성 제고의 기회가 충분히 주어지도록 해야 한다. 중소기업 고용은 저생산성과 저임금 및 높은 고용불안정성 등 질 낮은 고용의 비중이 과다한 것이 현실이다. 중소기업 노동자의 생산성 향상을 위한 교육훈련을 강화함으로써 중소기업 부문에 〈생산성 증가→기업경쟁력 강화→기업이윤 증가→임금 및 고용안정성 증가〉의 선순환 메커니즘이 작동하도록 해야 한다. 대다수 중소기업은 교육훈련에 시간과 비용을 들일 여력이 부족한 실정이기 때문에 중소기업 노동자의 평생학습을 위해서는 정부-대기업-중소기업 간의 협력체제가 긴요하다. 정부는 고용보험금을 활용하여 중소기업 평생학습조를 지원하는 방안을 마련해야 한다. 현재 고용보험법상의 고용안정 및 직업능력개발사업은 효과가 미미한 임금보조금적 성격의 사업이 과다하고, 중소기업의 교육훈련 참여율이 매우 저조하며, 고품질 훈련이 잘 이루어지지 않고 있다. 따라서 중소기업 학습조직화 지원사업을 대폭 강화하여야 한다. 대기업이 협력업체의 평생학습조 도입을 지원하도록 인센티브를 부여할 필요도 있다. 또한 대학을 학문연구중심대학과 직업교육중심대학으로 재편하여, 직업교육중심대학은 무상교육을 확대하고 평생교육기관으로서 기능과 역할을 대폭 제고하도록 해야 한다.

5. 전략의 전환만이 살 길이다

한국경제는 개발연대에 기적과도 같은 경제성장을 이루어냈지만, 개발독재 아래에서 쌓인 적폐를 적기에 해소하고 성장전략의 전환을 적기에 이룩하지 못함으로써 외환위기까지 겪게 되었다. 이후 추진된 개혁이 부분적으로 성과를 내기도 했지만 지지부진하거나 후퇴해 버린 부분도 많았고, 또 방향이 잘못된 부분도 있었다. 한국경제가 지속가능한 성장을 하기 위해서는 개혁의 오류를 시정해 가면서 보다 확실한 개혁을 추진해야 할 것이다.

그런데 이명박 정부는 구시대적 경제정책 패러다임을 벗어나지 못하고 있다. 성장지상주의 철학을 탈피하지 못하고 있으며, 더구나 물적 자본 축적에 의한 양적 성장과 재벌중심적 성장을 기본으로 하고 있다. 사회안전망과 교육, 훈련 등 사람에 대한 투자와 고용에 대한 보호는 소홀히 하고, 온갖 무리한 규제완화를 추진하면서 기업투자 고취에만 열을 올리고 있다. 양극화를 더욱 부추기고 경제위기의 씨앗을 뿌리는 매우 위험하고 잘못된 방향이다.

새벽 일찍 일어나서 많이 일하는 것이 아니라 충분한 휴식과 문화생활을 즐기는 가운데 창의적 아이디어를 만들어 내는 것이 더욱 중요한 시대다. 토목건설사업보다는 소프트웨어가 더 중요한 경제성장의 밑거름이 되는 시대다. 한국경제의 지속가능한 성장을 위해서는 자본축적 위주의 양적 성장에서 혁신과 기술발전 위주의 질적 성장으로 확실한 전환을 이룩해야 한다. 또한 양극화가 확대재생산되는 불균형 성장에서 동반성장으로, 재벌 위주의 성장전략에서 중소기업을 강화하는 성장전략으로, 전략이 전환되지 않으면 안 된다.

제3부

해외 신학자가 본 민중신학

그의 이름은 정의입니다

악의 희생자와 가해자를 위한 하나님의 정의

위르겐 몰트만 Jürgen Moltmann 씀
독일 튀빙엔대학교 명예교수 | 손성현 옮김

1977년 나는 6주 동안 아르헨티나와 브라질과 트리니다드를 돌며 강연을 할 기회가 있었다. 그 강연 여행의 마지막 부분에 나는 두고두고 기억될 만한 해방신학자 회의에 참여하게 되었다. 그 회의 자리에서는 격렬한 논쟁이 있었다. 우리는 진지하게 진리를 말했다. 물론 나는 내가 '제1세계 신학자'로 취급받는 것 때문에 개인적으로 감정이 상해 있었다. 하지만 그 모임은 나에게 큰 깨달음을 주었고, 저를 어떤 신학적인 인식으로 인도했다.

유럽과 미국에 살고 있는 우리가 라틴아메리카에서 억압받는 사람들의

※ 이 글은 죽재서남동기념사업회·신원안병무기념사업위인회 한국민중신학회 주최(2009년 5월)로 열린 공개강연회 자료집에 실린 원고입니다.

'해방신학'을 정말 진지하게 생각한다면, 우리도 억압하는 자의 해방신학을 전개하지 않으면 안 된다는 것이다. 해방이 억압받는 쪽이나 억압하는 쪽 모두의 인간됨을 위한 해방이 되지 않는다면, 어떻게 인류가 억압과 학대와 착취라는 악으로부터 해방될 수 있단 말인가? 하지만 양쪽이 똑같은 것은 아니다. 억압당하는 사람들에게 해방은 자명한 것이지만 억압하는 사람들에게는 그렇지 못하다. 억압당하는 사람들을 일으켜 세우는 것은 예수 그리스도의 메시아적 사역의 하나이고, 보지 못하는 자들을 보게 만든 것은 다른 또 하나의 사역이다.

나는 그 강연 여행에서 돌아와 "억압하는 자의 해방"에 관한 논문을 한 편 썼는데 그 논문은 여러 언어로 번역되었다. 하지만 그 문제에 대해 내가 깊이 생각하면 할수록, 그리스도교의 모든 주류 신학과 영성이 범하고 있는 근본적인 실수 하나가 얼마나 끔찍스런 것인지를 생각하게 된다. 그것은 중세의 고해 성사가 일방적으로 가해자 중심이라는 사실이다. 죄인은 자기의 악행을 뉘우치고 회개해야 한다. 종교개혁자들의 칭의론도 일방적으로 가해자 중심이다. 죄인은 오직 믿음으로만 의롭게 되어야 한다. 그렇다면 그 죄와 악행의 희생자들은 어디에 있을까? 그 불의와 폭행을 겪어야만 했던 사람들은 도대체 어디서 자기의 권리를 찾을 수 있단 말인가? 그리스도교 교회는 항상 가해자가 죄에서 구원받는 문제에만 골몰했지, 무고하게 고난을 당하는 피해자의 탄원은 흘려듣지 않았는가? 죄인의 칭의에 대해서는 말하지만, 피해자의 칭의에 대해서 말하지 않는 이유는 무엇일까?

나는 아주 세속적인 이유 하나를 찾아냈다. 서구 법률 체계의 토대가 되고 있는 로마의 법률 체계는 일방적으로 가해자 중심이다. 예컨대 도둑이 처벌을 받는 것이다. 그는 벌을 받음으로써 속죄를 받는다. 하지만 자기의 악행을 보상할 필요는 없다다. 피해자는 그냥 도둑질당한 사람으로 남는다. 그러나 성서가 말하는 하나님의 정의는 단순히 선과 악을 판단하는 정의, 선한 것은 상을 주고 악한 것은 벌을 주는 정의justitia distributiva가 아니라 공의를 바로 세우고 굽은 것을 곧게 하는 정의, 즉 창조적인 정의이다.

이 강연을 통해서 나는 바로 이 창조적인 정의, 치유하시고 구원하시는 하나님의 정의를 천착하고자 한다. 새로운 칭의론을 쓰고, 최후의 심판에 대한 새로운 비전을 그려내고자 한다.

우선 전통적인 참회론(고해성사, Busssakrament)과 신앙론의 결점을 나열해 보겠다.

1. 가톨릭의 참회 성사는 악의 힘을 '죄'로 규정하고 그것을 인간의 잘못으로 환원시킨다. 여기서 중요한 것은 잘못한 사람의 죄를 사면해 주는 것이다. 이것은 가해자 중심의 사유로서 가해자는 완전히 잊히게 된다.

2. 종교개혁자들의 칭의론은 하나님이 베푸시는 용서에 초점이 맞추어져 있다. 그리스도는 우리의 죄를 위해 돌아가셨다. 죄의 용서는 부활 없는 십자가 신학에 기초하고 있다. 이런 관념과 실천도 철저하게 가해자 중심이고 죄의 종들에게만 국한된 것이다. 이런 사유는 그 죄의 희생자들을 잊어버린다. 중세의 참회 성사와 마찬가지로 칭의론도 너무나 개인주의적인 사유이다. 모든 사람이 심판하시는 하나님 앞에 홀로 자기 자신의 문제를 안고 서게 된다는 것이다.

3. 사죄의 말씀과 용서의 언약은 인간의 믿음을 수동적인 수용으로 만들어버린다. 신앙은 하나님의 적극적인 칭의, 즉 당신의 이름을 거룩하게 하시고 당신의 뜻을 행하시는 적극적인 칭의의 차원을 잃어버린다.

이와는 달리, 바울은 그리스도의 부활에 기초하여 죄인의 새로운 정의를 주장한다(롬 4:25). 이와는 달리, 구약성서가 주장하는 하나님은 법의 보호를 받지 못하는 사람들과 폭력에 희생당하는 사람들을 위해 공의를 세우시는 분이시다. 그분의 정의는 구원하는 정의(시 31:1)이며, 악의 희생자들을 치유하고 일으켜 세우는 정의이다. 그 정의는 언제나 사회적인 차원에서 희생자와 가해자를 함께 고려하지, 희생자만 생각하지는 않는다. 그 정의의 목표는 영혼 구원 혹은 개인의 구원이 아니라 하나님의 나라, 하나님의 정의가 거하는 새로운 땅이다.

1. 정의를 향한 외침

희생자: 오늘 우리는 정의를 향한 외침을 어디서 듣고 있는가? 그 외침은 가해자, 큰 죄를 진 사람한테서 들려오지 않는다. 폭력의 희생자들, 불의로 인해 가난해진 사람들에게서 들려온다. 그들에게는 정의를 향한 외침이 곧 하나님을 향한 외침이다. 억압당하는 민중의 침묵 속에서 우리는 하나님과 정의를 향한 소리 없는 외침을 듣는다. 철저하게 약탈당하고 있는 이 땅 피조물의 신음에서 우리는 하나님과 그분의 정의를 향한 목마름을 느낀다. 이것은 하나님마저 떠나버린 것만 같은 밑바닥 상황에서 치솟아 오르는 절규이다. 악의 세력에 힘없이 내맡겨져 있는 고통이다. 우리 같이 나이 든 사람에게는 20세기 인간 대학살의 고통스러운 비명 소리가 아직도 귓가에 쟁쟁하다. 오늘날 우리는 이 세상에서 굶주리고 또 이른 나이에 죽어가고 있는 사람들의 수, 그 소름끼치는 숫자를 신문과 텔레비전을 통해 접하게 된다. 하지만 그 숫자 뒤에는 사람의 운명

이 있다. 그 운명이 우리를 고발하고 있다. 우리는 그들의 희생으로 살고 있다.

정의와 하나님을 향한 외침은 인류의 큰 범죄를 통해서만이 아니라 아시아의 인구 밀집 지역에서 벌어지는 자연 재해를 통해서도 우리에게 들려온다. 쓰나미와 싸이클론과 지진은 수천 명의 생명을 앗아간다. 하나님은 어디 계시는 걸까? 어떤 사람은 죽고 어떤 사람은 살아나는데, 이것은 단순히 우연일까? 우연은 변덕스럽고 운명은 눈이 멀었다. 범행과 자연 재해의 희생자들은 고통스러운 질문 앞에 서게 된다. 하나님은 정의로운 분인가? 하나님은 어디 계시는가?

가해자: 하나님과 정의를 향한 또 다른 외침은 가해자의 외침으로, 그 가해자가 자기의 행동을 의식하게 됐을 때 터져 나오는 외침이다. 가해자들이 희생자를 약탈하거나 억압하거나 심지어 살해했을 때, 그들은 악의 충실한 하수인이었다. 누가 그들에게 시켜서 그런 일을 했거나, 그걸로 이익을 보기 때문에 했을 것이다. 하지만 그들도 악의 희생자였다. 물론 그 악으로 인해 고난을 당하는 희생자들과는 다르지만 가해자들도 악의 종이 되었다. 그들은 죄책을 떠안게 되었고, 점점 더 깊은 악순환에 연루되었다. 하나님과 그분의 정의를 향한 가해자들의 외침을 우리가 들을 수 있을까? 아니다. 하지만 그들이 자기가 무슨 일을 하고 있는지 모르는 그 맹목성과, 여러 가지 고발을 대하는 완고함과, 우리 사회의 고통에 대한 냉담함과, 사랑 없음, 냉소주의, 다른 사람은 전혀 신경 쓰지 않는 이기주의 속에서 그 외침을 인식한다. 그것만으로도 충분히 하나님과 정의에 대항하는 외침이 될 때가 많다. 1944년 한 장교가 러시아에서 나의 아버지에게 이런 말을 하는 것을 들었다. "난 하나님이 존재하지 않기

를 바랍니다. 만일 하나님과 정의가 존재한다면, 유대인에 대한 대량학살 때문에 전쟁 이후 독일에 잔인한 일이 일어날 것입니다."

　죄의 희생자들이 하나님에게서 버림받은 상황 속에서in Gottverlassenheit 정의를 향해 부르짖는다면, 그 죄의 가해자들은 하나님을 부인하면서in Gottlosigkeit 하나님에게 저항한다. 자기들이 행한 잘못을 저주하는 정의가 있어서는 안 되기 때문이다.

　체제: 베르톨트 브레히트의 〈서푼짜리 오페라〉를 보면 이런 대사가 나온다. "우리도 이렇게 거친 인간이 아니라 착한 사람이 될 수도 있었어. / 하지만 이 세상의 상황은 그렇지 못했네." 실제로 우리가 악을 경험할 때, 개인적으로 그 악의 희생자와 가해자로 경험하거나, 사회적으로 가해자 집단과 희생자 집단 사이에서 경험할 뿐 아니라, 우리가 살고 있는 이 세계의 사회적 관계, 경제적 구조, 정치적 체계, 즉 우리의 행동을 규제하는 체계로서의 악을 경험한다. 오늘날 우리는 부익부 빈익빈의 사회적 구조 속에서 살고 있다. 라틴아메리카에서만 그런 것이 아니라, 독일처럼 사회보장이 잘 돼 있는 나라도 마찬가지이다. 우리는 인간을 승자와 패자로 양분하는 경쟁 사회 속에서 일하고 있다.

　우리는 강자를 약자와 분리해 놓는 정치적 체제에 참여하고 있다. 우리는 이 땅의 자연을 체계적으로 파괴하고 동식물의 다양한 종을 매년 감소시키고 있는 인간 사회 속에서 먹고 마시며 살고 있다. 우리는 미래 세대를 희생시켜 가면서 우리의 현재를 즐기고 있으며, 우리의 다음 세대는 우리 세대의 잘못 때문에 비싼 대가를 치루지 않으면 안 될 상황이다. 이러한 체제 속에서는 생명의 힘만이 아니라 죽음의 세력이 지배력을 행사하고 있다. 그런 체제는 정의롭지 않은 체제이며, 그 체제 안에서 살고 일하는 우리를 죄인으로 만든다. '패배자'인 가난한 자, 약한 자, 이 땅, 우리 자녀들이 죄인이라는 말이다. 여기서는 우리가 행하는 악이 아니라, 우리가 행하지 않는 선이 우리를 고발한다. 우리가 이런 불의한 체제 속에서 살아가면, 우리는 하나님에게서 멀리 떨어진 삶을 살게 된다. 우리의 불의가 하늘을 향해 소리친다. 이런 불의의 체제에 적응해서 살아야 할까? 여기에 저항한다는 것이 의미 있는 일일까? 나는 지금 우리의 삶의 조건이 되고 있는 경제적, 정치적, 사회적 체제를 만든 것이 인간이기 때문에, 인간이 그 체제를 바꿀 수도 있다고 생각한다. 예언자 요나 이야기가 우리에게 가르쳐 주는 것처럼, 니느웨도 회개할 수 있었다. 우리 모두는 '니느웨'에 살고 있으며 예언자의 음성을 듣고 있다.

2. 하나님 - 정의의 태양

우리는 구약성서에서 하나님의 정의라는 아주 독특한 개념과 만나게 된다. 우리는 이 개념을 로마적 개념과 혼동해서는 안 된다. 이스라엘의 하나님은 공의를 세우는 분이며, 공의를 보증해 주는 분이다. 뿐만 아니라 그 정의는 하나님이 친히 맺으신 언약에 대해, 또 그분이 직접 만드신 피조세계에 대해 그분이 보여주시는 신실함이다. 제1계명에 따르면 하나님은 아무런 법적 권리도 보장받지 못하고 억압당하던 노예 이스라엘을 이집트에서 해방시켜 주시고 언약의 땅, 자유의 땅으로 인도하시는 하나님이시다. 우리는 그 하나님이 "억눌린 사람들을 위해 공의를 세우"시되 (시 146: 7, 103, 6)라고, 그들이 어디에 있건 그렇게 하실 거라고 기대한다. 이 하나님은 '과부와 고아'의 권리를 변호하시되(신 10:18, 시 82:3, 사 1:17), 그들이 어떤 사람이건 그렇게 하신다. 그분은 '이방인의 권리'에 관심을 가지시니, 이는 이스라엘이 한때 직접 이방 민족 사이에서 이방인으로 살았기 때문이다. 악의 희생자가 된 사람은 시편 31편 1절에 기대어 이렇게 외칠 수 있다. "주님의 정의로 나를 구원하여 주십시오." 이렇듯 해방하는 정의, 권리를 찾아주는 정의, 구원하고 치유하는 하나님의 정의를 '자비Erbarmen'라고 할 수도 있다. 정의와 자비는 서로 모순이 아니다.

이렇듯 해방하는 정의, 공의를 세우고 구원하는 하나님의 정의야말로 이스라엘의 근원적인 하나님 체험이기 때문에, 이것은 이 세상 모든 민족과 온 땅을 위한 이스라엘의 희망에도 결정적인 영향을 끼친다. 이스라엘의 언약의 메시아는 "가난한 사람들을 정의로 재판하고, 세상에서 억눌린 사람들에게 바른 판결을 내린다"(사 11:4). 그분은 "뭇 민족에게 공의를 베풀 것"이며(사 42:1) "세상을 정의로 심판하실 것"이다(시 96:13). 하나님께서 당신의 창조의 영을 부어 주시면, "광야에 공평이 자리 잡고, 기름진 땅에 정의가 머물 것이다. 정의의 열매는 평화가 될 것이다"(사 32:15-16). 그러므로 예언자 말라기는 하나님을 "정의의 태양"이라 부른다(말 4:2).

이 정의 개념은 이집트나 로마에서 나온 것이 아니라 바빌론에서 온 것이다. 두 강의 땅(유프라테스와 티그리스 강 사이에 있는 메소포타미아를 의미함)에서는 왕이 곧 재판관이요 태양신 샤마슈Samas의 제사장이다. 그는 태양을 모범으로 삼아 신적인 정의를 집행한다. 아침에 태양이 떠오르면 만물이—식물과 동물과 인간이—다시 소생한다. 그의 인간적인 정의도 이처럼 만물을 살게 한다. 옳은 일을 하는 사람은 정의롭다. 건강한 것은 정의롭다. 자연의 법칙에 알맞게 사는 것도 정의롭다. 재판은 형벌과는 무관하며, 일으켜 세우고 바로 잡고 치료하는 것과 연관된다. 그러므로 왕은 강자가 약자에게 손해를 끼치지 못하게 하고, 과부와 고아도 자기의 권리를 지키며 살 수 있도록 해 주어야 한다. 또한 왕은 땅을 인간의 착취로부터 보호해야 한다. 이러한 '정의의 태양' 관념을 이해할 때 비로소 우리는, 구약성서에서 하나님의 재판과 그분의 심판이 두려움의 대상이 아니라, 인간과 이 세상의 구원으로 환영의 대상이었다는 사실을 이해할 수 있다. "그분은 세상을 정의로 심판하신다." 그럴 때 비로소 우리는 하나님께서 악한 사람에게나 선한 사람에게나 똑같이 태양을 떠오르게 하신다는 산상수훈의 말씀(마 5:45)도 이해할 수 있다. 불의로 고통당하는 사람들에게 공의를 세우심으로써 하나님은 당신 자신을 정의로운 분으로 계시한다. 인간이 악의 지배 아래서 고난을 당하는 곳이면 어디서나 그분이 현존하신다. 그분은 폭력의 희생자들과 연대하신다. 가난하고 힘없는 사람들이 당하는 일은 곧 그분이 당하는 일이다. 법의 보호를 받지 못하는 사람들이 하나님의 정의가 자기들 편이라는 것을 느낄 때 그 정의의 계시가 시작되고 그 정의의 부활이 시작된다.

3. 예수 그리스도 – 희생자와 가해자의 세상에서 하나님의 정의의 계시

희생자: 우리가 복음서를 펴서 읽으면 그 앞장에서 곧 바로 알게 되는 것은, 예수의 처음 시선이 병든 사람, 가난한 사람, 아웃사이더, 그러니까 죄의 가해자가 아니라 희생자에게 머물렀다는 사실이다. 이사야서 61장 1절의 약속에 따르면 그는 "가난한 사람들에게 하나님 나라의 기쁜 소

식을 전하고, 병든 사람에게 치유를 선포하며, 갇혀 있는 사람에게는 자유를, 앞을 못 보는 사람에게는 빛을, 억눌린 사람에게는 그들의 권리를" 약속하신다(눅 4:18-19). 예수께서 하나님 영의 치유 능력을 병든 사람에게 보이신 것처럼, 법의 보호를 받지 못하는 사람들과 폭력의 희생자들에게는 하나님의 정의를 보여주신다. "이 사람이 죄인들을 맞아들이고, 그들과 함께 음식을 먹는구나!"(눅 15:2). 여기서 '죄인과 세리'는 부유한 사람과 스스로 의롭다고 여기는 사람들에게 멸시를 당한 사람들, 공동체 바깥으로 내몰린 사람들이다. 예수께서 그들을 '받아들인 것'은 하나님이 그들을 인정해 주심을 의미하며, 그 사람들의 사회적 치유를 의미한다. 예수께서는 멸시와 천대를 당하는 사람들에게 하나님의 권리를 되찾아 주고, 그들의 영적인 감옥을 깨뜨리시며 그들을 일으켜 세우신다. 예수께서는 그 사람들과 연대하심으로써 하나님이 희생자들과 연대하신다는 사실을 그 사람들을 통해서 계시하신다. 누구든지 하나님의 얼굴을 보려하는 사람은 그런 희생자들의 얼굴을 보아야 한다!

십자가에 달려 죽을 때까지 예수가 걸어간 수난의 길은 죄의 희생자들이 겪어야 하는 고통 속으로 가는 길이었다. 빌립보서 2장의 그리스도 찬가에 잘 드러난 것처럼, 그분은 부자유한 종, 능욕을 당하고 착취를 당하는 종의 형상을 취하셨다. 그로써 예수는 하나님에게서 버림받은 사람들에게 하나님을 되돌려 주신다.

우리는 이것은 연대의 그리스도론 Solidaritätschristologie이라고 부른다. 그리스도는 우리의 고통 속에서 우리와 함께 계신다. 복음서가 들려주는 예수의 수난 이야기는 점점 더 깊은 포기의 길이다. 그는 병든 사람들, 악의 희생자들에게 당신의 사랑을 쏟아 부으셨으며, 끝내는 당신 스스로 로마 정치 권력의 희생물이 되셔서 십자가에 매달려 죽으셨다. 그분은—산상수훈에서 가르치신 것과 똑같이—그 의지가지없는 처지를 오히려 의미 있는 것으로 보셨고, 이 세상에서 내몰린 처지를 하나님에게서 부름받은 상황으로 보셨다. 부유한 사람들의 세상, 의롭다 하는 사람들의 세상에서 미래마저 빼앗긴 사람들에게 그분은 하나님 나라의 미래를 선포하셨다. 독일속담에서는 '꼴찌'가 개한테 물린다고 하지만(마지막 사람이 불리하다는 뜻), 그렇지 않다. 그들은 '첫째'가 될 것이다. 십자가는 이 세상의 가치를 뒤집어엎은 예수에 대한 이 세상의 대답이다.

 예수가 가는 곳마다 하나님이 함께 계셨고, '하나님의 아들'이라는 이름처럼 예수 안에 바로 하나님이 계셨다. 그렇다면 예수님은 당신의 고난과 죽음을 통해서 그 사람들에게, 즉 당신처럼 굴욕을 당한 사람들에게 하나님을 보여주시는 것이다. 그분의 십자가는 수많은 십자가들 사이에 서 있다. 인간의 역사 속에서 권력자와 폭력을 행사하는 사람들이 걸어간 그 피비린내 나는 길 양편에 늘어선 십자가, 스파르타쿠스의 십자가에서 독일 히틀러 독재의 죽음의 수용소, 소련의 강제노동수용소 군도, 라틴아메리카 군사독재정권의 '실종자들'에 이르기까지. 예수는 하나님과 인간에서 버림받은 상황 속으로 친히 들어오셔서 버림받은 사람들의 형제가 되어 주셨고 그들을 고통에서 건져 주셨다. 디트리히 본회퍼는 죽음의 감옥에서 "오직 고난당하는 하나님만이 도우실 수 있다"고 썼다. 그는 십자가에 못 박히신 그분을 바라보았다. 바로 이것이 59세의 오스카 로메로O. A. Romero 대주교의 회심체험이었다. 혼 소브리노Jon Sobrino는 이렇게 썼다. "십자가에 못 박히신 하나님은 인간의 역사 속에서 십자가에 못 박힌 사람들을 통해 그에게 나타나셨다 … 그는 가난한 사람들, 억압당하는 동포들의 눈에서 일그러진 하나님의 얼굴을 보았다."

마태복음 25장 31-46절에 나오는 최후의 심판에 보면, 세상을 심판하시는 인자는 굶주린 사람, 목마른 사람, 병든 사람, 감옥에 갇힌 사람과 자신을 동일시하신다. "너희가 지극히 보잘 것 없는 사람 하나에게 한 것이 곧 내게 한 것이다." 하나님의 정의는 희생자 중심이다. 그것은 하나님의 아들이 직접 희생자 가운데 하나이시기 때문이다. 바로 이것이 '하나님은 어디계신가?'라는 질문에 대한 그리스도교의 대답이다.

가해자: 그리스도교 공동체는 아주 일찍부터 그리스도의 고난과 죽음을 가해자의 죄에 대한 대속으로도 이해했다. 가해자들은 이사야 53장에 등장하는 고난받는 하나님의 종 모델에 따라 십자가에 못 박힌 그리스도를 "세상의 죄를 지시는 분 … 그분의 상처를 통해 우리의 병을 낫게 하는 분"으로 이해했다(사 53:5). 이것을 우리는 대속의 그리스도론Stellvertretungschristologie이라고 부른다. 그리스도는 우리를 위해 죽으셨다. 그분은 하나님이 우리를 대적하시는 분이 아니라 우리를 위하시는 분, 하나님을 무시하고 불의를 행하는 우리까지도 위하시는 분이라는 사실을 당신의 운명을 통해 계시하신다. 그리스도는 "우리의 범죄 때문에 죽임을 당하셨고, 우리를 의롭게 하시려고 살아나셨다"(롬 4:25). 그분을 통해서 우리는 죄의 용서를 받고 새로운 생명으로 다시 태어나게 된다. 이것이 무슨 뜻인지 이해하고 있는가?

나는 이 세상 어떤 죄인도 자기 죄에 대한 온전한 깨달음을 안고 살아갈 수는 없다고 생각한다. 죄인이 자기 죄를 깨닫는다면, 그는 모든 자기 존중을 잃어버리고 자기를 미워하기 시작한다. 그래서 우리는 죄에 대한 비난과 죄에 대한 깨달음을 거부한다. 하지만 일단 우리가 희생자의 눈에서 우리의 죄를 인식하는 순간, 그 죄는 무거운 짐처럼 우리는 내리누른다. 우리는 스스로 일어설 수 없다. 우리는 어디로 가야 할지 모른다. 상황이 심각할 경우, 이런 죄의 무거운 짐을 계속 지고 사느니 차라리 죽고 싶다는 생각을 하게 된다. 이것도 전혀 틀린 생각은 아니다.

도대체 죄의 용서라는 것이 가능할까? 그 누구도 이미 일어난 일을 되돌리거나 과실을 보상할 수 없다. 모든 죄는 한 사람을 그의 과거에 붙잡아 매고, 미래를 향한 그의 자유를 강탈한다. 하나님도 이미 일어난 일을 되돌릴 수 없다. 대량학살은 계속해서 대량학살로 남아 있다. 하지만 하나님께서는 이미 일어난 죄의 사슬을 풀어 없애시며, 이미 일어난 일은 과거로 만드시고 생명의 새로운 시작을 가능하게 해주신다. 그리스도께서 우리의 죄를 '지신다'고 할 때 바로 그 일이 일어나는 것이다. 그래서 우리는 이렇게 기도한다. "이 세상의 죄를 지시는 주님, 우리를 불쌍히 여기소서!"

가해자를 죄의 종으로 만드는 죄의 세력에 대하여는 죽고, 부활하신 그리스도와 함께 새롭게 태어난다는 것은 가해자에게 엄청난 사건이다. 본회퍼가 제대로 말했듯이, 다른 모든 것은 '값싼 은총'이다. 어떻게 이런 일이 일어날 수 있을까? 세 단계를 거쳐 일어난다.

a. 악에 희생당하는 사람들의 고통을 인식함으로써 그 악을 행한 사람들은 자기의 실상을 인식하게 된다. 첫 단계는 항상 진리로 진입하는 단계이다. 그것이 아무리 아픈 것이라 할지라도 말이다. 가해자들은 언제나 기억력이 나쁘기 때문에, 희생자의 오랜 기억에 의지하여야 자기 인식에 도달할 수 있다. 가해자는 희생자의 눈에 비친 자기를 발견할 때 비로소 자기의 본 모습을 볼 수 있다.

b. 두 번째 단계는 의식의 전환이요 삶의 방향 전환이다. 이것은 결국 그렇게 많은 희생자를 양산하는 지배 체제를 깨뜨리는 것으로, 또 더 이상 가난한 사람과 자연을 희생시켜서 사는 삶을 거부하는 것으로 이어진다. 아무 의식 없이 죽임과 죽음을 지향하는 삶에서 의식적으로 생명과 정의를 지향하는 삶에 이르는 것이다.

c. 가해자가 자기 스스로 일으킨 피해를 없애기 위해 모든 노력을 기울일 때, 오직 그때 가해자도 마침내 희생자들과의 새로운 친교, 정의롭기 때문에 새로운 친교의 관계를 맺게 될 것이다. 이것을 우리는 '회복Wiedergut-machung'이라고 부른다. 비록 아무것도 다시 이전의 상태로 돌아가 좋아질 수는 없지만, 그 가운데 어떤 것은 새로워질 수 있다.

희생자와 가해자: 하나님은 그리스도를 통해서 가해자를 죄의 권세와 죄책의 짐으로부터 해방하신다. 하지만 그분은 가해자를 반드시 희생자의 면전에서 해방하신다. 인간적으로 봤을 때 가해자에게 화해를 제안할 수 있는 것은 오직 희생자이다. 하나님께서 희생자 편에 계시기 때문에 희생자들은 그렇게 할 수 있는 신적인 권위를 얻게 되는 것이다. 하지만 죄의 희생자와 가해자가 죄의 권세로부터 해방되면, 그들은 함께 이 죽음의 세력을 만들어낸 죽음의 혼돈을 없애버릴 수 있다. 희생자의 칭의는 가해자의 칭의에 앞서며, 그 둘은 이 세상을 더욱 정의로운 세상으로 만들어 간다. 이것을 우리는 그리스도의 통치, 새로운 창조, 생명의 부활이라고 부른다.

4. 최후의 심판에 대한 새로운 비전

우리는 최후의 심판에서 어떤 것을 기대하는가? 전통적으로는 보상과 형벌, 천국과 지옥, 착한 사람들은 구원을 받고 악한 사람들은 저주를 받는 것을 생각한다. 그 말이 맞는 말일까? 시편 96편 말씀을 한 번 들어보자.

> "하늘은 즐거워하고, 땅은 기뻐 외치며,
> 바다와 거기에 가득 찬 것들도 다 크게 외쳐라.
> 들과 거기에 있는 모든 것도 다 기뻐하며 뛰어라.
> 그러면 숲 속의 나무들도 모두 즐거이 노래할 것이다.
> 주님이 오실 것이니, 주님께서 땅을 심판하러 오실 것이다.
> 주님은 정의로 땅을 심판하시며,
> 그의 진실하심으로 뭇 백성을 다스리실 것이다."

여기서는 보상과 형벌에 대해서 전혀 얘기가 없다. 인간에 대한 언급은 마지막 줄에만 나오는데, 하나님의 심판은 그 인간에게 해당되지 않는다. 여기서 중심은 땅이다. 창세기 1장 24절에 나오는 것처럼 식물과 동물을 내는 땅이다. 하나님이 땅을 심판하러 오실 때 중심이 되는 것은 자연의 치유이다. 땅과 거기 사는 모든 피조물 사이의 모든 파괴된 관계가 바로 잡혀야 한다. 여기서 '심판'은 고발과 변호와 선고가 있는 법정과는 전혀 관계가 없고, 오히려 바로 잡는 것, 일으켜 세우는 것을 의미한다. 하나님의 정의는 이 땅에 사는 모든 피조물에게 권리를 찾아 주어, 모두가 서로 평화롭게 살 수 있도록 한다. 그래서 하늘이 즐거워하고, 땅은 기뻐하며 숲의 나무들도 기쁨의 찬양을 부르는 것이다. 그분이 '정의로 땅을 심판하시러 오실 때' 자연은 활짝 피어나 새로운 산물을 내고 하나님의 평화는 모든 피조물 공동체를 감싸게 된다. 모든 것은 썩지 않은 새로운 형체로 변하고 창조주의 영원한 생명력에 참여하니, 이는 그가 '오셔서' 그분의 피조 세계에 영원히 머무실 것이기 때문이다.

이사야 11장을 보면 하나님의 메시아는 "가난한 사람을 정의로 재판"할 뿐만 아니라(11:4) 이 땅과 거기 사는 모든 피조물에게 창조의 평화를 안겨 주신다(11:6-11). 그렇기 때문에 성탄의 이야기에서 천사는 땅과 사람을 분명하게 구분한다. "땅에는 평화, 사람들에게는 호의!"(눅 2:14). 천사들은 땅에는 평화를, 사람들에게는 하나님의 호의를 선포한다.

바울서신은 그리스도께서 희생자들의 권리를 찾아 주시고, 가해자들을 바로 잡아 주실 뿐만 아니라 "하늘과 땅에 있는 모든 것의 통일"(엡 1:10)과 "온 우주의 화해"(골 1:20)를 이루실 것이라고 기대한다. 이것은 우주적 그리스도론이다. 곧 그리스도께서 정의로 땅을 심판하셔서 "정의가 깃들여 있는" "새로운 땅"이 생겨날 것이다(벧후 3:13).

이 희망은 혼란스러운 자연의 힘이 인간 세계에 일으킨 파괴, 즉 쓰나미, 싸이클론, 지진과 같은 자연 재해, 전염병 등이 수천 명의 희생자를 내고, 말로 표현할 수 없는 고통을 안겨주는 그런 파괴에 대한 대답이다. 하나님은 자연 재해를 통해 인간의 죄를 심판하시는 분이 아니다. "그가 오실 것이니, 그는 땅을 정의로 심판하러 오실 것이다."

그리스도께서 인간 세상을 심판하실 때는 땅의 심판과는 다른 모습으로 하실까? 나는 그렇지 않다고 생각한다. 예수 그리스도의 날은 죄와 악과 죽음의 세력이 인간의 세상에 가져온 모든 쓰레기를 치우는 최후의 심판 날이 될 것이다. 하나님이 오시면 악의 세상은 해체되고, 죽음의 제국은 끝장나고, 지옥은 파괴된다. 그분의 심판은 하나님을 거역하는 모든 세력에 대해서는 진멸의 No("아니!")이지만, 하나님의 모든 피조물에 게는 빛나는 Yes("그래!")이다. "보아라, 내가 모든 것을 새롭게 한다!"

오늘 여기서 죄의 희생자들의 권리를 찾아 주고 죄의 가해자를 바로잡는 일로 시작된 것은 최종적으로 하나님의 정의를 통한 죄의 극복과 악으로부터의 구원을 지향한다. 어떤 사람은 종으로 만들고 또 어떤 사람은 희생자로 만드는 힘, 하나님을 거역하는 세력을 하나님께서 파멸하실 것이다. 희생자와 가해자의 칭의가 일어날 때 일차적으로 중요한 것은 하나님의 칭의이다. 하나님은 당신의 피조물에 대한 당신의 권리를 주장하시면서 죄와 죽음을 몰아내신다. 죄와 죽음은 그분의 피조물에 대한 권리가 없다. 자기보다 약한 사람의 권리를 무시하는 '강자의 권리'란 존재하지 않는다.

마지막으로 최후의 심판에 대해서 좀 더 자세히 살펴 보도록 하자. 누가 재판관이 되신다고 말하고 있는가? 신약성서에서 그 심판은 "인자의 날"이다. 그런데 인자 그리스도는 잃어버린 것을 찾으러 오신 분이다(눅 19:10, 마 8:11). 잃어버린 것 가운데 그분이 찾지 못하는 것이 있을까? 나는 없다고 생각한다. 오실 그리스도께서 보복하고 앙갚음하는 분으로 오실까, 아니면 죄와 죽음과 지옥을 이기고 부활한 승리자로 오실까? 요한계시록 1장 18절은 그분이 '사망과 지옥의 열쇠'를 가지고 있다고 말한다. 그 열쇠를 가지고 무엇을 하실까? 분명히 뭔가 잠겨 있던 것을 활짝 여실 것이다. 그분은 살아 계신 분으로, 죽은 사람들의 첫 열매로 모든 죽은 사람에게 나타나실 것이다. 어떤 정의로 심판하실까? 그분이 죄의 희생자와 가해자를 대할 때 쓰셨던 정의 이외에 다른 어떤 정의로 심판하시지는 않을 것이다. 만일 그렇지 않다면 아무도 그분을 알아보지 못할 것이다. 오실 심판관은 십자가에 못 박히신 분이다. 이 말은, 이 세상의 심판자로 오시는 분은 이 세상의 고난을 몸소 겪으셨고 이 세상의 죄를 지셨던 분이라는 뜻이다. 희생자의 권리를 지켜주시고 가해자를 바로 잡으시는 하나님의 정의가 승리할 것이다.

그렇다면 최후의 심판은 어떤 목적을 위한 것일까? 우리의 전통은 보상과 형벌의 문제를 대대적으로 결산하는 날에 관해 이야기했고, 결국은 그것이 이 세상의 종말이라고 했다. 그러나 나는 그렇게 생각하지 않는다. 그날은 하나님의 창조적인 정의가 하늘이든 땅에서든 하나님을 거역하는 모든 세력을 누르고 이기는 날이 될 것이다. 그 심판은 죄와 죽음에 기여하는 결산Abrechnung이 아니라, 새로운 창조에 기여하는 심판이다. 심판은 최종적인 것이 아니라, 최종적인 것 바로 앞에 있는 것이다. 그것은 끝이 아니라, 새로운 출발을 위한 것이다. 하나님의 최종적인 말씀은 이것이다. "보아라, 내가 모든 것을 새롭게 한다." 이 영원한 새 창조는 정의에 기초하여 세워진다. 그러므로 하나님의 정의는 승리하지 않을 수 없다. 최후의 심판을 여러 이미지나 관념으로 묘사하면서도 오직 이 세상의 과거만을 볼 뿐 그 심판 너머에 있는 하나님의 새로운 세상을 보지 못한 것은 그리스도교 전통의 실수이다.

최후의 심판과 모든 것의 새로운 창조는 하나님의 새로운 날 아침에 정의의 태양이 떠오르는 것과 같다. 그러므로 두려워해야 할 것이 아니다. 시편 96편에 나와 있는 것처럼, 땅이 기뻐 외치고 들판이 환호하며 나무들이 손뼉을 치며 노래한다면, 우리 인간도 하나님의 공의의 상량식上梁式, Richtfest*을 고대하며 노래해야 할 것이다.

"정의의 태양이여

우리의 시대에 떠오르소서."

---

* 원래 독일어 단어 Richtfest는 건물 공사 중 건물의 골격이 완성되었을 때 건축주와 공사인부들이 함께 축제를 벌이는 것이다. 그러나 위의 강연 마지막 부분에서는 '심판' Richten이 주된 테마였고, 그 심판이 일반적인 생각과는 달리 '축제' Fest와도 같은 기쁨의 사건이라는 것을 강조하고 있기 때문에 '축제와도 같은 기쁜 심판'의 의미로 읽을 수도 있다. – 옮긴이 주

서남동의 신학: 두 전통의 합류

폴커 퀴스터 Volker Kuester 씀
네덜란드 캄펜신학대학교 교수 | 김희헌 옮김

　서남동은 서양현대신학에 일가견이 있던 사람으로서[1], 성서해석학에 치중했던 안병무의 조직신학적 분신alter ego으로 여겨진다. 안병무는 선교교육원(한국기독교장로회)에서 서남동과 함께 일했던 사실을 지적하면서 이러한 견해를 확인해 준다. "서남동과 내가 동의한 점은 그가 조직신학적 관점에서 사물을 관찰하였다면 나는 해석학적exegetical 관점에서 신학을 하였다는 것이다."[2] 많은 사람들은 이 두 사람을 민중신학의 위대한 두 스승으로 생각한다. 서남동은 1918년 전남 무안에서 태어나 진도에서 자라났으며 1984년 66세의 나이로 그 일생을 마쳤다.

　서남동은 대학시절(1937~1941)을 일본에서 보냈다. 1941년 교토의 동지사대학에서 문학사 학위를 받은 그는 한국으로 돌아와 평양요한성경학교에서 1년간 교편을 잡는다.³ 1943년부터 1952년 동안 서남동은 세 교회에서 목회를 하였다.⁴ 그리고 1952년 한국신학대학에 교수로 부임하였다가 수년 후 학업을 위해 캐나다로 떠난다. 1956년 5월 토론토대학의 빅토리아신학교에서 목회학석사 학위를 받고, 이로부터 꼭 1년 후 같은 곳에서 신학석사 과정을 마친다. 1961년 9월 이래 강사로 가르쳐 왔던 연세대학교 신과대학의 교수로 1963년 초빙을 받는다.⁵

1975년 정치사건에 연루되어 해직된 서남동은 수차례 체포되어 고문을 당했다. 서남동은 1984년에 복권되었으나 연세대학교로 돌아가지 않고, 대신 안병무의 권고를 따라 선교교육원 원장의 길을 택한다.⁶ * 그는 세상을 떠나기 바로 얼마 전 모교인 빅토리아 신학교에서 명예신학박사 학위를 받기도 하였다. 한국기독자교수협의회 초대의장으로 선출된 사실은 한국에서 그가 가진 학문적 위상을 잘 표현해 준다고 하겠다.

지명관이 흘린 루머에 의하면,⁷ 서남동이 1974년 나이로비에서 열린 WCC 〈신앙과 직제〉의 한 성서연구 모임에서 당시 한국에서 체포된 김지하의 시를 처음으로 접했다고 한다. 그리고 회의를 마친 후 돌아오는 길에 도쿄에 체류하면서 일본에서 구할 수 있는 한국민주화운동 자료를 공부한다.

가톨릭 평신도 신학자인 김지하는 서남동 민중신학의 발전에 지대한 영향을 미쳤다. 서남동과 마찬가지로, 김지하 역시 저항의 지역 전라도의 아들로 1941년 목포에서 태어났다. 그는 이른 시기부터 학생운동에 투신하였다. 비록 1959년 한 해 동안 서울대학교 인문학부 미학과에 등

---

* 이 부분에 필자의 착오가 있는 것으로 보인다. 서남동은 1978년 2월에 기장 선교교육원 원장으로 취임하였고, 1980년 3월 연세대학교 신과대학 교수로 복직과 동시에 정년퇴임하였다. 『서남동 신학의 이삭줍기』 참고 - 옮긴이 주

록하였지만, 그는 이승만을 하야하도록 이끈 4·19 혁명에 참여하였고, 또 당시 학생들이 주도하는 통일운동의 지도자로 빠르게 성장하여 갔다. 박정희 쿠데타 정권의 폭압으로 인해 그는 숨어 다니는 동안에도 주어진 역할은 훌륭히 수행해 내었다. 1963년 대학으로 돌아온 김지하는 즉시 한일협정 반대투쟁에 참여한다. 이로 인해 1966년 졸업하기까지 또다시 숨어 다닐 수밖에 없었다. 이 시기에 했던 부두와 광산에서의 노역은 그에게 결핵을 가져다주었고, 이 때문에 오랜 기간 동안 요양소에서 시간을 보내야 했다. 김지하의 글은 「詩」라는 잡지를 통해 1969년에 처음 등장한다. 김지하는 이 시기에 기독교가 지닌 혁명적 힘을 인식하고 가톨릭에 입교하였다. 그리고 1971년에 세례를 받는다.

되풀이되는 탄압에서 김지하는 숨어 지내는 데 성공하였다. 그의 질병이 체포로부터 해방시켰기 때문이다. 그러나 그의 작품들은 검열을 받았고, 그것을 실은 잡지들은 폐간되었으며, 그 일에 책임이 있는 편집장과 발행인은 투옥되었다. 그리고 1974년 7월에 김지하 역시 마침내 사형을 선고받게 된다. 그러나 해외에서 일어난 구명활동은 그 형량을 무기징역으로 떨어뜨리게 만든다. 1975년에 뜻하지 않게 석방되지만, 이내 다시 붙잡혀 고문 속에서 공산주의자임을 실토하도록 강요를 받게 된다. 그러나 그는 〈양심선언〉을 통해 이 사실을 부인한다. 그의 〈양심선언〉은 감옥으로부터 몰래 유출되었다.[8] 1980년 12월에 가서야 김지하는 석방될 수 있었지만 여전히 심한 감시를 받았고, 저작활동도 탄압을 받았다.

서남동이 신학적으로 기획하였던 것 중 많은 부분들이 김지하가 그의 희곡과 시 그리고 이야기신학 형식으로 쓴 글을 통해 이미 표현한 것들이었다. 김지하는 여러 곳에서 예수 그리스도라는 인물과 결부하여 작품을 구성해 내었다. 예수 이야기의 독특한 측면을 담시譚詩「장일담」[9]을 통해

엮어갔으며, 「금관의 예수」라는 희곡10에서 그것을 다시 풀어내었다. "억눌린 자들, 착취당하는 자들, 질곡에 빠지고 경멸당하는 자들"11과 한 몸이 되기를 원했던 사람은 항상 예수였고, 김지하는 그를 닮기 원했다.12 서남동의 신학적 구상에서 결정적인 중요성을 지닌 기독교와 한국 민중 전통의 〈합류〉라는 개념13은 김지하의 "신과 혁명의 통일"이라는 사상과 그 맥을 같이 한다. 게다가 서남동 신학의 핵심적 개념인 신의 선교Missio Dei14 역시 김지하의 글에서 발견할 수 있다. 〈신의 선교〉라는 개념을 사용하는 방식을 관찰해 볼 때, 우리는 폭넓은 신학 독서를 했던15 김지하가 에큐메니칼 진영의 신학적 토론으로부터 그것을 차용하여 한국이라는 특수한 상황 속에 임한 하나님의 현존을 표현해 내려 했다는 사실을 유추해 볼 수 있다.

그러나 나의 생각에 가장 커다란 영향을 준 것은 1971년 이래 한국기독교 인권운동에 참여한 경험이었다. 이것은 나로 하여금 한국의 저항과 혁명전통 그리고 그것이 믿을 수 없을 만큼 부정적인 상황 속에서도 꽃을 피우는 독특한 생명력이 새로운 형태의 인간해방을 위한 소중한 자료라는 것을 확신시켰다. 이 풍부한 원천은 제3세계의 상황에서 특별한 가치를 지닐 것이다. 해방신학이라는 도구를 통해 형성되고 가다듬어진 나의 경험은 남한민중의 불굴의 투쟁 속에 있는 〈신의 선교Missio Dei〉의 기적적인 새로운 형태들을 보게 하는 데 영감을 준다.16 *

민중신학자 중에서도 〈복음〉과 〈문화〉의 상관관계에 대해 매우 집중하였던 서남동은 김지하와 함께 해방신학적 관점을 공유하였다. 이 두 사

---

* 촉박한 번역 일정으로 인해 김지하의 〈양심선언〉 한글 원문을 구하지 못하고 영문으로 쓰인 이 논문으로부터 재번역을 하였다. 그러다보니 김지하가 쓴 문상이 시닌 아름다움을 드러내지 못했다. – 옮긴이 주

한국역사의 연대표[17]

신석기시대 : 기원전 4000년부터	원시공동체 사회
청동기시대 : 기원전 800년부터	성읍국가와 연맹왕국
삼국시대 : 기원전 50년부터	중앙집권적 귀족국가의 발전
650년부터	전제왕권의 성립
750년부터	호족의 시대
950년부터	문벌귀족 사회질서 확립
1200년부터	무인정권
1300년부터	신흥사대부의 등장
1400년부터	양반사회 형성
1450년부터	사림세력의 등장
1650년부터	경작농민과 도매상인의 성장
1800~1850년	중인층의 대두와 농민의 반란
1850~1900년	개화세력의 성장
1900년	민족국가의 태동과 제국주의의 침략
1919년부터	민족운동의 발전
1945년부터	민주주의의 성장

람은 신의 선교에 참여하기 위하여 역사 속에 있는 신의 해방활동의 흔적을 드러내는 일에 관심을 가졌다. 서남동은 성서와 기독교 전통, 그리고 한국의 역사와 문화 속에서 수많은 전거들을 발굴해 낸다. 그것들은 복음과 문화의 "상생적 해석"symbiotic interpretation의 가능성을 범례적으로 보여주는 것으로써 해방적 추동력을 지니고 있는 것이었다. 십자가와 부활 사건을 통해 특별히 드러난 성서의 메시지들,[18] 초대교회와 요아킴 피오레의 성령신학과 토마스 뮌처에게서 나타난 천년왕국 사상이 그 전거들을 구성하고 있었다. 이 전거들을 통해서 역사를 관통하여 흘러온 기독교 신앙의 해방적 차원, 그 신앙에 혁명적 잠재력을 부여해 주는 해방적

차원이 강조되었다. 한국에 널리 알려진 역사학자 이기백의 견해[19]에 동의한 서남동은 한국 역사를 "권력이 독점적으로 향유되는 과정으로 좁혀져 들어간 이후에" "지배세력의 사회적 기반이 급진적으로 확장되어 간" 과정으로 보았다. 그리고 그 과정은 민중이 주체가 되고 한국 사회가 민주화되어 가는 과정에서 절정에 달한 것으로 본다.[20]

이러한 정체성 재/구성 작업은 고난과 저항의 역사를 한국 역사의 신화적 기원으로까지 거슬러 올라가 추적하는 것이다. 서남동은 이러한 고난과 저항의 역사적 경험을 한恨이라는 단어와 연관 지어 표현한다. 〈민중〉이라는 단어를 다른 말로 번역하지 않고 그대로 사용하였듯이, 서남동은 한국 사람의 한恨의 경험을 "고난"suffering이라는 말로 단순화시켜 번역하지 않았다.[21] 다시 여기서 김지하의 영향이 나타난다. 서남동에 따르면, 한국 민중의 한이 혁명적 잠재력을 이끌어 내는 동인이 된다고 생각한 사람은 옥중에 있었던 김지하였다.[22] 민중신학자들에게 이러한 사고는 역설적인 의미를 가져다주었다. 즉, 한이란 표현할 수 없는 심연의 고통을 가리키는 것이자, 동시에 저항운동의 추진력이 되는 것이라는 점이다.

한이란 한국 사람의 내면에 깔린 감정이다. 한편으로 한이란 패배와 체념과 무존재의 감정이지만, 다른 한편에서 한이란 생명을 향한 약자들의 완강한 의지의 감정이다. 한의 첫 번째 모습은 종종 위대한 예술적 표현으로 승화되며, 두 번째 모습은 혁명과 반역의 힘으로 분출되곤 한다.[23]

김지하는 단斷의 철학으로 한恨을 제거하고자 하였다. "단이란 한을 극복하는 것이다. 단이란 개인적으로는 자기부인이요, 집단적으로는 복수의 악순환을 끊어내는 것이다."[24] 김지하는 자신을 가리켜 〈한의 사제〉라고 말하였고, 교회가 바로 그 역할을 담당해야 한다고 주장하였다. 「장일담」이 이러한 생각을 표현한 담시譚詩이다. 이 시에서 한국 민중이 당한 고난의 경험은 비천한 백정과 창녀 사이에서 태어난 장일담이라는 인물을 통해서 표현된다. 김지하는 탈옥한 도둑놈에서 혁명가이자 해방의 설교자로 변모해 가는 장일담의 길을 여기서 그려 낸다. 먼저 시궁창에서의 탄생은 장일담을 특징짓는 경험이다. 나중에 그는 창녀인 어머니가 죽음에 이르렀을 때 앞에 엎드려 울부짖는다: "오 어머니, 하나님이 당신의 자궁에 있어요. 하나님은 바로 바닥입니다."25 이 말을 하고 그녀의 발에 입을 맞춘다. 그리고 장일담은 제자에게 배반을 당하고 잡혀 결국 사형 선고를 당한다. 참수된 지 사흘 만에 부활하여 배신자의 목을 벤 후 자신의 목으로 교체하는 대목에서 복수와 화해가 동시에 진행되고, 영웅의 머리는 배신자의 몸에 남는다.

서남동은 한의 관점에서 전통적인 죄라는 개념에 질문을 한다. "죄란 지배자의 언어요, 한이란 민중의 언어이다."26 그는 죄라는 차별적인 개념이 종교적, 세속적 지배자들에 의해 만들어진 것으로 본다. 즉 그의 독법에서 죄인이란 "죄를 당한"sinned against 사람을 가리킨다.27 이러한 죄에 대한 구조적인structural 이해는 민중의 개인적인 죄성을 부정하지는 않지만 그 강조점을 옮겨놓는다. 하나님이 죄인으로 멸시당하는 사람들의 편에 서 있고, "작은 자들"의 고통에 참여한다는 것이다. 서남동은 민중이 하나님의 구원사역에 참여하고 있음을 말하는 데까지 나아간다. 한의 경험은 한국 문화와 역사의 밑바닥을 형성하는 것으로 이해되며, 판소리와 탈춤, 미륵불교와 동학운동에서 하나님의 해방의 활동이 한국 민중의 고난 속에서 가시화되고 있음을 보여 주는 "범례"paradigm와 "원형"archetype28을 발견할 수 있다고 본다.29 이러한 상황 속에서 서남동은 "계시"라는 신학용어가 지닌 종교적 함축성 때문에 사용하기를 거절한다.30 민중신학자들은 자신들의 상황 속에서 파악하고 〈신의 선교〉에 따라 행동할 때 그들은 예수 사건에 담긴 위험한 기억에 기초할 수 있을 것이다.

이제 한국 민중신학의 과제는 기독교의 민중전통과 한국의 민중전통이 현재 한국에서의 신의 선교 활동에서 합류되고 있음을 증언하는 것이다. 그것은 우리가 하나님의 역사개입 그리고 성령의 역사로 생각하는 사건들에 참여하고 또 그 사건들을 신학적으로 해석하는 일이다.[31]

서남동은 이것을 구체적인 상황 속에서 생겨난 "현장"신학이라 불렀다. 안병무가 성서의 〈텍스트〉에 집중하여 자신의 신학을 마가복음에 담긴 예수와 오클로스의 관계의 주석학적 탐구를 통해 발전시켰다면, 서남동은 〈컨텍스트〉에 집중하여 기독론의 새로운 접근을 시도하였다. 서남동에게 한국의 문화와 역사는 성령을 통해 하나님이 개입하는 영역이 된다. 안병무가 예수와 오클로스와의 관계에서 한국 민중의 삶에 현존하는 그리스도의 유비를 발견하였다면, 서남동은 "전통적인 기독론적 해석"과 "그의 성령론적 역사적 해석"을 구분하여 전혀 새로운 시도를 하였다.[32] "성령론적 해석은 더 나아가 내가 예수의 삶을 닮고 내 삶에서 예수 사건을 재현하는 것을 주장한다."[33] 예수 그리스도를 닮는 삶에 대한 이러한 강조는 서남동으로 하여금 컨텍스트가 곧 텍스트임을 주장하도록 하는 길을 마련해 준다.[34] 또한 요아킴의 신학에 대한 그의 공감은 삼위일체에 대한 독특한 해석 즉 세 위격의 활동을 세 시대에 순차적으로 병치시키는 해석을 따르고 있음을 보여 준다.[35] 그리스도가 성령 안에 현존한다기보다는 성령 안에서 그리스도는 닮아지는 분이다.

아시아신학 작업의 미래
새로운 도전 맞서기

웨슬리 아리아라자 S. Wesley Ariaraja 씀
미국 드류신학대학교 교수 | 김희헌 옮김

아시아적 현실과 아시아신학

꽤 오랜 기간 동안 아시아신학을 가르쳐온 사람으로서 나는 아시아신학을 가르칠 강의계획서를 만드는 일이 쉬웠던 때를 기억한다. 우리는 아시아의 주요 논쟁점들이 무엇인지에 대해 분별력 있는 사고를 지니고 있었고, 또 그런 주제들에 대해 신학적 반성을 해내고 있던 아시아 신학자들의 목록을 가지고 있었다. 아시아신학이 아시아적 삶의 현실에 응답하기를 요청받았던 때의 강의계획서는 주로 논쟁점issue 중심으로 작성되었다.

기독교가 아시아적 토양의 뿌리에 충격을 주었을 때로부터 줄곧 아시

아에서는 신학적 응수가 있었다. 그러나 나는 여기서 아시아 대부분의 나라들이 식민통치로부터 벗어나기 시작하였던 시기 이후에 형성된 논쟁점과 아시아적 응답에 대해 다루려고 한다. 물론 일부 신학자들은 아시아의 신생 독립국에서 기독교인들이 맞고 있는 도전에 대하여 응답하였다. 이 신생국들 안에서 교회는 자기 정체성과 목회와 선교 그리고 신앙에 대한 자기 해명을 발견해야만 했다. 탈식민지적 민족건설이라는 상황 속에서 교회는 자신의 역할을 찾으려고 하였다.

교회의 이러한 노력은 특히 서양세력에 의해 식민화된 경험을 가진 나라에서 필수적인 것이었다. 이들 나라에서 교회는 소수에 불과하였지만, 서구 식민권력과 연합한 그들은 중추세력으로 존재하였다. 자신들의 신앙에 대한 이해와 예배의 삶과 그들의 신앙에 대한 문화적 표현들은 모두 서구에서 수입되었고, 그들은 그 같은 이해 속에서 편안했다. 이제 교회는 새로운 상황을 맞아 자신들의 실제 모습에 상응한 소수자가 될 것을 요청받게 되었다. 예를 들어, 인도의 P. D. 데바난단과 M. M. 토마스는 이러한 문제에 응답하려는 일에서 선구적인 작업을 시작하였다. 다른 이웃 종교 전통과 대화하고 협력하여 신학적 기초를 놓으려는 전체적인 개념작업이 데바난단에 의해 소개되었고, 토마스는 보다 급진적인, 그렇지만 "인간화로서의 구원"Salvation as Humanization이라는 전적으로 성서적인 개념을 도입하였다. 토마스의 이 개념은 새로운 민족적 미래를 개척해 가는 일에서 다른 종교전통에 속한 사람들과 협력할 수 있는 길을 닦았다. 스리랑카에서는 D. T. 나일즈가 선교에 대한 자신의 생각과 동아시아기독교협의회EACC(현재의 CCA)의 총무로서 활동했던 경험을 바탕으로, 아시아에서의 교회의 "정체성"selfhood에 관하여 그리고 탈식민시대 선교의 의미와 실천에 대해 작업하였다.

두 번째로 부상하는 이슈는 문화다. 서구 식민지 시절 동안 기독교인들은 자신들의 문화를 거세당하였다. 그들은 자기 민족의 문화를 얕보았고 심지어 "우상숭배"나 "이교도적인 것"이라고 낙인찍었다. 그리하여 이제 자기 자신들의 문화로부터 기독교 신학을 다시 고려하고 실행한다는 것은 중요한 도전이 되었다. C. S. 송이 이러한 도전에 대하여 신학적 응답을 제공한 대표적인 인물이라 할 것이다. 그는 우리가 기독교 복음의 의미를 설명하는데 아시아의 이야기와 신화, 우화, 문학 안에서 충분한 자료가 있음을 주장하였다. 마음속에 떠오르는 또 다른 인물은 고야마이다. 그는 아시아의 문화로 복음에 대한 신학적 해석을 하는 작업에서 물소신학 Water Buffalo Theology이라는 도발적인 제목을 통해 주의를 환기시켰다.

신학 작업의 대상으로서의 세 번째 실재는 아시아의 종교전통, 특히 불교와 힌두교, 유교, 도교가 있다. 이 문제에 대한 선구적인 작업이 린 A. 드 실바, 알로이시우스 피어리스, 사키 야기, 스탠리 사마르타와 같은 이들에 의해 이루어졌다. 아시아의 종교 문화에 대응하기 위해 진행된 신학적 실천 작업 가운데 형성된 것들이 로마 가톨릭교회의 토착화 신학과 개신교의 종교 간 대화이다.

네 번째는 아시아의 사회·경제·정치적 현실과 연결된다. 예를 들어, 피어리스는 아시아 사회의 가난의 문제를 자신의 해석학적 열쇠들(아시아적 종교성의 다른 이름) 중 하나로 삼았고, "강요된" 가난과 "자발적" 가난이라는 개념을 통해 아시아적 형태의 해방신학을 발전시키는 작업에서 창조적인 업적을 세웠다.

위에서 말한 모든 것들은 개별적인 신학자들에 의해 이루어진 신학 작업들이었다. 다섯 번째의 반응은 아시아적 상황에서 하나의 "신학적 사고의 학파"를 형성한 것이었다. 이 신학 학파는 일군의 신학자들이 참여하여 독특한 문제의식을 나눈 것인데, 아마도 한국의 민중신학이 아시아에서 최초라고 할 수 있다. 여기서 신학적 주제들의 다양한 양상들이 서로 다른 신학자들에 의해 접근되면서, 신학 토론에 새로운 가치가 부여되었다. 민중신학은 민중의 현실에 응답하였다. 억압과 수탈을 당했던 사람들의 구체적 경험이 신학 활동의 중심이 되었다. 그리고 이러한 활동이 인도에서 달릿 신학이 태동하는 데 도움을 주었다.

하지만 우리 모두가 아시아에서 이루어진 이런 중요한 신학적 발전들에 대해 익숙하기 때문에, 나는 그것들 중 어떤 것에 대해 말하고 싶지는 않다. 오히려 관심을 끄는 것은 우리가 "아시아적 현실"이라고 고려하는 것들 가운데 일어난 변화들에 대해서, 그리고 아시아신학을 시도하는 것이 어떻게 오늘날 훨씬 더 복잡하게 되었는지에 대해서 함께 생각해 보는 일이다.

세계화Globalization의 영향과 이데올로기적 공백Vacuum

첫 번째는 명백하기 때문에 아마도 그것에 대해 많은 말이 필요 없을 것 같다. 인류는 시초부터 복잡한 관계성을 형성하고 변화시켜 왔다는 점에서 세계화는 전적으로 새로운 현상이 아니다. 그러나 우리는 최근에 이루어진 인구의 이동, 새로운 통신기술, 여행, 자본과 경제 시장의 세계화 등이 이전에는 결코 볼 수 없을 정도의 강도와 폭을 지닌 채 현저하게 상호의존적인 인간 공동체를 형성시켜 오고 있다는 사실에 대해서 알고 있다. 하지만 우리들 대부분은 세계화라는 과정에서 일어난 일들의 대부분이 빈자들 중에도 극빈자들의 삶의 상황에 개입하여 그 조건을 변화시키는 일을 하지 않았다는 점도 알고 있다. 그러나 많은 사람들이 인류 공동체의 미래가 오직 이 한 방향으로 움직일 것이라고 믿고 있는 듯하다.

그러나 최근 미국에서의 재정 파탄과 그로 인한 세계 대부분 지역에서 수많은 삶의 영역에 미친 파급효과는 인간 공동체의 상호의존성이라는 것이 지닌 본성, 국가의 역할과 기능, 경제적 삶을 조직화하는 일의 목적과 목표 등에 대해서 새롭고도 생생한 관심을 불러일으키고 있다.

90년대, 교조적 마르크시즘과 국가 전체주의로 인해 소비에트 연방이 붕괴하였을 때, 자본주의 이데올로기의 신봉자들은 이 현상을 자본주의 이데올로기를 정당화하는 일로 취급하였다. 미국의 신보수주의자들은 "새로운 미국의 세기"를 선포하고, 유엔이나 그 대행기관들과 같은 범국가적 단체를 통해 규제를 철폐하여 지구적 차원의 무역과 자본 시장을 마련하는 일에 착수하였다. 가난한 사람들을 정치경제적 담론의 중심에 두었던 남미의 해방신학과 신학 기관들이 신학 대화의 자리에서 갑자기 피동적인 태도를 취해야만 했다는 것은 이제 비밀이 아니다.

최근 시장의 붕괴를 통해 노출된 약탈 자본주의의 죄악과 내실 없는 허울은 정치 경제적 가치에 대해서 그리고 인간 중심적 경제 시스템을 마련할 필요성에 대해서 심각한 신학적 물음을 다시 하도록 만들었다. 새로운 방식의 삶에 대해 생각할 수 있는 기회의 창문이 얼마나 오래 열려 있을지에 대해서 말하는 것은 어려운 일이다. 그러나 스스로를 규제한다는 시장의 힘에 관한 고삐 풀린 확신이 큰 타격을 입었다는 점에는 이견이 없다. 마르크스의 저술과 다른 마르크스주의 사상가들의 서적들이 미국에서 폭발적으로 읽혔다는 사실을 나는 관심 있게 바라보았다. 이 현상은 하나의 실패가 다른 극단에 대한 확증으로 이어지는 대부분의 서구 사회가 지닌 양극적 사고방식의 대표적인 예이다.

이 위기가 진행되는 동안 나는 알로이스 피어리스의 책 『아시아 해방 신학』에 대해서 생각해 보았다. 거기서 그는 대중들의 생생한 경험과 아시아 종교전통이 지닌 영적 요소 속에서 형성된 사회정치적 이데올로기에 대한 요청 모두에 대해서 통렬히 비판하였다. 나는 피어리스가 그 주제에 대해서 대답을 했다고 말하지 않겠다. 대신 아시아신학이 경제, 생태, 인간 공동체의 지구적 상호의존에 대해서 일련의 심각하고도 새로운 사고방식을 해야만 하는 어려운 도전이자 놀라운 기회를 맞고 있다고 말하겠다.

하지만 우리 과제는 중국과 인도가 지구적 차원에서 경제적 힘을 지닌 중심 주자로 등장하게 됨으로써 극히 복잡한 상황을 맞게 되었다. 이 양 국가가 서구 세력에 의해 확립된 유형을 단순히 따를 것인가, 아니면 아시아의 다른 발전도상국들과 함께 새로운 생명 중심적, 사람 중심적 경제모델을 제시할 것인가? 물론 이 질문 역시 엄청난 주제이며, 내 능력의 범위를 벗어난 것이다. 그러나 새로운 도전은 모든 분별력 있는 아시아 신학자들에게 명확히 인식되어야 한다. 과거의 이데올로기적 고안물들은 이 문제에 대한 신학적 반성을 하는데 필요한 가정들로 삼는 일에 타당한 것이 되지 못한다는 점은 분명하다. 새로운 가치와 방향정립이 새로운 사고방식을 주도하는 데 필요하다는 점도 분명하다. 우리는 새 술병이 필요한 새 술을 갖고 있다.

복잡한 종교적 현실에서 오는 도전

학문적 차원에서는 종교 전통들을 가르는 명확한 선을 긋는 경향을 지닌 채 그 전통들을 서로 엇갈린 실재들로 묘사하기 쉽다 할지라도, 종교 전통들 그리고 사람들의 종교적이고 영적인 삶이란 서로 명확하게 구분되지 않고, 복잡하며, 개념으로 확연하게 포착되지 않는다. 종교 전통들은 또한 변화되는 사회 정치 환경과 함께 성장하고 변화한다. 그러나 지난 시기 대부분의 아시아신학은 다양한 종교 전통들을 개념화할 수 있는 고정된 실체로 취급하는 경향이 있었으며, 아시아 기독교 신학을 하기에 타당한 신학적 영감과 언어와 범주들을 발견하려고 하지는 않았는지 살펴볼 필요가 있다.

종교 전통들을 다루는 우리의 과제는 80년대 이래로 이루어진 많은 발전에 의해 복잡하게 되었다. 여기서 나는 이 새로운 현실의 예로 세 가지 영역을 강조하고자 한다. 시험적이면서 물의가 있는 프로그램으로 시작된 70년대의 종교 간의 대화는 점차적으로 종교적 무대를 특징짓는 것들 가운데 하나가 되어 왔다. 오늘날 기독교만이 아니라 다른 종교 공동체나 정부, 국제기관, 그리고 심지어 회사들까지도 종교 간의 대화를 우선적인 것으로 주장하고, 주관하고, 지지한다. 이 점은 부분적으로는 서방 기독교와 중동 이슬람 세력의 일정 세력 사이에서 생겨난 지각된 위험들에 대처하려는 것이다. 하지만 종교 간의 대화는 공공의 삶에서 공통적으로 소유할 수 있는 가치를 확립하고자 하는 많은 관심으로부터 생겨난 것이기도 하다. 종교 간의 대화 기구들이 급격하게 늘고 있으며, 어떤 수준에서는 종교 전통 사이에서 매우 건강한 관계가 형성되고 있다. 종교 전통들 사이의 장벽은 점차 낮아지고 있다. 세계는 "돌이킬 수 없는 종교 관계"를 형성했으며, "오늘날 종교적일 수 있는 유일한 길은 범종교적인 interreligious 길뿐이다"고 이야기하고 있다.

이것은 단지 한 차원의 이야기일 뿐이다. 왜냐하면 우리는 또한 이와 동시에 지난 10년 동안 종교가 공적 광장으로 놀랍도록 복귀하였던 것을 보았기 때문이다. 종교는 정치적인 담론으로 들어갔으며, 정치적 행동을 위해 동원되는 주된 세력 가운데 하나가 되었다. 우리는 이러한 경향을 이슬람에서만이 아니라 힌두교, 불교, 미국과 일부 아프리카의 기독교 안에서도 발견하여 왔다. 금년 8월, 인도의 오릿사 주에서 힌두교와 기독교 사이에 대규모 참변이 있었다. 이화여대에서 행한 최근 강의에서, 나는 서울의 심장부에서 수천 명의 불교 승려와 신도들이 현 대통령의 기독교적 편견에 대항하여 항의시위를 했던 일은 기독교인들에게 "자명종"으로 받아들여져야만 한다고 말한 바 있다. 지금까지는 기독교인들이 한국에서 소수였음에도 불구하고 정치경제적인 힘을 발휘할 수 있었다. 왜냐하면 그들이 민족적 정치 투쟁에서 "우익세력"으로 존재했고 또 나라의 경제발전에 공헌했기 때문이다. 역사적으로 한국 국민은 다른 아시아 민족과는 달리 교회에 대해서 긍정적일 수 있는 좋은 이유를 가지고 있었다. 그러나 이것을 당연한 것으로 받아들여서는 안 된다. 기독교인은 다른 (종교) 공동체들의 열망에 기민해야 하며, 정치사회적 삶에서 의식적으로 포용력 있는 태도를 가질 필요가 있다. 그렇지 않으면, 생각이 명확하고 힘을 갖기 원하는 다른 종교 전통에 속한 정치인이 정치적 파국을 향한 불화, 다시 말해 통제하기 힘든 폭발적인 정치적 분쟁을 초래할 씨앗을 쉽게 뿌릴 수 있게 할 것이다.

　이 점이 나에게 세 번째 주제인 폭력과 비폭력, 그리고 그 속에서의 종교의 역할이라는 문제로 이끈다. 이 점에 대해서는 많은 설명이 필요 없다. 갈등을 해결하기 위해 폭력이나 전쟁에 의존하는 행동들은 널려 있다. 이러한 인종적·부족적·민족적 갈등 가운데 많은 곳에서 종교가 한 역할을 하고 있다. 더 나아가, 영화나 비디오 게임이나 스포츠에서 폭력은 오락처럼 광범위하게 고취되고 있다. 이 모든 것들이 사람들로 하여금 "폭력 문화"를 우리 시대의 광범위한 실재라고 말하도록 해 왔다. 어떤 이들은 이런 상황에 대해서 종교를 비난하고, 다른 이들은 종교 공동체가 나서서 모든 종교가 지지할 수 있는 적극적 가치들을 통해 이 문제를 해결할 것을 요청하기도 한다. 여기서 나의 목적은 이러한 현실을 구체적으로 분석하는 것이 아니라, 종교 전통들에 대해 연구해 온 아시아 신학이 어떻게 새로운 출발점과 목표에 대한 요청을 과감하게 변화시켜 왔는지를 보여 주는 것이다.

선교를 위한 새로운 원리 찾기

나는 많은 아시아 선교 신학자들이 있다는 것과, 아시아 신학자들과 아시아교회협의회CCA의 〈선교와 신학〉으로부터 선교에 대해 생각해 볼 수 있는 상당한 분량의 자료가 있다는 것을 알고 있다. 하지만 아시아 교회는 특히 교회 회중들 차원에서 두 가지 기본적인 주제에 대해서 새로운 사고방식을 해야 할 커다란 필요가 있다. 그 두 주제 중 하나는 성서에 대한 접근법이고, 다른 하나는 우리 시대에 충실한 기독교적 선교를 구성하는 것이 무엇인지를 아는 이해이다. 나는 이 점에 대해 항상 관심을 기울여 왔지만, 이화여대에서 선교신학을 가르친 짧은 경험은 이 문제에 긴급히 대처해야만 한다는 내 생각에 더 강한 확신을 주었다. 우리 시대 아시아신학의 가장 큰 도전은 단절이 있다는 사실에 있다. 어떤 사람은 아시아 신학자들이 아시아신학이라고 하는 것과 아시아 기독교인들이 믿고 행하는 것 사이에 커다란 간격이 있다고 말하기까지 한다.

나는 아시아 신학자들이 이 점에 대해서 비난당하거나 책임져야 한다고 생각하지 않는다. 아시아 신학자들의 책임은 아시아적 현실에 대해서 신학적 응답을 제공하는 것이요, 이러한 활동은 신학적 사고의 풍요를 가져왔다. 아시아신학이란 자신의 정당성과 가치를 지닌다. 하지만 나는 우리가 아시아신학과 아시아 기독교인들의 삶 사이에 놓여 있는, 거의 다리 놓을 수 없을 만큼 벌어진 간격을 이을 '다리놓기'라는 극히 어려운 과제를 얼마나 더 오래 회피할 수 있을지에 대해선 모르겠다.

드류 신학교에서 나는 "에큐메니칼 운동에서의 성서와 전통"이란 과목을 가르쳤다. 그 과목을 처음 개설했을 때 나는 주로 교회 안의 서로 다른 관점과 입장을 개관하면서 전체 주제를 다뤘다. 그 과목이 끝날 때 나는 그 수업을 들었던 보다 보수적인 많은 학생들이 자신들의 처음 입장으로부터 많이 변하지 않았다는 것을 느꼈다. 그 다음 번엔 과목의 이름을 "기독교와 세계 종교들의 경전과 전통"으로 바꾸었다. 이 새 과목에서 학생들은 기록된 경전을 소유하지 않은 무수한 종교가 존재하며, 경전 없이도 돈독한 종교 전통이 형성될 수 있다는 사실을 깨닫게 되었다. 그들은 또한 힌두교와 같은 종교들은 선택할 수 있는 수많은 경전을 가지고 있다는 것, 불교의 경우엔 나라마다 서로 다른 경전을 가지고 있다는 것을 깨달았다. 또 기독교인들이 코란에 대한 이슬람적 접근에 대해 제한된 인식을 가지고 있듯이 많은 무슬림도 성서에 대해 거의 동일한 태도를 가진다는 사실도 깨달았다. 교육방식의 변경이 좋은 결과를 가져온 것이다. 나는 이것을 우리가 사람들의 가슴과 마음에 확신을 가져올 수 있는 새로운 방법을 채택하는 일에서 사용할 수 있는 한 예로 본다.

우리는 선교에 대한 연구에서 비슷한 경험을 한다. 다른 종교 안에서 진행되는 선교의 태도와 접근방식에 대한 세밀한 연구는 우리의 신념과 행동에서 사고방식의 변화를 가져오는 거울이 되어 준다. 나는 새로운 신학을 할 때가 되었을 뿐만 아니라, 우리 자신이 기독교의 근본적인 가르침들에 대해서 생명력 있고 믿을만한 대안적인 견해를 창조해 냄으로써 교회의 식민주의 신학을 해체할 때가 되었다고 믿는다.

이 점에 대해서 우리는 자신들의 이중적 정체성과 함께 고투해 온 국적이탈/디아스포라 아시아 기독교 신학자들과 더 밀접하게 결합할 필요가 있다. 그들은 서구 기독교 전통에 둘러싸여 있기 때문에 그 전통에 대해서도 관심을 기울여야 할 필요를 느끼고 있다. 그들의 신학적 과제는 다음과 같이 삼중적이었다. 어떻게 그들 자신의 아시아 전통을 자신들의 신학적 과제 속에서 회복하고 통합시킬 것인지, 어떻게 서구신학이 자신들의 문화적 역사적 역량을 분간하면서 식민주의적 경향을 제거하는 일을 하는데 도움을 줄 수 있을 것인지, 어떻게 혼성적이고 이중 소속적인 자기 실존을 스스로의 신학적 컨텍스트로 만들 것인지 말이다. 알다시피 서구의 탈식민적·탈근대적 토론은 여전히 그들 자신의 서구적 패러다임에 갇혀 있다. 여기에 있는 우리와 디아스포라로 있는 사람들의 아시아 신학적 숙고는 서구의 토론이 이 세계화의 상황 속에서 보다 폭넓은 비전의 신학적 과제를 세울 수 있도록 도울 수 있다고 생각한다.

이 모든 발전에도 불구하고, 아시아 사람들 대부분은 여전히 가난 가운데 놓여 있다. 예수가 말하였듯이, 민중(가난한 자들)은 항상 우리와 함께 있으며, 이 현실에 대응하고 있는 신학 방법은 여전히 아시아적 상황에서 우선권을 가진다. 그러나 우리는 새로운 접근을 요구하는 새로운 도전을 맞고 있다. 세계가 변화해 왔고 변하고 있기 때문이다.

부록 1
죽재서남동기념사업회 창립총회 선언문

부록 2
달릿과 미얀마의 민중 이야기

죽재서남동기념사업회 창립총회 선언문

우리는 죽재竹齋 서남동목사(1918-1984) 기념사업회를 창립하면서 오늘의 한국 교회와 세계 현실이 복음의 빛과 능력에 의해 반드시 변혁되어야 하고, 쇄신될 수 있다고 믿으면서 뜻 있는 신앙동지들과 하나님 백성들의 연대와 동참을 호소하며 다음과 같이 선언한다.

1. 한국 교회 현실의 변혁을 위하여

죽재 서남동 목사의 신학과 사상은 완결된 과거유산이 아니라 창조적으로 계승 발전해야 한다. 그의 신학적 비전과 예언자적 통찰력은, 맛 잃은 소금처럼 세상 사람들의 발에 짓밟히며 조롱거리가 되고 있는 한국 교회를 치유할 명약이 될 수 있다고 한다.

오늘날 한국 교회와 신학계는 지구촌을 덮고 있는 자본주의적 맘몬주의의 위력과 그 현실 앞에 굴복하여, 광야시험의 세 가지 유혹에 의해 완패하였다. 오늘의 교회는 돌로 떡을 만들라는 유혹자의 꾐에 모두 빠져 다산적 기업전략·권력추구의 성장신화·약자를 도퇴시키려는 무한경쟁 원리를 기본신조로 삼는 맘몬주의 신도들이 다 되었다. 천하만국의 영광을 함께 누리자는 권력자의 유혹에 넘어가, 자본주의적 세계화시대에 충직한 '십자군의 종교'로 자처하면서, '약함과 수난을 통해 우리를 도우시는 십자가의 그리스도'를 능멸하고 있다. 오늘의 한국 교회는 성전에서 뛰어내려도 다치지 않는다는 기적을 약속하면서, 하나님 나라를 향한 비전을 기복신앙으로 잠재우고, 지구 생태계의 위기를 외면하고 천국입장의 보험증서 판매에 여념이 없다.

우리는 죽재 선생이 던지고 간 민중신학담론의 중요한 주제들, '현존적 그리스도' '성령론적 공시적 해석' '두 이야기의 합류' '한의 사제' '민중의 자기초월과 구원' '민중의 인식론적 특권' '민담의 사회변혁적 동력' '선한 사마리아인 비유의 해석학적 전회' '이단신학자들의 정당한 복권' '기독교의 제3형태로서 과학문명' 등은 갈릴리의 생명적 복음으로써 박제화되고 교리화되고 권력화된 역사적 종교로서의 기독교를 개혁하자는 열정이었다.

우리는 죽재 선생이 제기하신 신학적 담론주제들이 좀 더 세밀하게 다듬어지고, 원론단계에서 각론단계로 구체화되며, 달라진 삶의 상황 속에서 유연하고 탄력적으로 보완되고 풍성하게 키워 내서 진정한 복음의 '생수와 생명의 떡'을 갈망하는 하나님의 백성들에게 주어져야 한다고 믿는다.

2. 세계적 '죽음문화'의 극복을 위하여

죽재 서남동 목사의 신학사상은 교회울타리 안에 제한되지 않았다. 그의 사상은 동전의 양면처럼, 한편으론 교회현실에 대한 비판적 성찰과

대안제시이며, 다른 한편으론 정치·경제·문화로 압축되는 세계현실의 비판적 개혁에 관계되어 교회개혁과 세계개혁은 서로 맞물려 있다. 교회현실은 세계현실에 대응하여 다양한 상호관계를 설정하면서, 그리스도인들은 '복음의 자기정체성과 의미연관성의 딜레마를 긴장 속에서 견디며 순례자의 길을 걸어간다.

보수적 종교인들만이 아니라 세계지식인들마저도, 냉전체제의 해체 이후 새롭게 형성된 오늘날의 세계화라고 부르는 자본주의적 보편 세계질서를, 마치 '역사의 종언'이며 '반증불가능한 절개이념'이나 되는 것처럼 우상화하고 절대화한다. 죽재 선생의 비판적 신학지성을 통해 우리가 배운 '그리스도인의 자유혼'에 의하여, 우리는 오늘의 자본주의적 보편적 세계질서로서의 잘못된 세계화란 극복되어야 할 반복음적이고, 비인간적이며, 반민중적이고, 반생명적 문명형태라고 단호하게 선언한다.

새롭게 등장한 21세기 경제적 제국주의는 미국·유럽공동체·일본의 금융자본과 기술을 통한 새로운 형태의 경제·문화제국주의다. 이에 맞서서 또 다른 신제국주의적 세력의 단합 특히 중국·러시아·중동국가들의 단합이 지구촌을 무기경쟁과 지역분쟁의 갈등으로 몰고 갈 조짐을 우리는 직시한다. 그 결과 한국을 비롯한 작은 나라들과 개발도상의 국가들은, 세계금융자산의 지배를 받게 되고, 군사력 경쟁과 무기구입을 강요받으며, 경제적인 빈부의 양극화를 강요받게 된다.

3. 새 하늘과 새 땅을 위하여

성서가 가르치고 갈릴리 예수 그리스도가 전한 하나님의 나라의 비전,

곧 나라들 사이에, 공동체들 사이에, 개인과 개인 사이에 , 믿음·소망·사랑의 상호연대성은 파괴되고, 만인의 만인에 대한 적대관계만이 강요된다. 우리는 급격한 훼손과 이상기온의 빈발 등이 모두 극복되어야 할 현대문명철학의 부정적 결과라고 보지 않을 수 없다. 우리는 평화통일의 한민족 미래가 오늘의 세계화 질서 속으로 종속되는 형태로서 이뤄져서는 아니 되고, 동아시아 공동체의 미래 비전과 한민족공동체의 인간다운 사회 형성을 위하여 새로운 꿈을 가져야 한다고 믿는다.

이 일을 위하여, 우리는 신학자와 목회자들만이 아니라, 정치사회학자, 문학예술가, 시민사회 운동가, 여성지도자들, 노동자와 유기농 공동체 실천자, 타종교인 들과의 깊은 연대와 협력을 모색하고 함께 더불어 나아갈 것이다. 우리는 짧지만, 지난 1960년 이후 한국 사회 변화운동의 경험을 통해서, 역사현실은 기득권 세력들의 거대한 조직과 사회적 안전 장치에도 불구하고, 뜻 있는 사람들의 열망과 연대와 공동노력에 의해, 북극의 빙벽이 녹아 무너지듯이 변화되고 변혁될 수 있다고 믿는다.

그동안의 시행착오와 급격하게 변화되는 세계현실의 막강한 힘 앞에서 좌절하거나 체념하고, 분열된 자신의 모습에 힘을 잃은 신앙동지들이 다시 모여야 할 시대적 카이로스가 왔다. 올곧은 믿음으로 민중교회 현장을 지키는 사람들, 생명목회동지들, 여성생태신학운동가들, 기존 교회틀 안에서 변혁을 갈망하는 목회자들과 평신도들, NGO 시민운동가들, 생명평화운동 창달에 힘쓰는 문인들과 예술인들, 그리고 제도권 안팎의 신학자들이 다시 모두 연대의 손을 서로 잡고, 오늘의 병들어 버린 한국 기독교와 사회를 아름답게 변혁해 내야 한다.

2007년 10월 15일 죽재서남동기념사업회 창립총회 참석자 일동

달릿과 미얀마의 민중 이야기*

아시아의 민중전통의 사례로 인도 달릿 민중의 고난의 전통과 미얀마 민중운동사를 소개한다.

달릿의 민중사

기원전 1천오백 년경 유럽 사람들인 아리안족들이 인도를 침입하여 인도 원주민을 지배하기 위해 힌두교라는 종교를 만들었다. 아리안족은 자기들은 사제(브라만), 무사귀족(크샤트리아), 평민(바이샤), 노예(수드라) 등 네 계급의 카스트로 나누었다.

그런데 원주민들은 이 네 계급에도 들어가지 않는 제5급으로 분류해 놓고 달릿이라고 불렀다. 이 제5계급인 달릿은 불가촉천민이라고도 한다. 접촉하면 부정 타기 때문에 만져서는 안 되는 인간 이하의 존재라는 것이다. 달릿은 인도 전역에 거주하며, 총 인구의 약 25%인 2억 5천만 명에 달한다. 이들은 청소·세탁·이발·도살·장례 등 가장 천한 일을 하며, 거주 직업 등에서 엄격한 차별대우를 받아왔다.

이처럼 인도 원주민들은 외침하여 들어온 이방인들에게 자기들의 영토

---

* 이 글은 '제3세계와 민중신학' 뒷부분에 실린 것을 별도로 뽑은 글입니다.

를 빼앗겼을 뿐만 아니라 종교적으로도 소외되고 부정한 사람들로 취급받으며 사회에서 가장 천한 일을 해오며 3,500년을 살아온 것이다.

달릿 기독교인들은 자기들의 기독교를 3S의 종교라고 한다. 첫째 Soup(수프: 먹는 것). 보통 하루 한 끼밖에 못 먹는 가난한 달릿에게 기독교인이 되면 먹을 수 있는 것이 첫 번째 축복인 것이다. 둘째 Soap(비누: 정결). 3,500년 동안을 불결한 불가촉천민으로 차별받아 온 달릿 사람들에게 그리스도인이 되는 것은 정결해진다니 그 어찌 복음이 아니겠는가? 마지막으로 Salvation(구원). 예수님을 믿으면 구원받는다. Salvation! 하나님 앞에서 모든 사람과 동등한 인간으로 구원받는다. 불가촉천민인 달릿 사람들에게는 정말 큰 복음인 것이다.

미얀마의 민중사

미얀마 사람들은 정치·종족·지역 등을 상관치 않고 내전과 군사정권의 억압으로 30년 이상을 고난당하고 있다. 잔혹한 군사정권치하 수십 년이 지난 후 전국적인 민주화운동은 1988년 미얀마 전국에서 수천 명의 시위 군중을 학살한 사건으로 그 절정에 이르렀다. 군사독재는 강력한 국민적 압력에 무릎을 꿇고 1990년에 총선을 실시하였다. 전국민주동맹 당The National Lague of Democracy Party: NLD이 전 투표자의 80% 이상을 획득하였으나 군사정권은 선거 결과를 무시하고 많은 시민을 투옥하는 것으로 대응하였다.

선출된 국회의원들이나 그 외 다른 민주인사들은 망명할 수밖에 없었으며 국내에 머물렀던 많은 사람들은 체포되고 고문받고 살해되었다. 그때부터 군부독재는 정권을 존속시키기 위해 자의적인 구금, 재판 없는 처형, 강간, 강제노역, 강제징집, 고문 그리고 소수 인종과 민주인사들을 음해하는 지속적인 캠페인 등을 포함한, 미얀마 민중에 대한 조직적 억압을 지속하여 왔다.

군과 정보기구에 의한 감시는 일상화되어 있다. 그리고 그동안 독재와의 공조하에 세계의 헤로인 대부분이 미얀마에서 수출되고 있다. 또한 미얀마 민중들이 점점 더 빈곤의 늪에 빠져 들어가고 있는 동안 국가 예산의 50%가 무기 구입에 사용되고 있다. 아시아 최고 부국 가운데 한 나라가 지금은 세계에서 가장 빈곤한 나라의 하나가 되었으며 20세기 최악의 인권기록 중 하나를 지니게 된 것이다.

미얀마의 복잡한 투쟁의 역사는 이 나라의 최근 사건들에 계속 영향을 주어 왔다. 최소한 67개로 나누어진 원주민 종족 집단들이 미얀마 내에서 확인되어 왔고, 후에 영국 식민지 시대 때 발표된 통계 조사에 따르면 대체로 242개 언어와 방언들을 사용하는 다양한 종족 집단이 존재하고 있다고 한다.

수세기 동안 근대 미얀마의 다양한 사람들은 넓고 비옥한 중앙평원과 이 나라의 변방 지역인 산악 지역에서 살고 있다. 몇몇 종족 집단은 아시아 여러 다른 지역에서 이주해 들어왔기 때문에 다른 언어를 사용하고 있으며 서로 다른 종교를 신봉하며 의상에서 가치관까지 여러 부분에 영향을 주는 다른 전통과 문화 특징들을 보유하고 있다.

불신과 대립과 잦은 전쟁이 전국토로 번져 종족 집단들이 다른 종족 집단들을 지배하려고 싸웠고 또 다른 종족 집단들은 단순히 독특한 종족으로 생존해 나가려고 몸부림쳤다.

1800년대 중반 영국이 이 지역을 식민지로 지배하게 될 때까지는, 현재 미얀마라고 알려진 이 나라는 한 지배자에 의해 지배되는 통일된 나라는 아니었다. 식민정부는 현재의 미얀마 국경을, 그리고 모든 종족 집단이 한 민족으로 살도록 정했지만, 각 종족 집단원 그들 자체의 독특한 전통과 문화적 가치들을 보존할 수 있는 땅을 원했다. 종족 집단들 간에 미해결된 갈등과 오해가 자주 표면에 부상되었고, 때로는 폭력을 일으키기도 했다. 또한 폭력은 종족 집단들 간의 불신과 혐오감을 심화시켰다.

1948년 미얀마는 영국으로부터 독립을 얻고 새로운 헌법을 제정했다. 그 헌법은 이 나라를 주로 미얀마인이 점유한 7개 구역으로 나누고 친Chins, 카친Kachins, 샨Shans, 카렌Karens, 카야Kayahs, 아라칸Arakanese, 몬Mons 등 이 나라 7개 주요 종족 집단들을 위한 7개 주로 나누었다.

독립 직후 내전이 발발했다. 미얀마 공산당이 최초로 무기를 들었다. 정권을 잡은 미얀마인 정부가 결코 자신들에게 독립적인 원주민으로서 살게 허용하지 않을 것이라고 확신한 카렌족이 1949년 무장투쟁을 시작했다. 곧 다른 종족들도 이 폭력 사례를 답습했으며 무장투쟁은 점점 확대되어 사실상 이 나라의 구석구석을 쇠진시켰다.

현재 이 나라를 휩쓸고 있는 공포, 증오, 불신이 수세기 전부터 존재해 온 것이라는 사실을 알지 못하고는 현재의 미얀마의 갈등을 충분히 이해할 수 없다. 미얀마 내의 진정한 평화를 가져오기 위한 그 어떤 과정도 공개적이고 솔직해야 하며 아울러 이 나라 역사를 해결하는 효과적인 길을 찾지 않으면 안 된다.

종족 집단 간의 지속되는 긴장들에도 불구하고, 1950년대에 미얀마는 동남아시아에서 가장 풍요한 나라 가운데 하나로 간주되었다. 이 지역에서 가장 근대적 공항들 가운데 하나를 보유한 국제무역중심지로서 번성한, 경기 좋고 붐비는 랭군은 수개의 국제노선을 가지고 있었다. 석유와 쌀을 상당량 수출하는 많지 않은 제3세계 국가들 가운데 하나인 미얀마는 또한 선거에 의한 정부를 가진 정치적 민주주의와 동남아에서 가장 자유로운 언론을 구가했었다.

　네윈 장군이 1962년 쿠데타를 통하여 권력을 잡자 그의 군대는 갑자기 미얀마의 개방과 잠시나마의 풍요에 종지부를 찍었다. 이 새로운 국가정부는 산업부문 간의 생산과 분배, 상품의 수입, 수출을 포함하여 경제를 철저히 규제하였다. 군대가 통치하는 미얀마 특유의 사회주의는 전통적인 미얀마 이상주의, 불교철학, 마르크스주의적 수사학의 뒤범벅이라고 묘사되었다.

　이처럼 현실적으로 네윈 장군이 자신의 새로운 이데올로기라 부른 '미얀마식 사회주의'는 포악한 군사독재를 덮는 위장술 그 이상이 아니었다. 이 정권은 모든 정치활동을 억압했으며 모든 가시적인 영리기업을 국유화하였다. 수년 후, 미얀마는 전체주의 국가로 변형되었다. 1987년 국제연합은 미얀마를 최고 후진국가 수준의 하나로 지정하였으며 엘살바도르와 에티오피아와 같은 수치스러운 국가 범주에 넣었다.

　점점 악화되는 미얀마의 정치·경제적 위기는 결국 1988년에 전국적인 반군사정권 봉기를 불러일으켰다. 군사정권은 유례없는 잔혹한 수단으로 대응하였다. 군대가 민주화 시위 군중을 향해 무차별적으로 총격을 가해 수 천 명이 총상을 입고 쓰러졌다. 미얀마군대는 1988년 9월 18일 권력 재장악을 결정하고 새로운 군사위원회인 "국가법과 질서회복위원회"The State Law and Order Restoration Council: SLORC를 결성하였다. 외화 보유고가 미화 1천만 내지 1천 2백만 달러에 머물렀다 외채가 50억 달러로 GNP의 70%에 육박했다.

　SLORC로서 더욱 좋지 못한 일은 국제사회가 민주화운동을 잔인하게 짓밟은 것에 대한 대응으로 모든 국제원조를 유보한 것이었다. 이는 미얀마를 더욱더 심각한 경제적 파멸로 몰아넣었다.

반정부 봉기가 일어난 초기에서부터 "타트마다우"Tatmadaw라고 알려진 미얀마 군대는 정기적으로 초토화 작전을 전개하였다. 이 작전은 미얀마 종족 지역에서는 별로 없었고 주로 삼각지 지역에서 카렌족을 대상으로 1950년대 초에 그리고 1960년대 중반에는 동북 미얀마 지역의 카친족을 대상으로 이루어졌다. 초토화 작전의 희생자들은 그런 공격작전을 계획하고 수행해 나아가는 데는 종족 문제가 존재했음을 부인할 수 없다고 주장한다.

1960년대 중반에 군사위원회와 봉기집단들 사이의 평화협정이 실패로 끝난 후, 네윈은 도시 주변에 보안경계선을 구축하고자 했으며, 군대는 새로운 전략을 구사했다. "타트마다우"는 봉기시민과 그들의 가족 그리고 지방 마을 사람들 사이에 네 가지 주요 연결고리(식량, 기금, 정보, 보충병)를 차지하려는 노력으로 "피야 레이 파"Pya Ley Pha(네 가지 단절)라고 알려진 반봉기 작전을 구상하였다. 최근 몇 년 동안 "타트마다우" 대변인은 증가되는 국제적 비판을 의식하고 "피야 레이 파" 존재를 부인했다. 그러나 "피야 레이 파"에 대한 문서는 잘 정리되어 왔고, 실제로 네윈의 오랜 부관인 산 유 육군준장, 전 국방장관 틴 우 장군 등의 군지도부들이 공개 연설들을 통해 이 작전을 적극 찬양하곤 했다. 이 전략은 특수한 것이 아니고 영국 군대가 로버트 톰슨경의 지휘하에 말레이시아에서 CPM 봉기를 섬멸하는 데 사용한 '새마을' 전술에서 유래한 것이다.

"피야 레이 파"는 또한 톰슨의 충고에 따라 인도차이나에서 미국이 채용한 '전략적 촌락' 작전과 개념적 유사성을 공유하고 있다. 두 전략은 모두 인권에 대한 총체적 유린이라는 강한 비판을 받았다.

"타트마다우"는 미얀마의 지도를 6개(후에 9개) 지역군 사령부로 나누고 지도를 3개 색으로 칠하였다(흑색은 완전한 봉기대 통제구역, 갈색은 갈등지역, 백색은 "자유"지역). "타트마다우"는 미얀마 지도를 전부 백색으로 칠할 때까지 봉기 지역을 차례차례 청소할 계획을 세웠다.

흑색 '중핵中核' 지역, 갈색의 '게릴라 지역'에 대해 "타트마다우"는 일련의 표준전술을 개발했다. 이 전술은 조금 고친 후 사실상 오늘날까지 변동 없이 존재하고 있다. 이론상 "타트마다우"는 농촌 주민들의 마음을 얻기 위한 시도로 그 지도 작전을 위장하였다.

군사령관들은 이 작전을 시민전쟁의 일환이라고 명명했다. 하지만, 미얀마에서의 이 작전은 원래적으로 군사적이며 빈농들, 농촌주민, 그리고 베트남과 라오스 산악지대 사람들 수백만을 강제 이주시키는 '전략적 촌락'과 동일한 기본적 목적을 지닌 것이었다.

"타트마다우"는 40~50평방마일 정도의 반란 지역을 선택하여 집중적 군사작전을 위해 이 지역을 차단함으로써 이 작전을 실시하였다. 군부대들은 그 후 그 지역 밖 들판이나 숲에 사는 주민들을 찾아가 평원이나 둔덕의 주요 둔지에 위치한 "타트마다우" 중 이주하지 않고, 남아 있는 마을 사람들은 반란군으로 취급받을 것이며, 현장에서 사살될 것이라고 경고하였다. 처음 방문한 후 군대는 정규적으로 식량을 징발하고 곡식과 나락을 못 먹게 만들었고, 주민들 말로는 반란군을 지원했다는 의혹의 대상이 된 사람들은 누구나 총살되었다고 한다. 마을사람들은 '전략적 촌락화'를 자신들을 강제 이주시키기 위한 계산된 테러 작전으로 간주하였다. (마틴 스미스, 『미얀마: 봉기와 인종정치』 중에서 인용)

군이 청소하고자 하는 지역들에서는 '네 가지 단절' 작전과 밀접하게 연관된 제2전략을 사용하기도 했다. 그것은 '자유-전투지역'을 조성하는 것이었다. 이 '자유-전투지역'은 군이 심문 없이 누구나 현장 사살할 수 있는 명백한 권한을 갖는다는 것이다. 이 정책은 미얀마 내 많은 고립

지역에서 테러 정치를 자행할 수 있게 하는 것이다.

오늘날 1백 50만 명 이상으로 추정되는 민간 빈농들이 강제적으로 집, 가정, 안전, 고향 땅을 빼앗기고 많은 경우 자신들의 목숨 자체까지도 빼앗긴 채 미얀마 전 지역으로 강제 이주되고 있다. 이와 같은 수만 명의 이주민들이 현재 정글 깊이 숨겨진 작은 오두막에서 살고 있다. 거기에서 그들은 숲속에서 먹을 것을 찾아 헤매며 연명해 가고, 마침내는 발각되어 군대에 의해 약식재판으로 처형될 것이라는 끊임없는 공포 속에 살고 있다.

주민들은 일반적으로 실제 싸우기보다는 군이 자행하는 인권유린을 피하기 위해 집을 떠나 도주하고 있다. 많은 경우, 인권침해는 군이 임금 지급도 없이 흔히 음식도 없고 의료적 도움도 주지 않은 채 부락의 남성, 여성, 아동들을 강제 노동시키는 일종의 노예제 형식을 취하고 있다. 여러 인권단체들이 채록한 인터뷰에서 주민들은 공통적으로 이 '노예제'의 두 가지 형태를 보고하고 있다.

▶짐 운반 정글 속에 차도가 없기 때문에 "타트마다우"(미얀마군)는 민간인들에게 산악을 넘어 전쟁지대까지 무거운 짐들을 운반하도록 강제하고 있다. 전형적인 짐들은 약 40파운드 가량 되며 민간인들을 죽이는 데 사용될 레이숀, 중무기, 탄약들로 이루어져 있다.

"타트마다우"는 수십만의 주민들을 짐 운반에 강제 동원하고 있으며, 많은 부분의 짐꾼들은 학대, 질병 때문에 공방전투장에서 사로잡혀 죽었다. 많은 경우 "타트마다우"는 짐꾼들을 전투에서 자신들을 방어해 주는 인간방패로 혹은 지뢰소거에까지 사용하고 있다.

"타트마다우"는 때로 어떤 주민들을 수개월이 넘는 장기 짐꾼으로 이용하기도 한다. 이런 경우 군대는 짐꾼들을 전투 지역에서 멀리 떨어진 마을에서 모아오는데 그 까닭은 짐꾼들이 낯선 지역에서 길을 잘 몰라 도망칠 수 없게 하기 위한 것이다. 장기 짐꾼, 단기 짐꾼 어느 편이나 등, 목, 어깨, 팔 등에 로프가 파고들고, 찰과상을 주기 쉬운 짐이 계속 짓이겨 피부찰과상, 전염병 등으로 고통을 당하고 있다.

"타트마다우"가 여성을 짐꾼으로 모집할 때, 인권유린은 배중된다. 군인들의 무거운 짐들을 견디어 내는 끝없는 나날들을 보내는 중에 밤에는 군인들에게 일상적으로 성적 유린을 당하고 있다. 여성들이 군인들에게 강간당하는 것에 저항할 경우, 그들은 흔히 잔혹하게 구타당하고 손발을 절단당하고 때로는 살해당한다.

▶강제 노역 혹사당하는 것은 똑같지만 강제노역 노동자들은 짐꾼들이 경험하는 것과는 전혀 다른 상황에 직면하고 있다. 노인에서 어린이에 이르기까지 모든 연령층의 사람들은 군 방어부대, 도로, 철도, 대농장 등 등의 건설장과 같은 노역장에서 자신들의 노동력을 제공하도록 강제당하고 있다. 오늘날 어떤 프로젝트들은 미얀마 변경에 살고 있는 부락민들의 삶을 향상시킬 목적으로 군부 '변경개발계획'의 부분들을 포함하고 있다.

하지만 강제 노역 노동자들은 관광에 관련된 부흥 및 건설계획 등을 포함하여 모든 종류의 사업에 전국에서 이용당하고 있다. 강제 누역을 피하기 위해 변경 지역으로 도주한 난민들은 자주 군인들이 노역장에서 마을 주민들을 구타, 강간, 살해하는 광경을 보았다는 이야기를 하고 있다.

마을 주민들은 체인과 족쇄들만 배급받았으며 임금, 식량지급은 받지 못했고 치료도 거의 받지 못하였다.

미얀마 정부는 미얀마에 강제 노역이 존재하지 않는다고 단호히 부인하고 있지만 사람들이 보상을 기대하지 않고 장시간 노동을 하는 이유가 무엇인지 설명하기 위해 불교의 적선 개념을 사용하고 있다. 장군들의 설명에 따르면 마을의 불교도들이 흔히 선행을 하고 적선을 하기 위해 사회봉사를 해야 한다고 믿기 때문에 기간사업에 노동력을 '기부'한다는 것이다.

45년에 걸친 미얀마 내전에서 많은 종류의 난민들이 발생하였다. 난민집단은 군사정권하에서의 지독한 인권유린을 피하기 위해 도망쳐서 이웃 나라에서 피난처를 찾고 있는 주민들이다. 미얀마에서 망명한 천명 이상의 사람들이 태국의 난민수용소에서 살고 있다. 일부 난민들은 이미 20년 이상을 태국 난민수용소에서 살아가고 있다. 다른 난민들은 방글라데시, 인도, 중국 등지에서 살고 있다. 이들 난민들 중에서 거의 전부가 수용정부로부터 공식난민으로 인정받지 못하고 있으며, 따라서 UN으로부터 지원이나 보호를 받지 못하고 있다.

이 부락민들 대다수는 실제 전쟁을 피해서라기보다는 군사정권하에서 인권유린을 피해 고향 땅을 등진 사람들이기 때문에, 전쟁 당사자들 간의 정권협정이 자신들의 안전과 평화를 보장할 것이라는 확신을 갖지 못하고 있다.

고향으로 돌아오긴 전에 그들은 먼저 자신들이 또다시 강제노역, 강간, 자의적인 처형, 종교적 핍박 혹은 이주 등을 강요당하지 않을 보장을 원하고 있다. 그들은 자신들이 자식들을 건강하고 행복한 분위기에서 키울 수 있고, 집과 전답을 재건하여 생산물을 향유할 수 있을 정도의 보장을 받고, 고향으로 돌아갈 수 있을 때만이 안전하다고 느낄 것이다. 이웃 나라로 도주하기를 원치 않고 오히려 국경지대의 정글 깊은 곳에 망명처를 찾으려 하는 사람들은 제2의 난민 집단이다.

  이와 같은 국내 이주민들은 근처의 군사작전을 피하고, 때로는 부주의 한 가운데 자유-전투지역으로 숨어 들어가는 등 험악한 정글지대를 배회하기 때문에 그들의 확실한 통계숫자는 알 수 없다. 어떤 추산통계로는 1백 50만 명가량 된다고 하기도 한다. 그들의 고난은 말로 다 할 수 없다. 수많은 어려운 일들 때문에 사람들은 어쩔 수 없이 국내이주를 할 수밖에 없다. 예를 들어 미얀마군은 산악지대에서 사는 카렌족, 혹은 이주지역에서 산악지역으로 돌아온 카렌족을 모두 카렌족 게릴라의 부역자들이라고 간주하고 있다. 미얀마군은 이런 지역을 '흑색지역'이라고 부르고 있다. 이런 지역에서는 죄 없는 민간인들은 미얀마군인들에게 반인도적인 상태에서 굴욕당하고, 처형당하고, 고문당하거나 강간당하고 있다. '흑색지역'에 거주하는 사람들은 미얀마군인들만 보아도 두려워하며 그들을 피하기 위해 이곳저곳으로 계속 옮겨 다닌다.

  영구적이고 안전한 집을 갖지 못한 국내 난민들은 영구적인 공포와 탈출의 삶을 살아가고 있지만 태국의 난민수용소에는 가려고 하지 않는데, 그 까닭은 그들이 수세대를 걸쳐 살아온 자기들의 고향 땅에 머무르려는 우둔한 것 같은 열망을 가지고 있기 때문이다.

  미얀마는 수풀, 광물, 석유 등과 같은 천연자원을 풍부하게 보유하고 있다. 전체 땅덩어리의 30%가 상업용 삼림이고 20% 이상이 경작할 수 있는 토지이다. 이런 광대한 천연자원에도 불구하고 미얀마는 오늘날 세계 최빈국 가운데 하나이다. 미얀마는 아시아 많은 지역을 먹여 살릴 수 있을만한 쌀 생산력을 지니고 있지만 미얀마 국민 대다수가 현재 심각한 굶주림으로 시달리고 있다.

  오늘날 외국 회사들은 이 천연자원을 채취하여 빠른 이익을 얻으려고 미얀마에 달려들어 오고 있다. 이러한 투자가 도대체 일반국민들을 이롭게 하는지에 대한 입증자료는 아무것도 없다. 사실 쌀 수출은 농촌, 도시 양쪽의 주민들이 먹을 쌀을 더욱더 부족하게 하고 있다. 영양실조는 쌀이 풍부한 이 나라에서 점점 더 큰 문제가 되고 있다.

정부통계들은 전 국민의 문자 해독률을 81%로 보고 있다. 하지만 실제 문자 해독 인구는 이보다 훨씬 적은데 그 까닭은 아주 소수의 부락 아동들만이 초등교육 수준 이후 교육을 계속하고 있으며 대다수 농촌 주민들은 읽을거리가 없어 읽기를 계속할 수 없기 때문이다. 도서관이나 독서실은 농촌 지역에 실제 전혀 존재하지 않는다.

이런 모든 비참한 상태에도 불구하고, 공무원들, 군인들, 학생들 그리고 모든 남녀 국민들은 모든 종류의 '파괴분자들'로부터 잘 보호해 주고 있다고 스스로 주장하는 군사정부에 충성하고 복종하라는 명령을 받고 있다.

기독교인들은 미얀마 인구의 약 7%가량 된다. 하지만 정부는 종교를 사적이고 개인적인 일로 간주하여서, 종교 조직이 언급하는 어떤 사회적 관심도 정치에 개입하는 것으로 해석하고 있다. 군은 또한 종교적 교훈을 군부의 지배를 합법화하는 것으로 왜곡하고 있다.

기독교의 경우 정부는 계속해서 교회가 사회, 정치적인 일에 관련하여 관여하지 못하도록 하기 위해 로마서 13장을 이용하고 있다.

참고문헌

죽재 서남동의 교회론과 민중선교

권진관, 『성령과 민중』, 서울 : 한국신학연구소, 1993.
"예수와 교회", 한국민중신학회 제2차 정기총회 자료집, 1994.
기장민중교회운동 연합회 편, 『바닥에서 일하시는 하나님』, 서울 : 한국신학연구소, 1992.
김경재, "죽재의 민중신학과 동학사상", 서남동 목사 기념논문집편찬위 편, 『전환기의 민중신학』, 서울 : 한국신학연구소, 1992.
김경호, "민중신학에 토대한 교회", 제3시대 그리스도교 연구소, 『시대와 민중신학』, 서울 : 다산글방, 1995.
김용복, "민중교회론 시론", 한국신학연구소 편, 『1980년대 한국민중신학의 전개』, 서울 : 한국신학연구소, 1990.
김용복, "21세기와 민중신학", 『신학사상』, 110집(2000년, 여름호), 55-69.
김창락, "기로에 서 있는 민중신학", 『신학사상』, 96집(1997년, 봄호), 54-98.
김현수, "교회성과 운동성", 한국기독교장로회 민중교회연합회 편, 『갈릴리로 가신 예수』, 서울 : 한국기독교장로회교육원, 1996.
노창식, "민중교회운동의 발자취", 한국기독교장로회 민중교회연합회 편, 『갈릴리로 가신 예수』, 서울 : 한국기독교장로회교육원, 1996.
류장현, "민중교회론의 신학적 재정립", 한국기독교장로회 선교교육원 편, 『교회로 간 민중신학』, 서울 : 만우와 장공, 2006.
"김재준의 생활신학의 원리와 구조", 장공 김재준 목사 기념사업회 편, 『장공 김재준의 신학세계』, 오산 : 한신대학교 출판부, 2006.
"종말론적 희망과 선교", 『신학사상』, 139집(2007년 겨울호), 109-132.

"민중신학의 통전적 구원론에 관한 고찰", 국제신학연구원 편, 『21세기를 위한 구원론』, 서울 : 서울말씀사, 2005.
박근원, "오늘의 선교론", KNCC편, 『한국 역사 속의 기독교』, 서울 : 기민사, 1985.
박재순, "예수의 밥상공동체 운동과 교회", 한국신학연구소 편, 『1980년대 한국 민중신학의 전개』, 서울 : 한국신학연구소, 1990.
서남동, 『민중신학의 탐구』, 서울 : 한길사, 1983.
『전환시대의 신학』, 서울 : 한국신학연구소, 1976.
손규태, "민중신학의 교회론", 『신학사상』, 80집(1993년, 겨울호), 120-134.
아더 글라스, 도날드 맥가브린, 고환규 옮김, 『현대선교신학』, 서울 : 성광출판사, 1985.
안병무, 『민중신학 이야기』, 서울 : 한국신학연구소, 1987.
이재호, "기장민교현황 파악을 위한 설문조사 분석 보고서(1990)", 한국기독교장로회 민중교회연합회 편, 『갈릴리로 가신 예수』, 서울 : 한국기독교장로회교육원, 1996.
정상시, "민중선교운동을 위한 소고", 한국기독교장로회 민중교회연합회 편, 『갈릴리로 가신 예수』, 서울 : 한국기독교장로회교육원, 1996.
죽재 서남동 목사 유고집 편집위원회, 『서남동 신학의 이삭줍기』, 서울 : 대한기독교서회, 1999.
J. 몰트만, 김균진 옮김, 『창조 안에 계신 하느님』, 서울 : 한국신학연구소, 1986.
채수일, 『21세기의 도전과 선교』, 서울 : 대한기독교서회, 1998.
한국기독교장로회 민중교회연합회 편, 『갈릴리로 가신 예수』, 서울 : 한국기독교장로회교육원, 1996.
한국기독교장로회 생명선교연대 자료집, 『민중과 함께 생명선교 20년』, 2005.
한국민중교회연합 3차 총회 자료집, 『민중의 교회, 민족의 희망』, 1990.
Paul Tillich, *Systematic Theology* III, The University of Chicago, 1967.

두 이야기 합류로서 민중교회운동의 새 전망
《생명선교연대 20주년 기념 자료집》, 「민중과 함께 하는 생명선교 20년」(졸고, '민중교회운동, 생명선교 20년 회고와 전망')
전환시대의 민중신학, 《2008년 생명선교연대 제23차 정기총회 자료집》

한국경제의 진로
경제개혁연대(2008), 「경제력 집중 심화와 한국경제의 다이내믹스(1) : 2006년 말 기준

200대 기업의 현황」, 경제개혁리포트 2008-5호.

김혜원(2005), "한국의 사회서비스 현황 및 OECD 국가와의 비교", 한국노동연구원 내부자료.

박세령·한영욱(2008), 『설비투자의 질적 개선이 성장에 미친 영향』, Monthly Bulletin, 2008. 3.

안철수(2004), "이만불 시대를 위한 두 가지 키워드", http://kr.ahnlab.com/ahnlabCeoColumn View.ahn?num=33

유종일(2008), "이명박 정부 경제철학의 빈곤", 한반도전략연구원 토론회 발표자료.

유종일 등(2007), 「지식경제 패러다임과 경제정책」, 시민경제연구소 연구보고서.

유종일·전병유·홍종학·하준경(2006), "양극화 해소를 위한 경제정책", 미발간 연구보고서, 보건복지부.

이병훈(2008), 「1997년 노동체제의 문제진단과 개혁과제」, 2008년 3월 22일 새사회전략정책연구원 코리아연구원 공동기획세미나 발표자료.

이재형(2008), 「우리나라 산업집중 및 시장구조 실태분석」, 통계개발원.

통계청(2008), 「전년도 가계수지동향」, 2008. 3.

하준경, "연구개발의 경제성장 효과 분석," 『경제분석』 11권 2호, 2005.

한진희·신석하(2007)『경제위기 이후 한국의 경제성장』, 한국개발연구원.

홍장표(2007)「혁신과 통합의 산업정책」, 2007년 11월 22일 새사회전략정책연구원 코리아연구원 공동기획세미나 발표자료.

중소기업중앙회 (2008)『2008년도 중소기업위상지표』

Benabou, R.(2002) *Tax and Education Policy in a Heterogenous Agent Economy*, Econo-metrica 70, 96-129.

Card, D. E. & Krueger, A. B.(1995) *Myth and Measurement: The New Economics of the Minimum Wage*. Princeton: Princeton University Press.

Easterly, W. and S. Rebelo(1993) Fiscal Policy and Economic Growth: An Empirical Investigation, Journal of Monetary Economics 32, 417-458.

Fernandez, R. and R. Rogerson(1998) Public Education and the Dynamics of Income Distribution: A Quantitative Evaluation of Education Finance Reform, American Economic Review 88, 813-833.

Galor, O. and O. Moav(2003) Das Human Kapital: A Theory of the Demise of the Class Structure, mimeo.

Hammond, Ross(2007) Remarks for the Vision 2030 Global Forum on Sustainable Development, Paper presented at the Vision 2030 Global Forum, Seoul.

Kim, H. K.(2006) "A Theory of the Knowledge-based Accumulation Regime", Paper presented at the French-Korean Regulationist Workshop, University of Paris 13.

OECD (1998) Employment Outlook.

Perotti, R.(1996) "Growth, Income Distribution, and Democracy : What the Data Say," Journal of Economic Growth 1, 149-187.

Yonekura, Seiichiro(2007) "Japan's 21st Century Vision : Innovation as the Engine of Growth," Paper presented at the Vision 2030 Global Forum, Seoul.

You, J-I. (2006) *The long and Winding Road toward Liberalization: The South Korean Experience in L. Taylor (ed.) External Liberalization in Asia, Post-Socialist Europe, and Brazil*, Oxford University Press, 207-231.

주석

제3세계와 민중신학

1) "출애굽 사건 못지않게 가나안 정착과정, 곧 왕조 이전의 '원(原)이스라엘'의 공동체 형성, 특히 밖으로는 가나안의 도시국가들이 봉건체제와 싸우면서 부족 간의 평등한 동맹을 결성하며, 안으로는 출애굽기 20-22장에 기록된 대로 가난한 자, 떠돌이, 고아, 과부, 노예의 인권을 위주로 하는 헌법을 제정하게 되는 '윌 이스라엘'이 구약성서의 역사적 원계시로서, 민중신학의 성서적 전거의 핵이 된다." 서남동,『민중신학의 탐구』, 한길사, 1983년, 55쪽.

2) 역사적으로 가톨릭, 프로테스탄트에 이어 제3의 교회 형태 곧 '성령의 교회' '민중의 교회'인데 이것은 성령의 인도에 따라 사건으로 발생하고 보이는 형태가 없으며, 자발적으로 명멸하면서 오늘날의 이 속 기독교시대에 '하나님의 선교'를 수행하는 '현장교회'가 되어야 한다. 이 '현장교회'는 가톨릭농민회, 도시산업선교회, 금요기도회, 목요기도회, 갈릴리교회, 한국기독교사회문제연구원, NCC 인권위원회, KSCF, 기독자교수협의회, 서울 특수지역선교위원회 등이다.『민중신학의 교회론』, 서남동 전게서, 146쪽.

3) 내가 알기로 그는 자신의 젊은 시절 대부분을 한국신학연구소에서 안병무 선생의 측근으로서 민중신학의 연구에 일조를 하였기 때문에 민중신학을 누구보다 잘 알고 사랑하는 사람으로 알고 있다. 그리고 그의 이 주장은 대다수의 한국 교회 목사들과 신학자들과 논쟁하는 과정에서 이루어진 것이었다. "〈기독교 사상〉 93년 9월호에 실린 서경석 목사의 '민중신학의 위기'에서 제기한 서 목사의 진지한 비판과 도전을 받아들여서 나는 민중신학을 반성하면서도 민중신학의 기본원칙을 밝힘으로써 그의 글에 응답하려고 한다"(박재순〈열린 사회를 위한 민중신학〉속의 '민중신학의 반성과 원칙-서경서 목사의 글에 대해 응답함' 11쪽)

4) 박제순, 『민중신학과 민족신학』. 한울, 1995, 37쪽.
5) 박제순, 전게서 3쪽.
6) 박 박사의 상기의 글은 민중신학이 원칙적으로 옳지만, 반성할 점으로는 (1) 구조악과 죄의 문제 (2) 보수적·전통 개혁 신학에로의 복귀 (3)상황변화에 따른 유연한 대처 (4) 민중적 당파성과 보편성 등의 서 목사의 지적을 받아들여 긍정하며 반성해야 한다는 논지이다(박제순 상게서 11-26쪽 참조). 그러나 이 모든 것에 대한 해답은 각주 15), 16)죽재의 민중신학에 다 나와 있다고 생각한다.

내가 접한 민중신학의 문제점을 지적한 또 한 삶의 글로는 정용섭의 "진보신학, 비판적 성찰-민중신학을 중심으로"(〈기독교 사상〉 2008년 4월호 58-68쪽) 그리고 "민중신학은 대화를 포기하려는가?"(〈기독교 사상〉 2008년 6월호, 178-189쪽)가 있다. 정요섭 씨는 "민중신학에 대해서 잘 알지도 못한 채 비판적 성찰이라는 글을 썼으니" 부끄럽다(6월호, 178쪽)고 한 본인의 고백처럼 민중신학을 이해하지 못하고 비판한 것이기 때문에 웃고 넘어갈 수 있겠지만, 박제순처럼 민중신학의 제2세대라고 자부하는 학자들마저도 민중신학의 정체의 핵심을 오해하고 있지 않나 생각된다.

7) 서남동, 상게서, 3쪽.
8) "전통적인 신학의 매체는 논리적, 사변적, 추상적이며 그 방법은 연역적이고 그 담고 있는 내용은 초월하신 신의 존재다." 이것과 달리 "하나님의 참다운 계시의 매체는 실제적·구체적인 경험과 사례에서 귀납적인 방법으로 얻어낸 이야기이다. 추상적인 경험과 사례에서 귀납적인 방법으로 얻어낸 이야기이다. 추상적인 초월을 찾는 것이 아니라, 구체적인 성육신을 찾는다. 전통적인 신학이 초월적·연역적이라면 이야기 신학은 귀납적 신학 아니 반신학(Gegen Theologie, Countertheology)이다. …… 전통적 신학은 '지배의 신학'(Herrschende Theologie)이다. 곧 지배의 이데올로기에 편입, 흡수되어 지배질서를 정당화 해주고 그것을 축복하는 기능을 수행한다. …… 하나님의 초월성, 전지전능, 무소부재, 그리스도의 왕권, 주권을 강조하는 내용이 다 지배구조 안에서 얻어진 상상(지배자의 언어)이며 …… 본래 성서적 계시의 삶의 자리는 노예제사회에서 탈출한 가나안과 갈릴리 민중들의 이야기이다. 그것은 신학이 아니며 그런 의미에서 반신학이다. 통치 이데올로기와 지배체제와 그 문화를 비판하고 시정하려는 민중의 이야기는 반신학이다."(서남동, 전게서, 306-307쪽 여기저기에서)

9) 서남동, 전게서, 177쪽.
10) 죽재 선생은 "그러므로 민중신학은…… 노예제사회에서 탈출한 가나안과 갈릴리 민중들의 이야기이며, 통치 이데올로기와 지배체제와 그 문화를 비판하고 시정하려는 민중의 이야기인 민중신학은 하나님의 초월성, 전지전능, 무소부재, 그리스도의 왕권, 주권을 강조하는 내용이 다 지배 구조 안에서 얻어진 상상(지배자의 언어)"인 서

구전통신학과 양립할 수 없다고 주장하였다.(서남동, 전게서, 306쪽)
11) 신학의 방법론을 넓게는 사회과학적으로, 좁게는 사회·경제사적 방법론을 사용하여야 한다. 현대 신학자들의 대다수, 특히 제3세계의 신학자들은 사회과학적으로 신학을 한다. 사회경제사적으로 바라보면, 우리의 사회와 교회의 모순이나 갈등이 더 분명해진다. 뿐만 아니라 사회경제사적 방법이 성서해석의 결정적인 조건이나 예컨대 십자가 사건이나 출애굽 사건 등도 사회경제사적 방법이 아니고는 그 참 뜻을 알 수 없다.(서남동, 전게서, 164쪽) 사회경제사적인 면에서 인간을 본다면, 인간을 개인이기보다는 하나의 집단으로 보게 마련이며, 따라서 지배와 피지배의 관계가 인간이해의 가장 중요한 요소이다. 이런 관점에서 보면 십자가 사건-십자가 처형 사건, 영혼 구원-민중의 해방, 하늘나라-하나님 나라, 죄(개인적인 윤리 문제)-구조적 모순(집단적·구조적인 문제), 야웨; 만인의 하나님-천민 집단의 신, 사랑; 보편적 개인적-민중에 대한 동정 등 신학적 개념들이 새롭게 해석된다.(서남동, 전게서, 175쪽)
12) 나는 이것들은 박제순의 표현대로 '민중신학의 원칙'이라고 생각한다.
13) 역사적으로 가톨릭, 프로테스탄트에 이어 제3의 교회 형태 곧 '성령의 교회' '민중의 교회'인데 이것은 성령의 인도에 따라 사건으로 발생하고 보이는 형태가 없으며, 자발적으로 명멸하면서 오늘날의 이 속 기독교시대에 '하나님의 선교'를 수행하는 '현장교회'가 되어야 한다.(서남동, 전게서, 146쪽)
14) 민중신학을 이해하려고도 인정하려고도 않는 대부분의 한국 교회와 신학자들
15) 박제순의 표현대로 "한국 교회가 수용할 수 있는 보다 현실적이고 대중적인 교회신학"으로 수정.
16) "부자가 실재한다는 자체가 사회적인 부조리이고 하나님에 대한 모독이므로 부자가 '부자'로서 천당 간다는 것은 말부터 성립되지 않는다" (서남동, 전게서, 193쪽)
17) 한완상, 『예수 없는 예수교회』, 김영사, 2008, 5쪽.
18) 1978년 8월 26일 동아일보 보도에 의하면 전체 근로자 7백93만 명의 76.7%가 과세 미달자이다(1976년 74.9%, 77년 75.9%). 우리나라 GNP의 43%를 0.3%의 상층부 인구가 점유하고 있으며, 인구하층 40%가 16.9%를 점유하고 있다(1976년). 우리나라 직장 근로자의 노동시간은 주평균 60시간 정도로 선진국에 비해 주10시간 이상을 더 일하고 있으니, 국세노동기구의 통계에 의하면 전 세계에서 가장 긴 시간이다. 산재율은 세계 최상위급에 속하며 매해 증가 추세이다. 서민 대중의 엥겔지수는 69년 40.9%, 71년 41.0%, 72년 40.8%, 73년 41.3%, 74년 43.3%, 75년 43.6%, 76년 43.0%, 77년 43.7%(농가 74년 48.6%)이다. 이 지수는 극빈상태에서 더 가난해져 간다는 표시이다. 서남동, 전게서, 113-114쪽 여기저기에서.
19) 1975년 602달러, 1976년 818달러, 1977년 1034달러, 1978년 1431달러.

www.naver.com 카페, 2쪽, '연도별 1인당 국민소득-한국.'
20) "민중 자체도 역사적으로 보면 어느 때인가는 사라질 것이다. 정치적 · 경제적으로 민중이 완전히 주체가 되는 세계가 오면-그것은 꿈일 수도 있겠지만-구태여 '민중'을 말할 필요가 없게 될 것이다. 민중이 항존해야 할 이유가 없다." 서남동, 전게서, 183쪽.
21) '세계 각국 1인당 국민 소득', 상게, naver 카페, 3쪽.
22) "이승만 부정선거와 독재에 항거하여 싸운 4월혁명 이래, 한일협정반대투쟁, 3선개헌반대투쟁, 학원병영화반대투쟁, 유신독재투쟁, 광주항쟁, 1980년대 민주화 · 자주화 투쟁, 6월 민주항쟁 등 투쟁이 끊이지 않았고, 그러한 투쟁에는 젊은 피를 흘리는 등 수많은 희생이 따랐다. 민주주의 사회, 역동적인 사회가 된 것은 (민중들의) 수십년에 걸친 민주화운동과 고귀한 희생이 있었기 때문이다.(민주화운동기념사업회 편, 『한국민주화 운동사 I』, 돌베개, 2008년, 13쪽.
23) 빈곤에 허덕이는 우리나라 차상위 계층의 의식주 일상생활 수준은 북한이나 동남아 노동자들에 견주면 거의 귀족의 생활수준이다. "우리나라 차상위 계층(2008년 기준, 최저생계비 120% 이하 가구, 3인 가구 월 약 125만 원 이하, 4인 가구 월 약 152만 원 이하)의 소득은 4인 가족 기준으로 북한이나 동남아시아 노동자들의 2-3년치 연봉에 해당한다. 당연히 빈곤에 허덕이는 우리나라 차상위 계층의 의식주 일상생활 수준은 북한이나 동남아 노동자들에 견주면 거의 귀족의 생활수준이다. 박승옥, "왜 지금 다시 박현채인가?"〈녹색평론〉103호, 녹색평론사, 2008 11-12월호, 23쪽.
24) 전게서, 47쪽.
25) "한국의 민중신학은 인도, 필리핀, 인도네시아, 스리랑카 등 아시아 전역에서 호응을 받아, 아시아신학으로 부각되었다. 그리고 아시아, 라틴 아메리카, 아프리카는 각각 역사적 · 문화적 전통이 다르지만 민중신학은 이 모두를 수렴하여 제3세계의 신학으로 등장할 것이다."(서남동, 전게서, 223쪽)
26) www.naver.com, 세계의 빈부 격차.
27) 중국 2001, 인니 1649, 스리랑카 1355, 필리핀 1345, 몽골 1018, 파키스탄 830, 베트남 723, 인도 797, 라오스 583, 캄보디아 503, 방글라데시 451, 동티모르 350, 네팔 339, 미얀마 203달러. 2000달러 이상 : 태국 3136, 터키 5408, 사우디 1475, 대만 15,482, 한국 18,392, 이스라엘 20,399, 바레인 20,399, 홍콩 27,466, 싱가포르 29,051, 쿠웨이트 31,051, 일본 34,188달러(세계 각국의 1인당 국민소득 www.naver.com 카페, 2-3쪽)

죽재 서남동의 교회론과 민중선교

1) 류장현, "민중교회론의 신학적 재정립"(한국기독교장로회선교교육원 편, 『교회로 간 민중신학』, 서울 : 만우와 장공, 2006, 141 이하, 또는 김용복, "21세기와 민중신학", 『신학사상』, 110집(2000년, 여름호), 55-69를 참고하라.
2) 민중교회창립 20주년 기념식에서 "민중교회운동조직은 각기 다양한 의견과 실천을 담아내는 데 실패했으며, 새로운 미래사회에 대한 전망과 민중선교의 비전을 제시해 주는 데는 한계를 노정하였다"는 반성의 소리를 듣는다(한국기독교장로회 생명선교연대 편, 『민중과 함께 생명선교 20년』, 2005, 244). 또한 민중교회창립 10주년을 맞이하여 출판된 한국기독교장로회 민중교회연합회 편, 『갈릴리로 가신 예수』, 서울 : 한국기독교장로회교육원, 1996(이하 '갈릴리로 가신 예수'로 쓴다)을 참고하라.
3) 서남동, "신학적 시평", 죽재 서남동 목사 유고집 편집위원회, 『서남동 신학의 이삭줍기』, 서울 : 대한기독교서회, 1999(이하 '유고집'으로 쓴다), 144.
4) 서남동, "민담에 관한 탈신학적 고찰", 서남동, 『민중신학의 탐구』, 서울 : 한길사, 1983(이하 '민탐'이라고 쓴다), 293.
5) 서남동, "신학적 시평", 유고집 145.
6) 서남동, "한의 형상화와 그 신학적 성찰", 민탐 86.
7) 서남동, "예수·교회사·한국교회", 민탐 12. 예수와 민중과의 동일화는 교회와 교회사의 규범이다(Ibid., 14).
8) 서남동, "두 이야기의 합류", 민탐 53.
9) 서남동, "예수·교회사·한국교회", 민탐 14-15.
10) 서남동, "두 이야기의 합류", 민탐 54.
11) 서남동, "새로운 공동체를 위하여", 민탐 259.
12) 서남동, "신학적 시평", 유고집 145.
13) 서남동, "민담에 관한 탈신학적 고찰", 민탐 299.
14) Ibid., 298.
15) 서남동, "민담의 신학-반신학", 민탐 306. 안병무는 反학문을 주장한다(안병무, 『민중신학 이야기』, 서울 : 한국신학연구소, 1987, 29).
16) 류장현, "김재준의 생활신학의 원리와 구조", 장공 김재준 목사 기념사업회 편, 『장공 김재준의 신학세계』, 오산 : 한신대학교 출판부, 2006, 215-225).
17) 정상시, "민중선교운동을 위한 소고", 『갈릴리로 가신 예수』, 187-189. 또한 김현수, "교회성과 운동성", 『갈릴리로 가신 예수』, 253-254.
18) 죽재는 부활을 정치적으로 해석했다. 부활은 죽임당한 자의 몸부림과 절규이다(서남동, "십자가-부활의 현실화", 민탐 317이하).

19) 일부 민중교회는 예배를 요식행위로 만들었다(노창식, "민중교회운동의 발자취", 『갈릴리로 가신 예수』, 28.
20) 서남동, "예수·교회사·한국교회", 민탐 15. "예수 공동체의 컨텍스트는 종말론적인 것이 생명입니다. 즉 하나님 나라의 도래가 예수와 민중의 공동체를 가능하게 한 것입니다"(안병무, op.cit., 168).
21) 서남동, "종말론과 혁명", 유고집 314.
22) 서남동, "예수·교회사·한국교회", 민탐 15.
23) Ibid., 16.
24) 안병무, op.cit., 158, 164, 175이하.
25) 서남동, "종말론과 혁명", 유고집 314.
26) 서남동, "80년대 한국교회의 신학적 과제", 민탐 146.
27) 서남동, "민담에 관한 탈신학적 고찰", 민탐 299-300.
28) 안병무, op.cit., 220-221.
29) Ibid., 221.
30) 서남동, "한의 형상화와 그 신학적 성찰", 민탐 86.
31) 서남동, "80년대 한국교회의 신학적 과제", 민탐 146.
32) Paul Tillich, *Systematic Theology* III, The University of Chicago, 1967, 150-152. 성령체험은 하나님의 현존 체험 혹은 부활하신 예수 그리스도의 현현 체험이다. 그것은 교회를 교회되게 하며 카리스마적 선교공동체로 만든다(J. 몰트만, 김균진 옮김, 『창조 안에 계신 하느님』, 서울 : 한국신학연구소, 1986, 127).
33) 김용복, "민중교회론 시론", 한국신학연구소 편, 『1980년대 한국민중신학의 전개』, 서울 : 한국신학연구소, 1990을 참조하라.
34) 박제순, "예수의 밥상공동체 운동과 교회", 한국신학연구소 편, 『1980년대 한국민중신학의 전개』, 서울 : 한국신학연구소, 1990을 참조하라.
35) 권진관, 『성령과 민중』, 서울 : 한국신학연구소, 1993과 "예수와 교회", 한국민중신학회 제2차 정기총회 자료집, 1994를 참조하라.
36) 김경호, "민중신학에 토대한 교회", 제3시대 그리스도교 연구소, 『시대와 민중신학』, 서울 : 다산글방, 1995를 참조하라.
37) 손규태, "민중신학의 교회론", 『신학사상』, 80집(1993년, 겨울호), 130-133.
38) 서남동, "탈출의 공동체", 유고집 259.
39) Ibid., 265. 그 결과 소망과 혁명은 왜곡된 형태로 공산주의의 신앙이 되었다.
40) Ibid., 266-268.
41) Ibid., 267.

42) Ibid., 265.
43) Ibid., 268.
44) 서남동, "한의 사제", 민탐 41.
45) 서남동, "두 이야기의 합류", 민탐 78.
46) 류장현, "민중신학의 통전적 구원론에 관한 고찰", 국제신학연구원 편, 『21세기를 위한 구원론』, 서울 : 서울말씀사, 2005를 참고하라.
47) 서남동, "두 이야기의 합류", 민탐 63.
48) 류장현, "종말론적 희망과 선교", 『신학사상』, 139집(2007년 겨울호), 117-120.
49) 서남동, "소리의 내력", 민탐 119.
50) 서남동, "한(恨)의 사제", 민탐 43.
51) 서남동, "두 이야기의 합류", 민탐 81. 또한 "한의 형상화와 그 신학적 성찰", 민탐 101. 그리스도교는 원래 민중의 꿈을 대변하는 "민중의 종교"이다(서남동, "새로운 공동체를 위하여", 민탐 271).
52) 서남동, "한(恨)의 사제", 민탐 43.
53) Ibid., 44.
54) 초기 민중교회는 민족자주의 원칙, 민중주체의 원칙, 자력갱생의 원칙과 기층민중 운동 역량 강화 우선의 원칙을 통해 하나님 나라를 실현하려고 했다(한국민중교회연합 3차총회 자료집, "민중의 교회, 민족의 희망", 18).
55) 류장현, op.cit., 113.
56) 서남동, "민중신학을 말한다", 민탐 183, 또한 "새로운 공동체를 위하여", 민탐 238. 성서는 생산의 주체로서의 민중의 책임을 하나님과의 계약 관계로 본다. 생산의 주체로서의 민중과 하나님과의 계약의 파트너로서의 민중은 상보적 통전관계(相補的 統全 關係)에 있다(서남동, "두 이야기의 합류", 민탐 47).
57) 서남동, "두 이야기의 합류", 민탐 47.
58) 김경재, "죽재의 민중신학과 동학사상", 서남동 목사 기념논문집편찬위 편, 『전환기의 민중신학』, 서울 : 한국신학연구소, 1992, 234. 또한 서남동, "민중신학을 말한다", 민탐 187, "한국신학으로서의 민중신학의 과제, 유고집 378-379. 안병무, op.cit., 98이하, 125를 참고하라.
59) 서남동, "한국신학으로서의 민중신학의 과제, 유고집 365.
60) 서남동, "민중의 신학에 대하여", 민탐 31. 민중교회의 교인들은 대부분 교회조직이나 교회활동에 적극적으로 참여한다(이재호, "기장민중현황 파악을 위한 설문조사 분석 보고서(1990)", 『갈릴리로 가신 예수』, 244).
61) 민중교회는 민중선교운동을 노동자, 빈민, 농민 선교운동으로 규정하고 노동교회를

많이 개척하는 것을 실천과제로 삼았다(기장민중교회운동 연합회 편, 『바닥에서 일하시는 하나님』, 서울 : 한국신학연구소, 1992, 21).

62) 안병무, op.cit., 184-185 또는 171을 참고하라.
63) 민중선교는 하나님의 선교가 하나님의 구원활동을 지나치게 강조하여 간과했던 그리스도인의 선교책임과 실천을 강조한다(채수일, 『21세기의 도전과 선교』, 서울 : 대한기독교서회, 1998, 89-90을 참고하라).
64) 김용복, op.cit., 512.
65) 서남동, "두 이야기의 합류", 민탐 80.
66) Ibid., 63.
67) 서남동, "한의 형상화와 그 신학적 고찰", 민탐 107.
68) Ibid., 87.
69) 서남동, "한국신학으로서의 민중신학의 과제", 유고집 385.
70) 서남동, "한의 형상화와 그 신학적 성찰", 민탐 101-103. 또한 "두 이야기의 합류", 민탐 81.
71) Ibid., 110. 또한 서남동, "소리의 내력", 민탐 119.
72) Ibid., 107-108.
73) 서남동, "두 이야기의 합류", 민탐 81.
74) Ibid., 80.
75) 고전적 선교는 교회가 선교의 주체가 되어 인간의 영혼을 구원하는데 목적이 있다(아더 글라스/도날드 맥가브런, 고환규 옮김, 『현대선교신학』, 서울 : 성광출판사, 1985, 187-210). 하나님의 선교는 하나님이 선교의 주체가 되어 정치적 억압, 경제적 착취, 사회문화적 소외로부터 인간을 해방하는 인간화를 목표로 한다(박근원, "오늘의 선교론", KNCC편, 『한국역사속의 기독교』, 서울 : 기민사, 1985, 184-185).
76) 김경재는 서남동의 민중신학을 성령론적 신학이라고 말했다(김경재, op.cit., 238). 죽재는 12세기 말 이후를 성령의 제3시대로 정의한다(서남동, 『전환시대의 신학』, 서울 : 한국신학연구소, 1976, 125-126.
77) 서남동, "입신현상에 대한 신학적 평가", 유고집 174-177.
78) 서남동, "바보제의 신학적 의의", 유고집 185. 또한 "입신현상에 대한 신학적 평가", 유고집 182.
79) 서남동, "해방과 참여의 신학", 유고집 329.
80) 서남동, "바보제의 신학적 의의", 유고집 191.
81) 박종렬, "민중교회의 신학 이념", 『갈릴리로 가신 예수』, 197-198.
82) 제2세대 민중신학은 민중신학에 호의를 가진 사람도 이해하기 어려울 정도로 사회

과학 이론에 기울어져 '게토신학'이 되었다(김창락, "기로에 서 있는 민중신학", 『신학사상』, 96집(1997년, 봄호), 57.

83) 죽재는 유물사관의 결정론적 요소 때문에 사회경제사란 말을 사용했다(서남동, "한국신학으로서의 민중신학의 과제", 유고집 357).

84) 서남동, "민중신학을 말한다", 민탐 164-165.

85) 서남동, "정통과 이단", 유고집 216.

86) 서남동, "한국신학으로서의 민중신학의 과제", 유고집 360.

87) Ibid., 363-364.

88) 서남동, "종말과 혁명", 유고집 315.

제2종교개혁을 지향하는 민중신학

1) 민중신학연구소 엮음, 『민중은 메시아인가』(한울, 1995), 13-30.

2) 『신학사상』, 86집(한국신학연구소, 1994년 가을), 167-181.

3) "행함없이 구원없다", 「제2종교개혁을 지향하는 민중과신학」 창간호(2000년 봄), 4-31.

4) "제2종교개혁을 지향하는 민중신학", 『신학사상』 127호(2004년 겨울), 69-93.

5) 임태수, 『제2종교개혁을 지향하는 민중신학』(대한기독교서회, 2002), 107-115.

6) 안병무, 『민중신학 이야기』(한국신학연구소, 1987), 26.

7) 민중이 예수와 동등한 메시아는 아니지만, 민중이 '메시아적 역할'을 한다고 본 서남동에 대한 필자의 해석에 대해서는 〈서남동의 예수이해, 민중이해에 대한 새로운 고찰〉, 민중신학연구소 편, 『민중은 메시아인가?』(한울, 1995), 111-128을 참고하라.

8) Ibid., 181.

9) Ibid., 217.

10) Ibid., 80.

11) 서진한, "죽재 서남동 신학의 성과와 과제"(1993년 7월 30일 서남동 9주기 추모 강연회 강연), 6-7.

12) 안병무, 『민중신학 이야기』, 73.

13) Ibid., 74.

14) 안병무, 『민중신학 이야기』, 55.

15) Ibid., 184, 166.

16) Ibid., 48, 184.

17) Ibid., 78.

18) Ibid., 78.
19) 이 부분은 2002년 8월 14일-19일에 서울 Abbey St. Benedict Retreat House에서 개최되었던 The 5th Consultation of Dalit-Minjung Theologians에서 "Minjung Theology Towards Second Reformation : Overcoming Oppression, Exploitation, Violence and Globalization of Western Christian Countries"이란 제목으로 발표한 것의 일부분이다.
20) 이희수, "이슬람의 유일신앙과 기독교와의 갈등과 공존," 한국문화신학회 학술 강연집(2002년 4월 27일), 47. F.W.Wentzsaff-Eggebert, "Kreuzzüge", RGG IV, 59.
21) J. Riley Smith, "Kreuzz?ge", TRE 20, 2.
22) 이희수, 윗글 48-49.
23) 김용복, "신앙과 경제," 『지구화시대 민중의 사회전기』(서울 : 한국신학연구소, 1998), 241-242.
24) 안병무, 『민중사건 속의 그리스도』(서울 : 한국신학연구소, 1989), 13.
25) 루터는 갈라디아서 주석(1535)에서 갈라디아서 5:6에 대하여 다음과 같이 말했다. "신앙의 업적들은 사랑에 의해 일어나지만 인간은 사랑에 의해 의롭다함을 받지 못한다." 귄터 보른캄, 『바울』(이화여대 출판부, 1993), 213에서 재인용. 여기에서 루터는 바울의 "믿음으로 의" 사상과 야고보의 "행함으로 의" 사상은 조화될 수 없다고 본다.

씨알, 민중, 그리고 시민운동체의 영성

1) 서남동, "민중(씨알)은 누구인가?", 『씨올의 소리』(1980, 4월호), 『민중신학의 탐구』, 205-220쪽(한길사, 1983). 이 강연은 서남동 교수가 함석헌 선생이 이끌어 가던 『씨올의소리』 창간 10주년 기념강연회(서울YMCA 강당)에서 행한 것이다.
2) 다석 유영모의 고전풀이 강좌(1956. 12월)『대학』에서 "大學之道 在明明德 在親民 在止於至善"을 순수 우리말로 "한 배움의 길은 밝은 속알 밝힘에 있으며, 씨알 어빔에 있으며, 된데 머묾에 있나니라"라고 해설하였다. 함석헌은 그 '씨알'이라는 말에 깊이 천착했다. 천안에 농장을 개척하면서 농장이름을 '씨알농장'이라 이름지었다. 씨알사상의 내용적 씨앗은 그의 명저『성서적 입장에서 본 조선역사』(1950)에 나타나고, 그 강연이 펼쳐진 1930년대 초로 소급해 가지만, 본격적으로 씨알사상의 전개는 『씨올의 소리』 월간지 출판(1970) 때부터인데, 민중신학의 탄생(1974-75)보다 앞서서 민(民)을 씨올로 표기하며 재야 민중신학의 효시가 되었다.
3) 함석헌은 민(民)그대로 두는 것보다 아직 좀 어색한 듯하지만 '씨올'이라고 하자는 가장 중요한 점을 따져 말하자면 "주체성 때문입니다"라고 갈파한다. 함석헌, "씨올의

참뜻", 『민중과 한국신학』, 11쪽.
4) 함석헌, "씨올", 『함석헌 저작집』(한길사, 2009), 제2권 『인간혁명』, 268쪽.
5) 함석헌, "씨올", 『함석헌 저작집』(한길사, 2009), 제3권, 263-264쪽.
6) 위와 같은 책, 292쪽.
7) 함석헌, 『뜻으로 본 한국역사』(한길사, 1992), 28쪽.
8) 함석헌, "씨알의 소리", 『함석헌 저작집』(2009), 제3권, 296쪽.
9) 함석헌, "우리가 내세우는 것", 『씨올의 소리』 각호 제2면 참조.
10) 서남동, 송기득과의 대담 : "민중신학을 말한다", 『민중신학의 탐구』, (한길사, 1983), 164쪽.
11) 서남동, 『민중신학의 탐구』, 49쪽.
12) 위와 같은 책, 49쪽.
13) 위와 같은 책, 168쪽.
14) 위와 같은 책, 183쪽.
15) 서남동, 『민중신학의 탐구』, 32쪽.
16) 위와 같은 책, 41쪽.
17) 위와 같은 책, 188-189 쪽.
18) 위와 같은 책, 79쪽.
19) 위와같은 책, 43쪽.
20) 위와 같은 책, 43쪽.
21) 위와 같은 책, 130쪽.
22) 위와 같은 책, 131쪽.
23) 위와 같은 책, 182쪽.

한국사회의 여성인식과 성 구매

1) "미국 정부는 대략 60만 명에서 80만 명에 이르는 사람들이 매년 외국으로 인신매매되고 있다고 추산한다… 이 중 80%가 여성과 소녀들이다… 미국 내에서만 해도 10만 명에서 30만 명 정도의 어린이들이 상업석 성 작춰 위험에 항시적으로 놓여 있다." 미 의회조사보고서(2005)
   "End Demand for Sex Trafficking Act of 2005", intro. House of Representative, April 28, 2005.〈http://thomas.loc.gov/cgi-bin/query/z?c109:H.R.2012:〉.
2) Trafficking in Persons Report(2005), Department of State, USA, p33 〈2005 TIP(Trafficking in Persons Report) International Best Practices〉에 언급된 모범사례

로 언급된 한국에 관한 보고에 따르면, "수백만 한국여성들의 청원에 의해 2004년 제정된 성매매방지법은 여성과 아동에 대한 상업적 성 착취 근절을 위해 제정되었다. 새로 제정된 법에 따라 한국정부는 성매매와 인신매매에 대한 처벌을 강화하고, 피해자를 지원하기 위한 시설과 제도를 확충하며, 대중인식 제고를 위한 교육과 캠페인을 제공하였을 뿐만 아니라, 법 집행에 대한 정부기관 및 민간단체들의 책임을 촉구하였다…"

3) 캐서린 문(2002), 이정주 역, 『동맹속의 섹스』, 삼인.
4) Gender Equity Index(2007), Social Watch, "… Obviously, the key to gender equity lies not in a country's economic power, but rather in its government's political will."
5) 김은경(2002), 『한국의 성매매 규모와 현황』, 형사정책연구소.
6) 유엔의정서(2000) (UN Protocol to Prevent, Suppress and Punish Trafficking in Persons, Especially Women and Children, 2000) 인신매매 의정서 제3조에서 정의하는 '인신매매'는 '착취를 목적으로 무력 사용, 위협 또는 각종 강압 행위, 납치, 사기, 기만, 권력의 악용 또는 취약성 악용, 피해자에 대한 통제력을 가진 사람의 동의를 얻기 위해 돈이나 혜택을 제공 또는 수령하는 행위 등을 동원하여 인신을 모집, 운반, 이전, 은닉 또는 인수하는 행위'를 의미한다. 착취란 '타인의 성매매의 착취나 기타 유형의 성적 착취, 강제 노동이나 서비스, 노예제 또는 노예제와 유사한 관행, 예속 행위 또는 장기 제거행위 등으로 최소한도로 정의한다(제3조). 이 정의는 사실상 포괄적이고 세부적이며, 인신매매를 구성하는 주요 요소가 국경을 넘어선 피해자의 이동이나 인신매매범이 피해자를 인신매매할 때 사용한 '수단'이 아니라 피해자에 대한 착취 행위라는 국제적인 합의를 반영한 것이다.
7) 여성가족부가 성매매방지법 3주년을 맞이하여 실시한 "2007 성문화 실태조사"에 따르면 '성매매가 사회적 범죄행위'라는 주장에 공감하는 국민 지지도가 75.2%로 2006년 54.6%에 비해 크게 높아진 것으로 나타났다. 또한, 성매매방지법 인지도가 92.2%로 2004년 법 시행 전 30.4%에서 법 시행 이후 3년 내내 90% 이상을 유지하고 있어 '성매매는 불법'이라는 국민 인식이 정착되고 있음을 알 수 있다. (여성가족부, "2007 성매매 관련 국민의식 조사결과")

한국경제의 진로
1) 이 글은 2008년 6월 23일 죽재기념사업회 월례세미나에서 발표하기 위해서 준비한 것임.
2) 이명박 정부도 금융산업 등 지식기반 서비스 산업을 육성하고 기술개발과 혁신을 촉

진함으로써 질적인 성장을 이루겠다는 목표를 설정하고는 있으나 이는 친기업정책에 기반한 투자율 제고라는 정책에 비해 부차적인 것이다. 또한 금산분리 완화와 금융공기업 민영화 등의 금융산업 육성책은 금융산업에 대한 일시적인 부양책이 될지는 모르겠으나, 재벌의 경제장악을 강화시키고 금융시스템 리스크를 키우는 등 자칫 국민경제에 커다란 위험요인을 만들어낼 수 있다는 점도 염려된다.

3) 지식경제에 관해서는 유종일 등(2007) 참조.
4) 예를 들어 2006년도 정부 R&D 예산을 보면 산업화, 제품화 등과 직접 연계되는 개발연구에 54.2%의 자금이 사용되었고, 기초연구에 23.1%, 응용연구에 22.7%가 사용된 바, 미국은 기초연구에 45.9%, 영국은 응용연구에 54.4%를 배정하고 있는 것과 큰 차이를 보이고 있다.
5) 지식기반경제는 첨단기술의 연구개발에 의한 급진적 혁신radical innovation의 성과를 지적재산권화하여 벤처 등 기업활동의 기반으로 삼는 미국식 지재권중심모델과 다수의 노동자들의 숙련도와 지적 능력을 향상시켜 점진적 혁신incremental innovation과 생산성 극대화를 추구하는 북구식 인적자원개발중심모델의 두 가지 발전 방향이 가능한 데, 우리나라의 경우 산업구조나 기술수준, 그리고 분배에 대한 요구 등을 감안할 때 인적자원개발이 중심이 되고 지적재산권 창조는 보조적인 역할을 하는 모델이 적합할 것으로 판단된다(Kim, 2006).
6) 경제양극화는 소득의 양극화뿐만 아니라 고용의 양극화, 산업 간 양극화, 기업 간 양극화 등의 현상이 복합적으로 나타나는 현상을 가리킨다.
7) 양극화 극복을 중심적 과제로 내세웠던 참여정부도 일인당 국민소득 2만 달러라는 양적 성장목표에 경도되어 법인세와 소득세를 인하했고, 이로써 감소된 세수를 보전하고자 유류세나 주세, 담배세 등을 인상함으로써 서민층의 세 부담을 가중시켰다.
8) 구조개혁정책에 대한 보다 상세한 논의는 유종일 · 전병유 · 홍종학 · 하준경(2006)을 참조.
9) 중소기업 관련 정책은 다음 절에서 자세히 다루도록 한다.
10) 중위임금대비 최저임금의 비율이 2004년 현재 32% 수준으로 주요 선진국들이 최저 40% 이상이라는 점을 고려하면 매우 낮은 편이며, 따라서 최저임금을 단계적으로 OECD 평균 수준으로 인상힐 필요가 있나. OECD(1998)의 경우도 최저임금이 평균 이상인 국가들의 경우 저임금근로자 비중과 빈곤률도 낮은 것으로 나타나고 있다고 분석하고 있고, 최저임금인상이 일자리 창출에도 장애 요인이 되지 않는 것으로 보고 있다. 또한 Card and Krueger(1995)의 연구에서도, 미국에서 최저임금의 인상은 청년층의 고용 감소를 초래하지 않으면서 청년층의 임금을 5-10% 높이는 효과를 가져온 것으로 평가하고 있다.

11) 우리나라의 경우 사회서비스업 취업자비율이 12-13% 수준으로 20-30%에 이르는 OECD 주요국에 비해서 턱없이 낮은 편이다. 국민소득수준, 부양인구비율, 정부지출 비중 등을 고려할 경우에도 그 비중이 크게 낮은 수준인 것으로 나타난다(김혜원, 2005).
12) 이 밖에도 Easterly and Rebelo(1993), Perotti(1996) 등은 재분배정책 지표들(한계 및 평균세율, 다양한 사회보장 지출 등)과 경제성장률 간에 양의 상관관계가 존재함을 보여 주고 있다. Fernandez and Rogerson(1998)은 미국의 경우 계층 간 학자금 이용가능성을 완전히 평등하게 할 경우 장기균형 GDP 수준이 3.2% 증가하는 것으로 분석하고 있고, Benabou(2002)는 GDP의 6%를 재분배(상위 30% 소득계층이 하위 70% 계층을 지원하는 방식)에 사용할 경우 주로 하위계층의 인적자본 투자 증가로 미국의 장기 경제성장률이 0.5% 포인트 상승하는 것으로 추정한다.
13) 이러한 문제의 좋은 사례가 안철수(2004) 씨의 비판으로 널리 알려진 대기업 SI*System Integration* 업체들에 의한 소프트웨어 시장의 왜곡이다. 대기업 SI 업체가 여러 가지 이유로 공공 프로젝트를 손실을 감수하고 저가 수주하는 경우에 그 손실을 하청 업체들이 나누어서 분담하게 되는 경우가 많다는 지적이다. 대기업 SI 업체들은 흔히 총수일가의 개인소유로 되어 있으면서 계열사들의 지원을 받기 때문에 공공 프로젝트의 저가수주를 일삼는 것이다.
14) 사실 우리나라는 경제규모에 비해 중소기업 금융지원 규모(보증·융자·투자 포함)가 다른 나라보다 훨씬 크다. 재경부 자료에 의하면 2002년 기준으로 우리나라의 중소기업 금융지원 규모는 GDP의 6.6%로서 미국의 0.2%나 프랑스의 0.5%에 비해 월등하게 크다. 금융지원 규모가 부족하기보다는, 전달 메커니즘의 문제로 인해 정작 자금이 필요한 중소기업에 제대로 지원되지 못하는 것이 현실이다.

서남동의 신학 : 두 전통의 합류
1) 서남동의 『전환시대의 신학』(1976)을 참고하라.
2) 1988년 7월 20일 안병무의 인터뷰.
3) 1941년 9월부터 1942년 12월까지.
4) 대구제일교회, 범어교회, 동문교회.
5) (역주) 서남동은 1961년 9월 교수로 취임하여 얼마 안 가 교양학부장이 되었다(『서남동 신학의 이삭줍기』에 있는 연보를 기준으로 함).
6) 1988년 7월 20일 안병무의 인터뷰.
7) 지명관, "Thy Kingdom Come : Toward Mission in the 1980s", in: CTC Bulletin 3,

1982, 15-21, 18쪽. 1988년 5월 14일 안병무의 인터뷰도 비슷한 내용을 담고 있다. 이 에피소드는 박 정권의 정치적 선동이 얼마나 효과적이었는지를 보여 주고 있다고 하겠다.
8) Kim Chi-Ha, A Declaration of Conscience, in: Kim Chong-Sun and Shelly Killen (eds.), *The Gold-Crowned Jesus and Other Writings*, New York 1978, 13-38쪽 참고. 김지하는 1980년대 후반 〈양심선언〉을 조선일보를 통해 선보인다. 이 선언은 그의 친구인 조영래 변호사를 통해 기록된 것이다.
9) Suh, Nam Dong, Historical References for a Theology of Minjung, in: *Minjung Theology*, 155-182쪽, 177-180쪽.
10) Kim, The Gold-Crowned Jesus, 85-131쪽.
11) Kim, Declaration of Conscience, 18쪽.
12) Ibid.
13) 유럽의 언어로 번역된 서남동의 저작들은 극히 작은 부분밖에 없다. 그의 신학에 대한 나의 이해는 독일어로 번역된 다음의 두 논문에 의존하고 있음을 밝힌다. "Towards a Theology of Han" (in: *Minjung Theology*, 55-69; cf. Moltmann, *Minjung Theologie*, 27-46) and "Historical References for a Theology of Minjung" (in: *Minjung Theology*, 155-182; cf. Moltmann, *Minjung Theologie*, 173-213). 독일어로 번역된 이 두 논문은 한국어로부터 직역된 것이고 저자에 의해 수정을 받았다. 이 점에서 두 논문은 영문판과 다르다. (cf. Moltmann, *Minjung Theologie*, 245f) 서남동은 첫 번째 논문의 결론부를 다른 형식으로 바꿔 두 번째 논문의 결론으로 끼워 넣었다. 신부의 한을 다룬 이야기는 첫 번째 논문의 독일어판에서만 발견된다. (Moltmann, *Minjung Theologie*, 33f) 신학적 반성이 그 논문의 원래 결론을 대신하였다. 영문판에는 없고 독일어판에만 있는 것은 각주에서 명시된다.
14) See above Prologue.
15) "또한 나는 다음과 같은 해방신학자들의 글을 통해 많은 배움을 얻었다: Fredrick Herzog, James Cone, Richard Shaull, Paul Lehmann, Jürgen Moltmann, J.B. Metz, Tödt, Hugo Assmann, Reinhold Niebuhr, Dietrich Bonhoeffer, and others. 제2바티칸 공회 이후의 교황의 문서와 회람문, 즉 Rerum Novarum과 Quadragesimo Anno는 나에게 통찰력을 가져다주었다." (〈양심선언〉, 26쪽).
16) Kim, *Declaration of Conscience*, 26f.
17) Suh, *Historical References*, 167-169쪽 참고.
18) 예수의 삶을 기독론의 틀 안으로 다시 끌고 들어간 안병무와는 달리, 서남동은 "십자가처형—부활"이라는 전통적인 형식에 충실히 머문다.

19) 이기백, 『한국사 신론』(서울, 1984) 참고.
20) 이기백이 제안한 16가지의 시기 구분에 대한 언급에서 서남동은 이기백이 주장한 것을 대부분 수용한다. (Suh, *Historical References*, 167-169 참고). 놀라운 점은 이기백이 정부기관에 채용되었다는 사실이다. 그의 책은 한국의 박물관이나 공항의 선물가게에서도 팔렸다. 이것은 내가 2절에서 언급한 적이 있었던 내용 즉, 한국 역사를 설명하기 위한 해석학적 투쟁의 증거가 된다. 테오 순더마이어는 상당히 다른 평가를 내리고 있는데, 그 점에 대해서는 그의 글 "Pluralismus, Fundamentalismus, Koinonia" in: *Evangelische Theologie* 54, 1994, 293-310을 참고하라. 순더마이어는 "사건"이라는 범주를 강조하면서 "민중신학에서 역사는 그다지 큰 역할을 하지 않는다"고 가정한다 (ibid., 296). 그에게 민중신학이란 "의심할 여지없이 탈근대주의적 세계관과 연관된 작업이다." (ibid., 310)
21) 어휘사전들은 "한"이 "고난"을 대신하는 용어가 될 수 없음을 말한다. "한"을 "고난"으로 번역하여 사용할 수는 없을 것이다.
22) Suh, *Towards a Theology of Han*, 63.
23) Ibid., 58.
24) 오늘날 김지하는 한의 대응하는 개념으로 "흥"을 강조한다.
25) Ibid., 66.
26) Translated from the German version, Moltmann, *Minjung Theologie*, 46.
27) Raymond Fung, *Good News to the Poor? A Case for a Missionary Movement*, in: *Your Kingdom Come. Mission Perspectives*, Report on the World Conference on Mission and Evangelism, Melbourne, Australia 12-25 May 1980, Geneva 1980, 83-92.
28) Suh, *Historical References*, 157.
29) 통일교를 성공적인 토착화inculturation로 간주한 점에는 서남동이 분명히 너무 멀리 갔다. Kim, *Der Protestantismus in Korea*, 169.
30) "〈전거reference〉라는 말은 여기서 전통적인 신학 용어인 〈계시〉라는 말에 대비되는 용어로 채택되어 사용된다. 굳이 말하자면, 계시라는 용어는 순수한 종교적 범주에 속한 반면, 전거라는 말은 역사의 범주에 속한다." Suh, *Historical References*, 157.
31) Ibid., 177.
32) Suh, *Historical References*, 177.
33) Ibid.
34) 안병무는 서남동이 세상을 떠나기 얼마 전 이 문제에 대해서 토론하였다고 한다. 서남동은 성서를 텍스트로 보고 한국의 상황을 컨텍스트로 보는 안병무를 비판하였다고

한다 : "왜 우리의 역사가 텍스트이고 성서가 컨텍스트일 수 없는가?"(안병무의 1988년 7월 20일 인터뷰)

35) Suh, *Historical References*, 163.

서남동과 오늘의 민중신학

2009년 7월 14일 초판 1쇄 인쇄
2009년 7월 18일 초판 1쇄 발행

엮은이 | 죽재서남동기념사업회
펴낸이 | 김영호
펴낸곳 | 도서출판 동연
기　획 | 김서정　편　집 | 조영균
디자인 | 김광택　관　리 | 이영주
본문디자인 | 이춘희
등　록 | 제1-1383호(1992. 6. 12)
주　소 | 서울시 마포구 망원동 472-11
전　화 | (02)335-2630
전　송 | (02)335-2640
이메일 | ymedia@paran.com
누리집 | www.y-media.co.kr

ISBN 978-89-85467-83-4 03200

Copyright ⓒ죽재서남동기념사업회, 2009

이 책은 저작권법에 따라 보호받는 저작물이므로 무단 전재와 복제를 금합니다.
잘못된 책은 바꾸어드립니다.
책값은 뒤표지에 있습니다.